VIBES
EM ANÁLISE

André Alves
Lucas Liedke

VIBES
EM ANÁLISE

Psicanálise para escutar as vibrações
da cultura contemporânea

VIBES DO EU   VIBES DO OUTRO   VIBES DO MUNDO

Diretor-presidente:	Vibes em análise
Jorge Yunes	© 2023, Companhia Editora Nacional
Gerente editorial:	© 2023, André Alves e Lucas Liedke
Cláudio Varela	
Editora:	Todos os direitos reservados. Nenhuma parte desta obra pode ser reproduzida ou transmitida por qualquer forma ou meio eletrônico, inclusive fotocópia, gravação ou sistema de armazenagem e recuperação de informação sem o prévio e expresso consentimento da editora.
Ivânia Valim	
Assistente editorial:	
Isadora Theodoro Rodrigues	
Suporte editorial:	
Nádila Sousa, Fabiana Signorini	
Coordenadora de arte:	1ª edição — São Paulo
Juliana Ida	1ª reimpressão
Gerente de marketing:	
Renata Bueno	**Identidade visual da Float:**
Analistas de marketing:	Estúdio Duoo
Anna Nery, Daniel Moraes,	**Pré-edição das transcrições:**
Marcos Meneghel	Lena Maciel
Estagiária de marketing:	**Preparação de texto:**
Mariana Iazzetti	Tulio Kawata
Direitos autorais:	**Revisão:**
Leila Andrade	Augusto Iriarte, Gleice Couto
Coordenadora comercial:	**Projeto gráfico de capa, miolo e diagramação:**
Vivian Pessoa	Valquíria Chagas

**DADOS INTERNACIONAIS DE CATALOGAÇÃO NA PUBLICAÇÃO (CIP)
DE ACORDO COM ISBD**

A474v   Alves, André

        Vibes em análise: Psicanálise para escutar as vibrações da cultura contemporânea / André Alves, Lucas Liedke. - São Paulo, SP : Editora Nacional, 2023.

        356 p. ; 16cm x 23m.

        ISBN: 978-65-5881-187-9

        1. Psicanálise. I. Liedke, Lucas. II. Título.

2023-2777

CDD 150.195
CDU 159.964.2

Elaborado por Vagner Rodolfo da Silva - CRB-8/9410

Índice para catálogo sistemático:
1. Psicanálise 150.195
2. Psicanálise 159.964.2

Rua Gomes de Carvalho, 1.306 - 11º andar - Vila Olímpia
São Paulo - SP - 04547-005 - Brasil - Tel.: (11) 2799-7799
editoranacional.com.br – atendimento@grupoibep.com.br

SUMÁRIO

08 PREFÁCIO: a vinheta de abertura

15 VIBES DO EU

- 18 **01** Culpa do quê?
- 38 **02** Motivos de vergonha
- 60 **03** Sonhos esquecidos
- 78 **04** Fora-do-tempo

101 VIBES DO OUTRO

- 106 **05** Paixões bloqueadas
- 126 **06** No limite do tesão
- 142 **07** Eu, você e mais ninguém?
- 162 **08** Melhores amigos
- 182 **09** Solidão gay
- 206 **10** Sobre dizer adeus

223 VIBES DO MUNDO

- 226 **11** Compro, logo existo?
- 246 **12** Desvios de beleza
- 268 **13** Política e psicanálise
- 292 **14** Psicanálise antirracista
- 312 **15** Memes em análise
- 331 Referências bibliográficas

às Marias da minha vida, que me ajudaram a encontrar intimidade com as palavras.

e ao Lucas, pelas tantas vibrações juntos.

ANDRÉ ALVES

à minha sábia Mãe e ao meu amável Pai, meus primeiros e maiores ouvintes.

e ao André, por querer abraçar o mundo comigo.

LUCAS LIEDKE

Prefáciø: a VINHETA de abertura

No começo, havia um desejo. E, então, uma ideia, muitos afetos envolvidos e um projeto. Em agosto de 2021, esta dupla de pesquisadores e psicanalistas decidiu juntar os fragmentos das suas escutas, estudos e elaborações teóricas em um podcast. E, agora, em um livro. A pergunta que ainda nos move é ambiciosa: como a psicanálise pode nos ajudar a refletir sobre o mundo em que vivemos e as mudanças do nosso tempo? Chamamos esse experimento de *Vibes em análise*; e a nossa máxima, como definiu um dos nossos ouvintes, é "taca streaming na psicanálise!".

Escutar um episódio de podcast, assistir a um vídeo de um psicoterapeuta nas mídias sociais, ou mesmo ler um bom livro teórico ou metodológico — não são, em nada, equivalentes a entrar em um processo de análise ou a fazer uma formação em psicanálise. Mas é alguma coisa, e acreditamos no impacto destas iniciativas para fazer a psicanálise circular, ir mais longe e, quem sabe, trazer notícias das esquinas mais ocultas da nossa mente. Estes objetos-conteúdos, sejam mais ou menos profundos, têm o poder de despertar a nossa atenção para temas e emoções sobre os quais às vezes nem gostamos de pensar ou falar a respeito. Torcemos para que estes estímulos (ou gatilhos?) instiguem a curiosidade e a coragem para nos aproximarmos cada vez mais do campo psicanalítico, do jeito que for, no ritmo que for, pra cada um de nós.

A psicanálise nos leva a um senso de desconhecimento, incerteza e angústia; mas nos mostra que tudo isso tem um lado bom. Também nos dá algum suporte diante dos encontros e desencontros com nossos desejos, amores, ódios e temores. É uma via de acesso às turbulências psíquicas, as que fazem parte da realidade do sujeito e também da sua participação no contexto social. É uma fonte de estudo e tratamento que preserva, a qualquer custo, a singularidade de cada um, sem nunca abrir mão de tentar "alcançar, em seu horizonte, a subjetividade da sua época"[1]. E, assim, ficamos menos desamparados em nossas tentativas de atribuir sentido ao absurdismo do mundo, que muitas vezes parecem sem sentido algum ou simplesmente carentes de novos sentidos.

Vibes em análise é uma proposta para lidar melhor com o conjunto de sentimentos e questões existenciais que, nos tempos atuais, atravessam muitos de nós. São afetos complexos dos quais, às vezes, não sabemos nem o nome. Aquela sensação de que "tem algo estranho/familiar no ar". Uma vibração que está no mundo, ou no Brasil de hoje, ou dentro de mim, ou dentro do outro. Inconsciente, até que se prove o contrário. Falar sobre *isso*, associando, especulando e viajando, é um modo de rever nossas conexões com o coletivo, com o outro e com nós mesmos. Afinal, percebemo-nos interligados quando identificamos que existe alteridade, mas que também compartilhamos experiências semelhantes, quando estamos, por alguns minutos ou segundos, sentindo a mesma vibe.

Vibe? É uma vibração, um movimento oscilatório, uma atmosfera, uma impressão nem sempre fácil de descrever. Um tipo de energia que faz contato, mesmo que imaginário. É metafórico o bastante. Vibe tornou-se uma parte importante do léxico contemporâneo e nos lembra da fluidez da linguagem e das forças invisíveis que influenciam nossa vida e o funcionamento do mundo. E denota que tudo isso muda, né? Em uma velocidade desenfreada. A aceitação popular do termo reflete, felizmente, um interesse cada vez maior por explorar conceitos intangíveis e abstratos. Vibe tornou-se uma palavra usada em diferentes cantos da cultura, especialmente da cultura jovem, capaz de descrever estados temporários que dão vida a identidades, afinidades, objetos, relacionamentos e hábitos de consumo.

"*Good vibes*", "cortar a vibe", "vibe pesada", "curtir a vibe" — estas são gírias que descrevem a sensação de um sujeito com relação a algo, alguém ou uma experiência. Então, o mais interessante é que a vibe vai contra a indiferença. Pode servir como ferramenta para escutarmos e reconhecermos uns aos outros em nossos desafios emocionais e conflitos psíquicos. E talvez, um pouco como na teoria dos afetos do filósofo Espinosa[2], nos lembre que ainda somos corpos afetados e afetáveis, que afetam uns aos outros. E isso independe do tipo de afeto.

Uma cultura pautada por vibes é o que acontece quando a especulação e a velocidade tornam-se valores centrais, quando *hype* vira sinônimo de valor. Sujeitos radicalmente digitais são convocados a criar, replicar e compartilhar praticamente tudo que ressoa com seus psiquismos momentâneos, seus estados mentais, suas posições e oposições. Ao mesmo tempo, vibes também se tornaram uma estratégia para lidar com a máquina de apropriação e esvaziamento do mercado. Em um contexto no qual qualquer ideologia, tendência, subcultura ou grupo psicodemográfico pode ser embalado e vendido às pressas, vibes parecem mais intangíveis e difíceis de serem cooptadas. Ou talvez essa seja só a nossa fantasia (e intenção) aqui compartilhada.

O que fazer diante desses estados de espírito que são, ao mesmo tempo, intrigantemente familiares e estranhamente inomináveis? Escutar, pesquisar e elaborar; repetidas vezes, mas nunca do mesmo jeito. A série de ensaios dialogados que publicamos aqui propõe o que os psicanalistas chamam de "contornos simbólicos", um material para circundar as forças do psiquismo do sujeito e do coletivo, sem pintar todos os espaços do desenho. São conversas que articulam referências teóricas, dados de pesquisa, hipóteses recentes e provocações inclusive à psicanálise; além de participações de convidados especialistas que nos ajudaram a investigar os movimentos que vemos pulsar na cultura, em nossas práticas clínicas e, obviamente, na internet.

Mas e o rigor da teoria psicanalítica? Para começar, pensamos sobre *as teorias*, e não *a teoria*. Partimos da premissa de que uma combinação plural de linhas teóricas pode produzir transformações mais potentes do que uma cansativa disputa de egos e referências. De Lacan a Fanon, de Klein a Bion, e muito mais além. Como disse o psicanalista James Grotstein[3], atribuir um nome específico à propriedade das ideias, como "kleiniano" ou "lacaniano", pode saturar a capacidade criativa da psicanálise, e também do pensamento e da escuta. Por isso, debatemos contrapondo matrizes teóricas, cruzando muros e fronteiras entre disciplinas. A psicanálise não nasceu fechada em si mesma, e assim deve continuar, estabelecendo diálogos com a filosofia, a sociologia, as análises da cultura, a arte, as teorias de gênero e estudos queer. Uma psicanálise do século 21 não terá valor algum se ficar imune às transformações do contemporâneo, um tempo tão atravessado pelos movimentos feministas, antirracistas e LGBTQIAP+. Se a regra fundamental é associar livremente, é melhor expandir os limites da letra do que sair lacrando com dogmas teóricos.

"E se eu não for *psi*, vou entender o livro?" Vai entender e, se tivermos cumprido bem a nossa missão, também vai se desentender. Este livro é para quem topa a desconfortante verdade de que não vai dar para saber de tudo e que as coisas que demoramos para compreender são as mais fascinantes. São aquelas que ficam nas disputas entre vida e morte, integração e separação, que acontecem dentro de cada um de nós. Uma das bases primordiais da psicanálise é a ideia de que narrar sofrimentos tem o poder de transformá-los em alguma outra coisa, então vamos com a aposta de fazer a queixa virar questão. E, mesmo que Freud[4] tenha nos ensinado que a condição humana em civilização é, em partes, uma grande experiência de mal-estar, ele também nos deixou uma boa sugestão de como navegar esse caldo: "Não permito que nenhuma reflexão filosófica estrague a minha fruição das coisas simples da vida".

A nossa suspeita é que os quinze capítulos deste livro, baseados em quinze dos nossos episódios favoritos, ficam na fronteira entre "sempre pensei nisso!" e "nossa, não tinha pensado nisso antes", nos limites entre "eu também sinto isso!" e "mas todo mundo sente isso". E acreditamos que este pode ser um bom lugar para gerar novos pontos criativos e novas conexões. Afinal, é o *isso* que flutua na cultura que nos interessa, engajando grupos e sujeitos que estão dispostos a pensar sobre si.

Por isso, o *Vibes em análise* é, para nós, uma prática de produzir penumbras de associações. Desempacotando a expressão, essa imagem foi cunhada pelo psicanalista britânico Wilfred Bion, que se refere a produzir encadeamentos de ideias de forma ampla e desimpedida, sem a pretensão de traduzir literalmente palavra por palavra. Penumbra é uma palavra especialmente adequada às nossas ambições, pois nos interessa fazer exposições que não deixem os temas claros e límpidos demais, a ponto de saturar os seus significados. Precisamos do espaço para o indeterminado e o impreciso, para sustentar perguntas e inquietações que não têm resposta única, absoluta e definitiva. Tudo isso sem explicar demais, mastigar demais, nem subestimar demais quem embarca nesses percursos com a gente. O intuito é encorajar mais pesquisas e réplicas. Aprofundar contradições. Tolerar alguns desconfortos. Pluralidades e ambivalências a gosto.

Com os caminhos abertos, estas vibes seguem vibrando, quase como se tivessem vida própria, evoluindo ou se intensificando ao nosso redor; e, após cada episódio, aprendemos com quem escutou nossa escuta e nos provocou a ir além. Para a produção deste material, a periodicidade e a linearidade dos episódios do podcast deram lugar a um processo de revisitação e de novos embasamentos. Mais do que uma transcrição das conversas, o que trazemos aqui é uma combinação de argumentos e visões com novas referências, aprofundamentos, análises e desacordos. Afinal, também nos damos o direito de entrar em conflito e mudar de ideia.

Para encerrarmos a abertura, vale dizer que talvez não convenha ao leitor ou à leitora entrar nos capítulos deste livro na sua sequência, como episódios de uma série; nem ler tudo de uma vez, como na embriaguez cognitiva que as mídias sociais e plataformas de conteúdo nos servem diariamente. O convite que fazemos é para que cada temática provoque também uma pausa, algum tipo de contemplação, e alavanque conversas com amigos, parceiros, familiares. Ou com um estranho; pode ser inclusive o estranho que habita em nós. Ou que a gente leve alguma questão nova para nossa análise. Ou uma questão antiga, mas agora sob outra luz. Desejamos é que o nosso livro seja seu, e que as vibrações que colocamos aqui provoquem novas elaborações por aí e, quem sabe, algumas transformações.

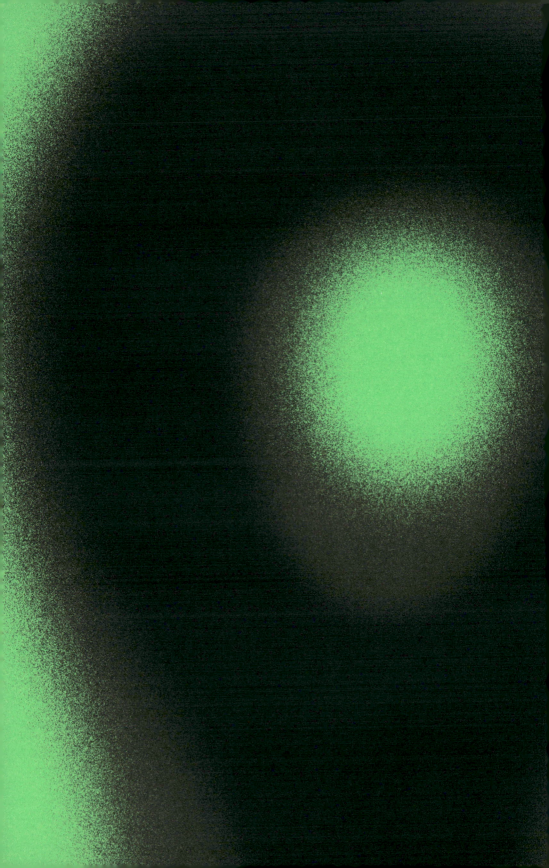

VIBES DO EU

O percurso das ideias que exploramos e apresentamos aqui está dividido em três frações: Vibes do Eu, Vibes do outro e Vibes do mundo. Uma divisão arbitrária e quase incoerente, pois tudo está inter-relacionado, e não há Eu sem outro nem Eu sem mundo, e o mundo, evidentemente, é feito de muitos outros, ou um grande Outro.

Mas a psicanálise é para abrir. Analisar é quebrar em pedaços, em busca de conhecimento. É a desconstrução de algo complexo (o psiquismo) em partes menores, no esforço de tentar entender como todos os elementos funcionam juntos e separadamente, no detalhe. Depois, faremos sempre a síntese na nossa cabeça, automaticamente, e isso é natural. De repente, as peças até se juntam de um jeito diferente.

Para começar, já que a cultura anda explicitamente narcisística e estamos tão ensimesmados em nós mesmos, decidimos iniciar com o que mais vem chamando e até consumindo a nossa atenção e libido: o Eu. É o grande frenesi pela promessa de autoconhecimento, a busca por empoderamento individual e a autocobrança pela sensação de estar bem consigo mesmo, inclusive acima de tudo e de todos. São os comandos de que "autoamor é um exercício diário" ou "como você vai amar o outro se não ama nem a si mesmo?". Tudo muito interessante, como resposta a ideologias que foram mesmo ficando ultrapassadas, mas podemos e devemos ir além da opressão hiperegoica e *happycrática* desses discursos.

Nesse percurso, teremos que lidar com boas doses de desconhecimento sobre si, além de nomear afetos e sensações internas. O Eu, diante do espelho ou da lente da câmera, interroga-se: "Como posso viver melhor comigo mesmo, na minha própria pele? Por que afinal eu sinto tanta *culpa* em segredo e o que isso revela sobre mim? Deveria ou não sentir *vergonha* de quem eu sou e do que eu faço? O que estou dizendo para mim mesmo quando estou *sonhando*? E será que tem como construir e respeitar o meu próprio senso de *temporalidade*?" Começamos então esta jornada interna, para escutar a nós mesmos e ver como andam as coisas aqui dentro.

01
CULPA
do quê?

Se imaginarmos a psicanálise como uma árvore que cresce há mais de 120 anos, poderemos observar a amplificação de seus tantos galhos e ramificações teóricas ao longo das décadas. Podemos contemplar e experimentar os seus mais variados frutos e flores, nem sempre belos, nem sempre doces. E se existe uma semente que germinou essa estrutura teórica, ela é a sexualidade humana. E mais, a sexualidade humana enquanto um efeito psíquico do conflito original entre prazer e culpa. O prazer na realização do desejo. A culpa na realização do desejo. A culpa na não realização do desejo. A culpa por sentir prazer e o prazer em sentir culpa. No balanço final, o excesso de culpa pode ser tão prejudicial quanto a falta dela.

Quando nos propomos a examinar a mente humana, percebemos como ela é vasta, diversa e bastante enigmática. Talvez tenha sido isso que nos motivou a fazer este episódio do podcast, e também porque foram muitos pedidos de ouvintes para teorizarmos em cima deste tema. Sim, a culpa é uma noção que nos parece simples, mas que convoca reflexões bastante complexas: lá onde a necessidade instintual se entrelaça com o desejo, existe uma satisfação pura, perfeita, platônica? Ou ela é sempre atravessada pela culpa? Existe desejo sem culpa? Quanto mais culpa, consciente ou inconsciente, mais prazer?

Poucas afirmações podem ser tão afiadas e perfurantes quanto "a culpa é sua!". Isso porque a relação que estabelecemos com a culpa diz dos confrontos com os nossos valores internos, que não deixam de ser os padrões externos que internalizamos na nossa formação como sujeito. A nossa relação com a culpa fala do tempo e da cultura em que vivemos, da transgressão das leis divinas, do pecado original, das formas de controle parental, social e suas infrações. Ou, mesmo, nos faz pensar no que tantos pensadores articulam a respeito da culpa coletiva, das injustiças da humanidade e necessidades de reparações históricas.

A culpa vem da consciência de que você descumpriu uma norma importante, um compromisso estabelecido, seja afetivo, moral, institucional. Para o filósofo Nietzsche, a culpa é um sintoma de uma mentalidade de "escravo" que valoriza a submissão às normas em vez de afirmar a sua vontade própria. Pelo existencialismo de Sartre, se somos livres para fazer escolhas, somos também inevitavelmente responsáveis pelas consequências de nossas ações e, por isso, sofremos com tanta culpa. É basicamente porque queremos ser tão livres. E será que podemos?

✳ ✳ ✳

ANDRÉ: A culpa não é minha, é dele! Não, é dela. A culpa é da minha mãe, do meu pai, da família, dos traumas que eu vivi. Não, a culpa é da sociedade, desse sistema perverso, dos políticos. A culpa é toda do presidente, ou melhor, do *seu* presidente.

A culpa é um sentimento negativo, pesado de sustentar, e que (em teoria) ninguém quer carregar. Então jogamos para um, jogamos para o outro e, assim, participamos de um grande jogo de mais culpados e menos culpados. Trata-se de uma dinâmica imaginária que busca dar conta das más consequências de alguma coisa que a gente fez, não fez, deveria ou não deveria ter feito.

LUCAS: A culpa vem quando alguma coisa ruim acontece e entramos em conflito com os outros. E a pergunta que vem à tona é geralmente a mesma: afinal, de quem é a culpa? Quem vai levar esse fardo para casa? Muitas vezes, culpamos o outro, culpamos a nós mesmos ou tentamos compartilhar a culpa. Mas talvez fosse menos sobre culpa e mais sobre responsabilidade, não?! Este é um impasse que se articula a partir das nossas **neuroses**, dos nossos valores, da forma como fomos educados, da cultura da qual fazemos parte e da influência de tantos outros afetos que nos habitam.

ANDRÉ: A ambiguidade do sentimento de culpa é o que o torna tão potencialmente danoso e complexo de elaborar. Somos capazes de sentir, ao mesmo tempo, culpa por trabalhar demais e também por não ter todo o sucesso que, supostamente, deveríamos ter. Culpa por estar longe dos filhos, mas também por se sentir bem quando se está longe deles. Sem falar na avassaladora culpa de não sermos tão felizes como deveríamos, gostaríamos, poderíamos. A culpa não está relacionada só às nossas ações e reações, mas também aos nossos pensamentos, sentimentos e até sonhos. Então, tentamos resolver tudo pedindo desculpas ou esperando e cobrando que o outro se desculpe. Afinal, alguém vai ter que assumir a culpa para podermos seguir adiante... E, provavelmente, buscarmos novos motivos de culpa.

LUCAS: Todo mundo sente algum nível de culpa — ou melhor, quase todo mundo —, mas há quem exagere e acabe se sentindo soterrado. Daí, vai ficando pesado, esmagando o ânimo do sujeito que fica identificado demais com esse sentimento. Mesmo nessa sociedade em que tudo ao redor diz: "Aproveita! Só se vive uma vez! Goza!"[5], a culpa dá um jeito de se acumular e entupir os encanamentos ocultos da nossa psique e do inconsciente coletivo. Como a psicanálise pode nos ajudar a enxergar a noção de culpa nos dias atuais? E como avistar uma possível saída dessa caverna psíquica?

> ✕
>
> O conceito de **neurose** da teoria freudiana é complexo e evoluiu bastante ao longo do tempo. Pode ser definido como um tipo bastante comum de estrutura psíquica, a partir da qualidade e intensidade dos conflitos inconscientes e dos efeitos dos mecanismos de defesa do Eu. A neurose se dá em função do desejo e posição que ocupamos com relação ao outro; e tem o recalque como mecanismo básico de defesa em relação à falta. As diferentes respostas do psiquismo classificam a neurose em três tipos: histérica, obsessiva e fóbica.

ANDRÉ: Eu tenho pensado na culpa como um espectro, como se fosse uma matriz 3-D com três eixos: "sinto culpa de tudo", "é tudo culpa do outro" e "não sinto culpa de nada". Um acúmulo da neurose no primeiro eixo, um certo ressentimento no segundo e uma boa dose de perversão no terceiro. Se vamos para uma leitura mais estrutural, dá para pensar que algumas pessoas ocupam apenas um desses eixos. No entanto, a nossa posição pode mudar e, inclusive, é muito bom que ela mude, porque somos (ou deveríamos ser) sujeitos dinâmicos. E não é psiquicamente nem socialmente saudável fazer uma morada fixa e absoluta em um desses campos.

Quando se sente "culpa por tudo", é como se a gente estivesse sendo um tanto egocêntrico, trazendo tudo para si. Junto com a culpa, vem um monte de outras coisas: a atenção que podemos estar tentando chamar, um certo protagonismo na narrativa, a exclusão do outro enquanto agente ativo das relações.

Já quando nos instalamos em "é tudo culpa do outro", estamos fazendo um movimento inverso, gozando de uma posição de **Supereu** do mundo, de quem pode julgar o outro e ficar imune ao julgamento alheio. É uma relação projetiva e de terceirização, como se todo o mal estivesse fora, uma postura que também flerta com uma posição de vítima do mundo. Enquanto isso, em "não sinto culpa de nada", estamos inviabilizando a introjeção da lei e tentando cavar um lugar impossível, inconcebível, de jamais ser atravessado pelas limitações da nossa própria castração. É um eixo em que o sujeito se coloca acima da lei. Ou então se estabelece uma certa arrogância, uma estratégia para tentar negar a verdade, seja a verdade dos fatos, seja a verdade emocional que eles provocam. Negar inclusive o sofrimento que eventualmente pode surgir do sentimento de culpa.

> **Superego/Supereu** é um conceito freudiano, pensado com base em sua visão de modelo estrutural da psique. É a instância que representa a internalização da lei, da consciência moral e dos ideais sociais, determinando quais comportamentos são mais aceitáveis e "corretos" para o sujeito, o que faz com que a luta entre o Supereu e as outras instâncias (Ego/Eu e Id/Isso) provoquem sentimentos de inferioridade e culpabilidade.

LUCAS: Faz sentido, porque a culpa é um produto direto do Supereu, que, por sua vez, é o herdeiro do complexo de Édipo e da internalização da castração. Começando lá na primeira infância, quando surge a culpa pela primeira vez? Quando uma criança bem pequena, que está começando a se inserir na linguagem, passa por um episódio, por exemplo, de bater numa outra criança, porque essa outra lhe tomou o seu brinquedo. O que um bom cuidador deve fazer nessa hora? Ordenar que ela peça desculpas e, se tudo der certo, essa criança começa a reconhecer que ela faz coisas erradas e que existem limites a serem respeitados.

E por que isso tem a ver com o complexo de Édipo? Porque é também sobre entender que, por mais incondicional que seja (ou pareça ser) o amor que há entre pais e filhos, os pais não vão aplaudir tudo que você faz. Eles vão ficar bravos e tristes se você fizer coisas erradas. E vão fazer você sentir culpa, porque essa culpa vai te ajudar a crescer, amadurecer e participar da sociedade. Freud afirma que "o sentimento de culpa é apenas um medo da perda de amor, uma ansiedade social"[6]. A gente deseja ser amado pelos outros, por isso sente culpa quando faz coisas que ameaçam esse desejo. E assim vamos nos neurotizando para evitar a punição e não correr o risco de não sermos mais amados. Mas qual é a medida? Até que ponto devemos topar esse jogo?

ANDRÉ: Pois é, vale lembrar que um bom cuidador, que exerce uma boa função parental, vai conseguir mostrar para a criança que não é só aquele pequeno sujeito em formação que é atravessado pela lei. Assim como nossos pais, todos nós também somos atravessados pela lei e, mesmo assim (ou por isso mesmo) somos todos dignos de amor. Mas vamos ter que fazer por merecer.

O sentimento de culpa é essencial para que façamos parte de uma cultura e de uma civilização. Esse medo da autoridade do qual você fala, Lucas, é mesmo a origem do sentimento de culpa. E a consciência, de maneira geral, vai ser fruto do medo de perder o amor de alguém que importa pra gente. Ou mesmo o amor da cultura. Atender ao Supereu da cultura é uma forma de querer ser mais amado por essa instância do psiquismo coletivo. Ou seja, nesse sentido, a consciência em si é uma disposição para sentir culpa, para responder a apelos como "põe a mão na consciência!" e para temer o desamparo e a solidão que podem decorrer do desrespeito ao Supereu coletivo.

LUCAS: Exatamente, André. Consequentemente, a culpa é uma forma de exercer controle sobre o outro, e isso não é algo totalmente ruim. Uma certa regulação do coletivo, desse grande Outro sobre o Eu, é algo imprescindível para vivermos em sociedade, para modelar os nossos valores e comportamentos, o preço que se paga pelo nosso avanço civilizatório. Mas também é o controle de um sujeito sobre outro nas relações interpessoais, para nos garantirmos imaginariamente em algumas dinâmicas de amor.

ANDRÉ: Se pensarmos na cronologia da obra de Freud, ele escreveu *O mal-estar na civilização* depois de ter escrito *O futuro de uma ilusão*[7], em que faz uma análise sobre a religião, em especial na matriz judaico-cristã que se ancora na culpa com o intuito de manter os fiéis na linha. Freud fala sobre a culpa como uma forma de regular a felicidade e também manter os sujeitos dentro da norma; iludidos com a possibilidade de uma felicidade oceânica e, ao mesmo tempo, dominados por algo que os impede de viver plenamente esse sentimento, se é que ele existe. Não à toa, Lacan afirma que a culpa é a grande revolução na descoberta freudiana, uma categoria onipresente na psicanálise.

Podemos refletir também a respeito do que Melanie Klein[8] teorizou sobre esse sentimento e sobre as defesas a esse sentimento, que se formam logo nos primeiros meses de vida. Quando ainda não temos um ego totalmente constituído, quando o ego ainda é frágil e primitivo, a culpa é insuportável, e encontramos saídas persecutórias para qualquer coisa que possa nos infligir a culpa. O outro, enquanto objeto, pode transformar-se em algo perseguidor, que está tentando nos fazer sentir mal e, portanto, precisamos eliminá-lo. Daí vem a dificuldade de conseguirmos fazer reparação, exatamente porque não suportamos a culpa de termos olhado com ódio para o nosso primeiro objeto de amor, que é ocupado pela função materna, independente do gênero desse sujeito cuidador. Por isso pensamos na culpa como um afeto secundário, um sentimento que aprendemos a internalizar e manejar só mais pra frente, após o atravessamento da fase do Édipo. E olhe lá, né?!

Na prática clínica, tudo isso aparece de um jeito bastante nítido. Em algum momento ou em muitos momentos, tanto adultos quanto crianças vão trazer suas culpas para a análise. Até a figura do analista pode ser tratada como um objeto persecutório, que estaria ali para repreender ou determinar seus comportamentos. E tudo bem, isso faz parte da dinâmica de **transferência**[9] de um processo analítico. O interessante é que, em análise, podemos experimentar ou aprimorar a função reparativa, e trabalhar essa culpa que tentamos atrelar ao outro, porque, no fim do dia, ela é uma linha reta para o sintoma neurótico. Sobretudo quando a culpa vai se acumulando e ficando difícil demais de sustentar, tornando-se apavorante e paralisante.

> ✕
> A **transferência** é o elemento fundamental para que haja uma análise. A transferência pode vir de forma positiva ou negativa e é o que possibilita que uma análise continue, entre os tantos trancos e barrancos do percurso. Além disso, a transferência permite ao analisando viver ou reviver afetos e paixões. E, com um pouco de sorte e muito trabalho, modificar os desfechos dos padrões afetivos.

LUCAS: E aí temos uma célebre afinidade da culpa com a neurose obsessiva. Assim como na neurose histérica, o afeto que mais mobiliza é a vergonha, enquanto na neurose fóbica é a angústia; na neurose obsessiva existe hiperconsciensiosidade como sintoma. Um sofrimento que é ocasionado pelo pensamento em excesso, uma culpa desmedida que leva o sujeito a uma repetição de atos que se tornam obsessivos. Isso vai levá-lo a um tipo de autopunição, que é um castigo inconsciente. No fundo, é bem possível que esse sujeito saiba que é ele mesmo que está se colocando tanta culpa e, por isso, pune a si próprio, num ciclo vicioso que é bem difícil de quebrar. Ou seja, vamos recalcar por causa da culpa e também vamos recalcar a própria culpa. É um gozo culposo.

Como você disse, as religiões vão trabalhar muito bem essa orientação do escrutínio superegoico, afirmando que existe uma divisão bastante objetiva entre os puros e os impuros, e que a gente se suja ou se limpa por meio de atos, palavras e pensamentos. Essa é uma prática muito infantilizadora de repressão das pulsões. É a manutenção da imagem de um Deus preso na segunda fase do Édipo, aquela do pai que gera medo — que Lacan[10] chama de pai terrível —, o pai todo-poderoso, autoridade implacável, inquestionável, controlador, que ameaça, priva, castiga e não vai emancipar a subjetividade do seu filho ou da sua filha. É a figura que respeitamos e amamos, mas que também odiamos, só que esse ódio; será tão recalcado que a nossa culpa por esse ódio será, em boa parte, inconsciente.

ANDRÉ: É interessante pensar na grande confusão psíquica que isso produz. O sujeito obsessivo não consegue separar desejo e culpa, o que faz com que prazer, aflição e temor acabem muito misturados. Desse modo, esse sujeito não se permite desejar. Por isso a importância de uma análise: quebrar essas certezas tão culposas, expandir a moral e dissolver esse sistema de punição.

Nessa direção, há uma diferença interessante de pontuarmos: se é o sentimento de culpa que é inconsciente ou se é o motivo da culpa que é inconsciente. O que nos leva à pergunta-título deste capítulo: afinal, culpa do quê?

LUCAS: Pois é... São tantos motivos que criamos. Desejos eróticos proibidos. Ou de hostilidade. Ou pode ser culpa por se acreditar em dívida com o outro, com nossos pais, ou filhos. Ou culpa por não ter filhos. Ou ainda culpa por não estar amando o suficiente. Ou pode ser aquela culpa consigo mesmo, de que você gasta mais do que devia, trabalha menos do que devia, ou não cuida bem da sua saúde. Essa pergunta, "culpa do quê?", é muito importante porque ela nos dá algumas primeiras pistas de territórios e temas para explorarmos.

Mas existe uma segunda parte, mais complexa, que também é bem importante, que é "culpa para quê?". O que será que essa culpa toda está ajudando a sustentar dentro da gente? Qual é o ganho secundário? Porque obviamente é desagradável sentir culpa, mas nosso psiquismo continua investindo nisso. Com qual finalidade?

De alguma forma, a culpa pode servir para alimentar o nosso narcisismo, nos dar protagonismo na cena. É muito bom nutrir o nosso ego, e ele precisa mesmo de estímulos positivos, mas a culpa é uma fonte de investimento libidinal um tanto precária, porque também gera sofrimento psíquico. É também uma forma de valorizar-se imaginariamente para o outro, mas será que você é tão poderoso assim? O obsessivo tem uma predisposição à onipotência, no sentido de achar que falhou mesmo quando está entregando o que dá. É como se fosse sempre pouco e deve ser sempre mais. Em outras palavras, será que a sua mãe realmente espera que você ligue para ela todos os dias? Talvez sim, mas talvez também seja só uma pira que te ajuda a acreditar que você é realmente *tão* importante para ela.

O neurótico em estado crônico não vai conseguir lidar muito bem com a sua falta estrutural nem com a do outro. Ele acredita poder suprir o buraco do outro, mas, como não consegue fazer isso, sente-se eternamente culpado e insuficiente. Só que o desfecho da história é que ninguém vai conseguir fazer isso. E é uma grande redenção quando nos reconhecemos nessa impossibilidade, e não na chave da insuficiência. Porque aí já não é mais sobre culpa, né?

ANDRÉ: Lacan[11] tem uma visão bem instigante: a de que, onde há culpa, existe uma traição e/ou negação do próprio desejo, um sujeito que se culpa de "ter cedido ao seu desejo". Nesse sentido, a culpa também opera como um sistema defensivo contra a potência libidinal do sujeito, uma política de inibição que vai contra o desejo. É a culpa que nos trava, que nos faz desistir de tentar fazer a reparação do que ficou empelotado no meio do caminho. Daí que a experiência analítica é sobre o sujeito conseguir investigar o seu desejo, no lugar de apenas seguir pedindo desculpa.

Na clínica do obsessivo, por exemplo, tudo isso fica ainda mais interessante, porque insistir em tentar achar uma culpa originária será uma grande perda de tempo; a gente nunca vai chegar a ela. Por quê? Porque a culpa tornou-se um sistema operacional que faz o sujeito sentir-se culpado por tudo. Quando tenta resolver a culpa sobre uma coisa, ela escapa para outra. E daí a gente nunca chega ao desejo em si, mas fica preso nesses labirintos de culpas e desculpas. Aí é melhor mesmo insistir na pergunta que você trouxe há pouco, Lucas: "Culpa para quê?". Culpa para inibir o quê? Impedir que se pense ou se deseje o quê?

Tem aquela imagem, que todos conhecemos, aquela pessoa que não consegue ficar cinco minutos sem pedir desculpa por qualquer motivo. O famoso "desculpa qualquer coisa". Em uma breve análise selvagem, esse sujeito que está se desculpando o tempo todo nos revela várias coisas: 1) existe mesmo um excesso de culpa que 2) distancia esse sujeito do seu desejo e que, ao mesmo tempo, 3) está pedindo algum tipo de desconto e suavização. Tudo isso 4) deixando bem claro que essa pessoa opera na lógica da busca por culpados. Nessa armadilha, se você não a desculpar, o culpado pode ser você... por ter gerado culpa nela... Mesmo que você, digamos, não tenha feito nada.

Um pedido de desculpas pode ser uma expectativa de redenção bem narcísica, mas há uma parte boa nisso, que é pensar os neuróticos, *grosso modo*, como culpados incuráveis. Tem algo potencialmente gratificante em perder o lugar de Eu Ideal e reconhecer esse lugar de pobre-diabo, como disse Freud. Mesmo na condição de seres imperfeitos e meio quebrados, podemos produzir muitas coisas boas. É como aquele trecho da música "Anthem" de Leonard Cohen, que diz que há uma rachadura em tudo, e é através dela que entra a luz. Uma hora a vida nos invade e nos empurra exatamente porque somos falhos, e não culpados por estarmos vivos.

LUCAS: É muito bom entender que esses sentimentos contraditórios e antagônicos permeiam tanto o nosso processo civilizatório quanto o nosso ser. Dá até um alívio! É aceitar que podemos, por exemplo, sentir amor e ódio pela mesma pessoa. Isso não faz da gente um louco, apenas seres humanos com emoções complexas.

ANDRÉ: Eu sempre lembro daquela clássica fala de Nelson Rodrigues[12]: "A gente só não está de quatro, urrando no bosque, porque o sentimento de culpa nos salva". Isso é um tributo à neurose! A vida é um pouco esse jogo entre culpa e responsabilidade, outro termo que precisamos destrinchar melhor... Só que nem todo mundo consegue percorrer esse caminho. Fica preso no excesso de culpa, ou na falta desmedida de culpa, o que também vai ser um grande problema. Os perversos estão aí para nos confirmar isso. E parece que existe cada vez mais perversidade ao nosso redor (e talvez dentro de nós), não?

LUCAS: Eu fico pensando sobre o tempo e a cultura em que vivemos, e me vem a hipótese de que existem dois movimentos em oposição.

De um lado, a gente vê toda essa culpa que é infligida pelo próprio sujeito em si mesmo, baseada possivelmente em uma imposição de positividade, sucesso por mérito e outros aspectos que fazem parte desse conjunto de ideais do neoliberalismo. A pressão para entregar e performar, seja por uma questão de sobrevivência ou por vaidade mesmo. Daí sentimos culpa por estarmos num dia ruim, por não estarmos dando o nosso melhor ou por termos que lidar com sentimentos negativos como raiva, egoísmo ou inveja enquanto nos cobramos para sermos sempre pessoas melhores, nossa melhor versão, mais evoluída, espiritualizada, e até mais analisada. A promessa da meritocracia nos leva à culpa, como quem acredita: "Fui eu que não consegui, eu que sou impotente, eu que deveria ter me esforçado mais, estudado mais, trabalhado mais, não me dediquei o bastante".

Agora, por outro lado, e talvez em resposta a tudo isso, existe uma proliferação de mensagens de autoajuda que procuram nos liberar da culpa excessiva e prestar um tipo de acolhimento. É aquele post típico de Instagram que diz: "Pare de se culpar tanto, você está fazendo o que pode!". Mas precisamos olhar com cuidado para essas mensagens generalistas e imperativas. Se você é um influenciador com um milhão de seguidores, acha mesmo que esse recado serve para todo mundo? Para todo tipo de culpa? Se não estamos escutando esses sujeitos, como podemos sair dizendo o que devem ou não fazer com sua culpa? E os perversos? Os golpistas? Os canalhas?

Por isso é importante analisarmos todos os discursos vigentes. A corrente e a contracorrente, a tendência e a contratendência. Tem alguma coisa contemporânea, nessa imposição de ideal de uma vida sem culpa, que parece que passou da conta. Uma tentativa meio torta de desneurotização, como se isso fosse plenamente possível. Essa doutrina da vida sem culpa se apresenta como forma de eliminar qualquer remorso ou arrependimento, que são fundamentais para reconhecer erros e fazer reparações. Viver com menos culpa neurótica não pode comprometer nossa capacidade de assumir nossas falhas e nossos enganos. Não dá para viver uma vida sem cometer qualquer equívoco, sem magoar ou decepcionar os outros. É muita pretensão achar que faremos todas as escolhas certas. É muita soberba acreditar que nunca precisaremos pedir desculpas.

Um imperativo bastante admirado hoje em dia diz o seguinte: "Não se desculpe por ser quem você é". Essa é uma mensagem hiperegoica de uma ideologia progressista e militante que, apesar da sua boa intenção de quebrar a normatividade e os preconceitos sociais, pode ser muito alienante, arrogante e narcisista.

ANDRÉ: No limite, parece aquela ideia de "eu não preciso fazer terapia, quem precisa de terapia são os outros". Esse é mesmo um jeito impossível de viver e conviver, mas que anda em voga. A confusão está exatamente nessa ideia de viver sem culpa como se isso fosse o mesmo que viver sem qualquer tipo de responsabilidade. Como se, no final, a culpa de tudo fosse só do sistema e desse mundo doente. Sim, o contexto é opressor e cheio de problemas, mas qual a parcela que nos cabe assumir e bancar? A culpa e o cansaço entram como um sintoma-chave da sociedade do desempenho[13], um sistema que anula as responsabilidades do meio e transfere tudo para o indivíduo. Por isso, tentamos eliminar a culpa a todo custo; porque é mais do que nos cabe. Como escreveu Walter Benjamin, o capitalismo é a nossa religião e, nessa lógica, também nos transfere a culpa. No fim, não é só sobre ser a sua melhor versão, é também sobre sentir-se culpado por não ter conseguido (ainda) ser melhor que a sua melhor versão.

LUCAS: O resultado é esse "gozar a qualquer preço", né? Esse é inclusive o subtítulo do livro *O homem sem gravidade*[14], do polêmico psicanalista Charles Melman, que retrata uma economia psíquica contemporânea que não é mais tão organizada pelo recalque, mas sim pela exibição do gozo. Um tipo de dinâmica de consumo que convoca o sujeito para uma satisfação pulsional irrestrita, imediata, de hiperindulgência. Só que esse gozo "livre da culpa" se torna automático, coercitivo e compulsivo, extrapolando a busca por prazer e satisfação.

ANDRÉ: Além disso, produz efeitos que não estamos conseguindo elaborar muito bem. Em *A tirania do mérito*[15], o filósofo Michael Sandel investiga os efeitos de uma sociedade que separa as pessoas entre fracassados e vencedores, entre quem não consegue gozar e quem consegue o suficiente e também mais que o suficiente. O autor examina como essa culpabilização dos perdedores gera uma onda coletiva de raiva e frustração, abrindo as portas para o populismo, a polarização, a descrença na relação entre governo e cidadãos. Consequentemente, os sentimentos de desconfiança e rivalidade passam a transbordar.

Qual é a origem de tudo isso? A culpabilização excessiva de quem "perdeu". Mas o neoliberalismo é um sistema em que pouca gente consegue vencer, por mais que as culturas corporativas e as mídias sociais tentem nos convencer do contrário. No lugar de se produzir uma corresponsabilização pelas eventuais mudanças que estamos sofrendo e infligindo nos outros e no mundo, vamos nos protegendo em bunkers cognitivos. Uns contra os outros, e aí não há bem comum, não há coletividade. O fracassado é aquele que dorme e descansa, enquanto eu, vencedor, trabalho. Aí é barbárie, não tem o que fazer.

LUCAS: Para evitar conclusões simplistas demais, quero abrir aqui mais uma questão. Como psicanalistas, temos uma tendência de sempre defender a análise como um recurso que pode nos ajudar em muitas situações. Não é fórmula mágica, mas é um esforço, um investimento que vale a tentativa. Agora, com relação à culpa enquanto sofrimento, existe um receio legítimo de que o percurso de algumas análises, pelo menos durante um certo período de tempo, pode levar o analisando a sentir *mais* culpa, no lugar de *menos* culpa. Isso porque podemos ir escavando e descobrindo culpas inconscientes, ou alguns afetos estranhos que não sabemos nem como chamar... e os chamamos de culpa.

Um exemplo comum: no processo de análise, ao rememorar e elaborar o material psíquico, muitas vezes pode vir à tona uma cena de experiência sexual infantil, e que pode ser lida como uma cena de abuso. Então, o analisando pode começar a sentir uma culpa consciente, como se fosse culpado por ter feito aquilo, ou por ter provocado o outro, ou simplesmente por ter deixado que fizessem aquilo. Mas ele era só uma criança!

Adquirir consciência sobre a nossa história pode ser uma atividade dolorida e retraumatizante, especialmente se não for bem manejada, porque podemos cair em uma responsabilização excessiva do sujeito por tudo que lhe aconteceu na vida. Esse é o risco de uma análise virar um estímulo ao individualismo, como se fosse uma psicanálise atravessada por esse discurso meritocrático e neoliberal. Freud nos provoca quando pergunta: qual é a sua responsabilidade na desordem da qual você se queixa? Certo! Mas como um analista vai lidar com a posição de vítima do seu analisando? Esse profissional vai ter que não só analisar, mas também legitimar a violência ocorrida e acolher esse sujeito.

É engraçado que antigamente, no senso comum, pensava-se muito na psicanálise de forma bastante estereotipada, no sentido de que "tudo seria culpa dos nossos pais". Todo o nosso sofrimento seria porque eles fizeram ou deixaram de fazer isso ou aquilo, mas mesmo Freud diz que o destino é preparado pelo próprio sujeito. A grande questão é: quanto da nossa felicidade ou miséria, do nosso sucesso ou fracasso, estava ou está realmente em nossas mãos para sentirmos tanta culpa assim?

Se você realmente acreditar, instrumentalizar-se e esforçar-se o suficiente, vai conseguir chegar exatamente aonde deseja? A grande pergunta especulativa da análise passa por aí. Só que esse é o tipo de mensagem motivacional que pode dar a entender que a nossa existência é formada só por nós mesmos, como se a gente fosse imune a interferências e contingências externas e às nossas próprias castrações. Essa promessa de onipotência acaba com o sujeito contemporâneo e o leva à frustração, exaustão e depressão. A psicanálise não pode ser conivente com isso, por mais que seja função do analista fazer o analisando, de alguma forma, se responsabilizar mais pelo seu sofrimento.

Quando a psicanálise é atravessada por esses discursos, ela corre o risco de colocar coisas demais na conta do psiquismo do sujeito e promover mais opressão, constrangimento e culpa. Obviamente, existe a influência do social, do sistêmico e do estrutural nos nossos sofrimentos. E, sim, muita coisa é mesmo culpa dos nossos pais, da escola, do governo, da cultura. Só que identificar a responsabilidade do outro não nos exime de nos haver com a nossa própria responsabilidade para tentar mudar aquilo que estiver ao nosso alcance.

ANDRÉ: O fato é que não existe clínica se não conseguirmos nomear o outro e o **grande Outro**. Em todo sofrimento ou posição de vítima, a gente precisa conseguir nomear tais instâncias, ou seja, definir o que o sujeito dá conta ou não de absorver. O que podemos pensar sobre o contexto, o meio, a cultura que estão sempre atravessando o sujeito?

Pensando no manejo em análise, muitas vezes não se consegue ir da culpa direto para a responsabilidade. Retomando a teoria de Melanie Klein, vale lembrar que a culpa pode ser muito primitiva e nos empurrar para uma primeira infância de "eu vou perder tudo, todo o amor do outro". Há um processo de sair desse lugar puramente pesado e massacrante, inserindo a legitimidade do desejo na cena. E destacando eventuais punições pelos atos do sujeito em contrapartida a sentir-se culpado por simplesmente desejar algo. Aliviar a culpa do que se deseja no lugar de se sentir totalmente culpado — e paralisado — por ser um sujeito desejante. Mas, claro, cada caso é um caso.

Você estava descrevendo esse ponto de vista do "tudo é culpa dos pais". Eu penso que essa ideia também acabou produzindo altas doses de culpa parental e uma permissividade excessiva nos filhos. Como se

> Um dos conceitos centrais da teoria psicanalítica de Jacques Lacan, o **grande Outro** diz respeito à ordem simbólica da linguagem, das leis, das normas culturais e dos valores que estruturam nossa realidade. É o conjunto de significados compartilhados, a estrutura linguística na qual os sujeitos estão inseridos. Enquanto o pequeno outro — "outrinho" para os íntimos — se refere ao outro como objeto do nosso desejo, o grande Outro é a ordem na qual adquirimos nossa identidade e nosso sentido de Eu.

tudo que o cuidador fizesse fosse necessariamente transferido para os filhos como algo definidor ou mesmo traumatizante. Daí, nessa direção, seria melhor incentivar uma infância sem limites para evitar eventuais "danos" ao psiquismo que está se formando. E, claro, a carga de ser o culpado por tais danos. Nessa breve caricatura dos nossos tempos que acabei de descrever, vemos como a culpa e a responsabilidade ficam misturadas. Confusão essa que também está muito presente na cultura.

Um outro exemplo desse tumulto cognitivo é como a internet tem sido habitada por uma certa culpa compulsiva. Nas tantas brigas e cancelamentos nas mídias sociais, vemos sujeitos digitais apontando o dedo para possíveis culpados sem necessariamente elaborar a culpa que está circulando. As acusações fazem sentido? A punição que está sendo proposta seria justa ou talvez excessiva? Quem determina isso no tribunal da internet? Muitas vezes, nada disso é colocado em debate e, na verdade, vemos muitos tentando fazer um "*pix* de culpa" para o outro. No lugar de continuar me torturando pelo que eu sinto, vou torturar o outro e farei isso através de discussões ruminantes e infinitas.

Qual é a cilada aqui? Tudo isso vai fazendo o sujeito digital gozar sem parar, se sentindo melhor porque não foi ele que errou. Só que esse sujeito não percebe que está cada vez mais dependente desse sistema de "caça aos culpados". Ficamos tão obcecados em identificar e julgar quem é culpado, quem é privilegiado, insensível, criminoso, que nos colocamos bem longe do campo da responsabilidade e da responsabilização. Estamos tendo muita dificuldade em fazer as pazes com a ambivalência, em tolerar que não somos tão nobres quanto gostaríamos nem tão importantes assim. Não precisamos dessa culpa toda para sustentar um lugar imaginário de importância na vida do outro e no mundo, certo?

LUCAS: Exato, a importância pode vir de outra forma. Por isso, essa proposta de substituição do foco libidinal na culpa pelo foco na responsabilidade. Parece fácil, mas obviamente não é. E qual é a diferença entre os dois? A culpa é um conceito religioso e jurídico, porque pode ser tanto o resultado de um pecado como de um crime, o que é diferente de pensar em responsabilidade, que é muito mais moral e ético. Nossa cultura atual fortalece o eu, mas enfraquece a responsabilidade individual. A responsabilidade é sobre a sua autonomia de decidir, em alguma medida, o que fazer com o seu desejo, mesmo que seja o seu desejo de fazer mal ao outro ou a si mesmo. É conseguir entender o efeito das suas ações e fazer um esforço para tomar consciência do que aconteceu em um episódio que o faz sentir-se culpado. É ter cuidado. É preservar a ética necessária para criar condições de reverter o que for possível, no sentido do mal que foi ou poderia ser causado. É responder pelo seu lugar, algo que está na raiz da palavra: ser responsável é saber responder.

Isso implica, portanto, uma ação, uma atividade de resposta, que pode ser tanto no sentido de desempenhar a reparação pelo que aconteceu quanto uma precaução para o futuro, para que não aconteça de novo. Existe uma grande diferença entre essa responsabilidade, que é um movimento, e a culpa, que pode ser simplesmente paralisante. No fim, o desafio parece estar em encontrar uma relação mais pacífica com a culpa, enquanto um problema que não é só meu e não é só seu, é da civilização. Mas também é meu, e também é seu.

02 Motivos de
VERGONHA

Em um tempo marcado por superexposição, hipervigilância e cancelamento, será que estamos mais envergonhados do que nunca? Ou andamos perdendo completamente a vergonha? Ou, então, questões ainda melhores: o que cada um de nós anda fazendo com a sua própria vergonha? E o que ela está fazendo com cada um de nós?

A vergonha geralmente está associada a uma autoavaliação negativa de si e ao receio do julgamento alheio. Assim como acontece na culpa, há o medo de perder o amor do outro. É uma reação tipicamente humana, que pode ter muitos sentidos para o sujeito e para o seu contexto social: constrangimento, timidez, receio, pudor, sensação de fracasso; ou até o seu contrário, um senso de honra e dignidade — e assim vamos recebendo notícias de nossas neuroses e repressões. No cenário atual, em que a felicidade tornou-se uma obsessão cultural[16], talvez nenhum sentido seja tão amplamente difundido quanto o imperativo "não tenha vergonha de ser feliz!".

Isso porque pessoas felizes supostamente produzem e consomem mais. O maior vexame hoje, seguindo essa lógica, seria então esconder suas conquistas, seus talentos, seu orgulho e amor-próprio. Em um sistema ideológico de tantas promessas de liberdade e onipotência, o sujeito contemporâneo vem sendo intimado a escantear a sua vergonha como um sentimento inferior que, ironicamente, ele deveria ter até vergonha de sentir. Revela-se aí um grande paradoxo. E, como bem nos mostra a psicanálise, esse tipo de esconde-esconde psíquico sempre vai gerar alguns problemas lá na frente.

O contexto cultural pode nos convidar a perder ou encobrir a nossa vergonha, mas a lógica da comparação, da mostração de si e da comunicação incessante, pública e hipermidiática reforça exatamente as nossas possíveis sensações de inadequação e inferioridade, além de nos colocar frente a frente com o cerne da nossa necessidade de aprovação social. Daí não existe muita nuance, desculpa nem meio-termo. O sujeito fica espremido no meio dessas forças divergentes: deve abrir mão de suas vergonhas e inibições para brilhar e merecer todo o reconhecimento possível, enquanto os supostos motivos para envergonhar-se estão cada vez mais expostos a céu aberto, para todos verem e comentarem a respeito.

Em uma sociedade mediada por imagens, no patamar do espetáculo prenunciado pelo filósofo Guy Debord[17], a regra é sempre "exiba-se!", exponha e venda a imagem do seu corpo, do seu rosto e da sua voz. Faça isso de forma inteligente, sensual, engraçada. Cada vez mais, é como se o sujeito devesse literalmente dançar, cantar e entreter para receber algum tipo de destaque. Até mesmo as suas vulnerabilidades, a sua sexualidade e os seus traumas mais íntimos são explorados como um tipo de capital social em um mar de gente que está tentando chamar atenção para si. E, se nada disso funcionar, "não há motivos para se envergonhar", mesmo que a gente comece a ficar meio palhaço, meio caricatura de si mesmo, *"trying too hard"*. O *éthos*, no fim das contas, é sobre a sutil arte de ligar o f*da-se para o que todo mundo pensa. Mas, no fim, parece que fizemos justamente o contrário.

Ainda que seja banida às esquinas mais escuras do inconsciente coletivo, a vergonha segue solta, às vezes disfarçada, às vezes afrontosa, circulando em sentidos muito particulares. Está presente nos tantos conteúdos e notícias que denunciam e constrangem; nas acusações que descredibilizam sujeitos e instituições que estão expondo algo que "não deveria ser exposto". E também nos compartilhamentos corajosos de algumas inseguranças cotidianas, um tanto acanhadas, numa mistura de confissão com entretenimento, e que rapidamente viram meme para que todos nós possamos, de alguma forma, participar daquelas microvergonhas.

O problema é quando, no lugar de percebermos e lidarmos com nossas vergonhas, apelamos para a via projetiva. Para tentar passar absolutamente nenhuma vergonha, vamos esfregar a vergonha na cara do outro. Faz sentido, pois, na vergonha, somos capturados pelo imaginário do olhar do outro, pela forma como acreditamos que somos vistos. Daí, fica difícil mesmo dizer o que é nosso e o que é do outro — até porque essa nunca foi uma tarefa fácil.

Como provoca o filósofo Frédéric Gros[18], a vergonha hoje está em toda parte, e três imposições dominam a sociedade contemporânea: "Pare de ter vergonha de si mesmo!", "A vergonha não existe mais!" e "Que vergonha!". Navegar esses imperativos do Supereu coletivo não é simples. Mas, entre vergonhas permitidas, toleradas e proibidas, não podemos desconsiderar o potencial transformador da vergonha, mesmo daquela que, só de pensar, nos faz sentir que "preferimos morrer a ter que passar por isto". Como escreve Gros, à luz da obra de Marx, a vergonha pode ser revolucionária, especialmente quando liberada através da partilha coletiva. Morrer de vergonha pode ter suas vantagens para a vida, então vamos em frente... Sem tanto medo de descobrir aonde isso vai nos levar.

✳ ✳ ✳

LUCAS: Você descobre uma coisa nova! Relaciona com um livro que leu. Conversa com algumas pessoas sobre o assunto. Desenvolve melhor sua ideia, e pensa: "Eu tenho algo interessante aqui para dizer". Então você pega o celular, vira a câmera para você, se olha na tela, aperta o botão para gravar e... paralisa: "Peraí... Que vergonha! Eu quero mesmo me expor desse jeito? E se não gostarem? E se eu for criticado?".

ANDRÉ: A vergonha é um sentimento multifacetado que desempenha um papel central na nossa saúde mental. A vergonha nos regula, nos retrai e até nos paralisa. Segundo a autora Melissa Dahl[19], os momentos de vergonha são sentidos como solavancos em que somos arrancados da nossa própria perspectiva e, de repente, é como se a gente só conseguisse se enxergar através do ponto de vista do outro... E o que enxergamos não é nada bom. Talvez, por isso, poucas coisas sejam tão assustadoras quanto a figura de linguagem "morrer de vergonha". É como performar a própria morte diante de centenas ou milhares de pessoas que estão assistindo ao espetáculo da nossa queda.

LUCAS: É sobre ver-se sendo visto. Tomar consciência de si. Sentir-se separado de si. Ser tomado por um sentimento repentino de inferioridade. Suspeitar que alguém vai descobrir toda a verdade e nos desmascarar. Tudo isso nos é um tanto familiar, mas como contornar sensações dessa natureza? E considerando que os motivos de vergonha também mudam com o tempo e com a cultura, o que será que vem nos despertando menos ou mais vergonha hoje em dia?

ANDRÉ: Em meio a tantas *cringe wars*, qualquer passo em falso pode custar uma reputação, um relacionamento, um emprego. As mídias sociais transformaram radicalmente a nossa relação com a vergonha e fizeram desse sentimento um instrumento punitivo e coletivo, em um nível massivo. Nesse tema da vergonha, não teremos, necessariamente, justiça e inclusão, mas o retrato de uma sociedade que tem uma forma muito refinada de executar sujeitos por meio da vergonha pública e morte social. Em tempos de viralismo, a vergonha é uma estratégia esmagadora de tortura.

LUCAS: É intrigante pensarmos sobre a origem ancestral da vergonha e fazermos uma leitura por meio da psicanálise. Freud era um grande fã de Darwin e trouxe muito da teoria evolucionista para a sua obra. Ele fez diversas reflexões sobre a evolução dos hominídeos — os nossos primatas ancestrais — que, em algum momento,

> Nos últimos anos, a internet foi tomada por uma disputa de denúncias entre gerações, grupos políticos e subculturas sobre quem é mais *cringe*. A melhor tradução de *cringe* talvez seja "vergonha alheia", um tipo de constrangimento tão grande que faz você encolher os ombros com aflição, comprimido e esmagado pela inadequação dos outros.

deixaram de ser quadrúpedes, ergueram-se e começaram a caminhar sobre dois pés em vez de quatro patas. Nessa passagem para a postura ereta, tão determinante para o processo de civilização, surgiu também uma necessidade de proteger os órgãos genitais, porque eles ficaram muito mais visíveis. Com a linguagem, vem o sentimento de vergonha pelo próprio corpo, um constrangimento que é tipicamente humano e não animal. A vergonha, portanto, é um tipo de restrição à nossa capacidade de sentir e expressar nossos desejos livremente. É também uma forma de proteção do pacto social. E, talvez, tenha a ver com dois termos com que se trabalha bastante na psicanálise: inibição e trauma.

A inibição é um conceito que Freud aborda em "Inibição, sintoma e angústia"[20], tratando-a como uma resposta do psiquismo para nos proteger do encontro com o objeto fóbico. Ou, ainda, um objeto que é fóbico, mas que também é um objeto de desejo. Trata-se de um bloqueio que, em parte, é positivo e funcional, porque nos protege de enfrentar uma angústia maior, mas que também limita nossas ações e gera sofrimento. A vergonha, portanto, tem origem no recalcamento da sexualidade e no trauma que isso gera em todos nós.

Quando pensamos na sexualidade infantil, na criança com as suas primeiras brincadeiras e experimentações sexuais, ela não é, necessariamente, tomada pela vergonha. É só depois, quando toma consciência dessas lembranças e desses afetos, que esse sujeito é tomado pela vergonha, insegurança ou um sentimento de humilhação. Nesse segundo tempo é que se dá o trauma propriamente dito, e recorremos à repressão ou ao recalcamento para esquecermos o evento e o que sentimos diante dele. A vergonha então não é exatamente natural. Ela é aprendida pela internalização da lei, ou, mais ainda, da moral, e vai ser articulada pelo nosso Supereu, que por sua vez é articulado pelo Supereu dos nossos pais. Tudo isso como resultado da influência da cultura e dos aspectos sociais do nosso tempo.

ANDRÉ: A vergonha tem mesmo essa função regulatória, caminha com a culpa enquanto afeto de mediação civilizatória e social. Afetos estes que estão no limite entre interno e externo, o Eu e o outro, mas que no fim somos cada um de nós mesmos que vamos ter que saber como lidar com eles.

Lacan, no começo da sua obra, enxergava a subjetivação muito regida pelo Édipo e pela castração, girando em torno do que é proibido e regulatório. Essa primazia da lei cria um certo eixo de potência e impotência, o que dá ou não dá para fazer, o que pode ou não pode. Nesses limites, o sujeito talvez acabe seguindo por um caminho mais depressivo ou mais ligado ao pânico; e pânico é uma palavra-chave, ainda mais em uma época em que se fala tanto sobre ataques de pânico. Esse pânico apresenta-se como uma inibição que é forte demais, sem sentido, tão grande que o sujeito retira-se completamente do social.

Já a vergonha é como saber alguma coisa que você não deveria ou não suporta saber. E, quando você passa desse ponto, fica quase impossível se olhar no espelho novamente. É como aquela sensação terrível de lembrar de uma situação em que você passou muita vergonha e sente inclusive no corpo. Você se curva mesmo, para se esconder, como quem pensa: "Eu não acredito que tô vendo tudo isso de novo".

LUCAS: De fato, há uma relação significativa com o corpo. Por exemplo, a questão da masturbação e de como ela é socialmente mais aceita para meninos do que meninas. Como sabemos, o desejo e o prazer femininos são ainda um grande tabu, especialmente para a família tradicional brasileira. A verdade é que sempre vai ter alguma coisa da sexualidade que vai despertar vergonha. Pode ser uma parte específica do corpo, uma curiosidade, um segredo, um fetiche, o receio de que alguma coisa aconteça ou não aconteça no ato sexual.

É claro que muitas coisas vêm mudando, pelo menos para aqueles que conseguem desmantelar alguns pedaços dessa vergonha recriminadora. E isso é muito positivo. Ao mesmo tempo, não acho que seja possível atingir um nível de autoaceitação radical, um patamar no qual a gente passe a se achar sempre lindo e irreparável. Um patamar em que todos estejam se sentindo absolutamente confortáveis em mostrar tudo de si o tempo todo. Ou então ser muito livre sexualmente, transar muito, com muita gente, de todos os jeitos possíveis. Esses ideais de desavergonhamento acabam se tornando um discurso opressor, fomentando ideais tão inatingíveis quanto os antigos que incentivam a vergonha de si.

ANDRÉ: Eu concordo. Nesse contexto, enxergo um deslocamento em curso. Nas últimas décadas, esse afeto vem se concentrando muito mais em um sentido de não conseguir representar o ideal que o sujeito deveria ser — e isso dá muita vergonha. A vergonha de não corresponder ao ideal vai se internalizando porque, em todos os lugares, o sujeito vai encontrar imagens e discursos que o lembram de que ele não trabalha tanto quanto poderia, não ganha tanto quanto deveria, não está com o corpo tão desejável como gostaria etc.

Nesse sentido, podemos pensar em uma interpretação específica do sintoma que a internet gosta tanto de abordar: a "síndrome da impostora". A sensação de que parece que você não está conseguindo ser tudo que deveria, então está fingindo ser alguma outra coisa. Daí a experiência com desejo fica mais difícil, porque ele vai sendo inibido. Você está tão distante do que supostamente deveria ser que não vai poder ser mais nada. Desintegra-se a ponto de questionar tudo sobre si, inclusive o próprio desejo.

Nos "Três ensaios sobre a teoria da sexualidade"[21], Freud fala da vergonha exacerbada como um sintoma de recalcamento sexual muito intenso, que vai promovendo uma certa ignorância sexual. Nessa trilha, o sujeito vai ficando tão distante do seu desejo que acaba se esquecendo que isso existe dentro dele. Essa investigação de Freud nos ajuda a pensar na vergonha como a pista de uma fantasia que está prestes a se revelar. Onde existe vergonha, existe uma fantasia que não está conseguindo entrar em acordo com a lei e com o prazer. A vergonha é um afeto que faz com que o sujeito sinta-se transparente, como se sua fantasia e sua intimidade ficassem totalmente expostas, sem separação na relação com o outro. É um ângulo interessante porque, muitas vezes, a vergonha não corresponde à realidade. Assim, no lugar de ficar transparente, o sujeito vai ficando turvo, obscuro, escondido. Então o desejo acaba esfumaçado pela névoa da vergonha, não consegue nem mais acessar o que quer. Para dar uma resumida: quando o desejo se pronuncia, a máquina de fumaça da vergonha começa a funcionar, só que a fumaça fica tão intensa que nem o próprio sujeito consegue mais se ver. Talvez seja por isso que estamos tão obcecados por telas e espelhos. Olhando para vários lugares, o tempo inteiro, na busca de conseguir enxergar através do nevoeiro.

LUCAS: Isso é mesmo muito narcisista, está conectado à autoimagem e nos deixa bem amarrados ao registro imaginário, no campo das idealizações. É impossível se desfazer totalmente das idealizações, mas devemos evitar trocar o Real pelo Imaginário e partir do pressuposto de que conhecemos a realidade tão bem assim.

O psicanalista André Green tem um texto que se chama *Énigmes de la culpabilité, mystère de la honte* (O enigma da culpa e o mistério da vergonha)[22], em que ele diz que a vergonha "assinala a confissão de uma derrota, a revelação de uma fraqueza, a perda das aparências e da dignidade e a imagem de seu mundo interior desmascarado aos olhos do outro"[23]. No fim do dia, queremos ser mais do que somos, e existe a pressão da cultura com todo o seu cardápio de ideais. Será que podemos fazer escolhas? Existe algo que está ao nosso alcance?

A vergonha fala muito daquilo que valorizamos. Se você, por exemplo, se acha uma pessoa burra e tem vergonha disso, é porque a inteligência é um ideal que você valoriza. Então, ou faz alguma coisa para chegar mais perto desse ideal ou vai ter que revê-lo, baixar um pouco a bola e tentar focar outros aspectos. Porque, senão, a vergonha acaba criando tabus e evitações que só ativam a inibição. Cria-se um bloqueio em que a primeira vergonha gera uma segunda — que é a vergonha de ter sentido vergonha —, e o melhor remédio, nesse sentido, é conseguir falar a respeito. Simbolizar o enfrentamento com o Real e o Imaginário do qual estamos fugindo. Do contrário, a vergonha vai nos imobilizando, cultivando uma espécie de núcleo movido por comportamentos fóbicos e de evitação. É como aquele sujeito, por exemplo, que tem muita vergonha de chorar na frente dos outros e vai engolindo tanto choro na vida que desaprende completamente a chorar. Mas esse sujeito sabia chorar antes, abria um berreiro quando era bebê, só que foi se privando disso. Até que vai chegar um dia em que ele vai chorar, e provavelmente vai vir tanta coisa acumulada que talvez aconteça tudo que ele mais temia, que é chorar copiosamente e fazer, na cabeça dele, um grande papelão.

ANDRÉ: Essa cena é muito boa porque mostra o momento do rompimento de uma barragem, do dique psíquico da vergonha que não deixa o rio do desejo correr. O sujeito vai representando demais, até um ponto em que nem a barragem suporta. Eu fiquei pensando nessa descrição de um núcleo vergonhoso, como se o sujeito começasse a morar dentro dele, tomado por uma introspecção excessiva. É narcísico mesmo, porque desenvolve-se uma estratégia de camuflagem: para que o outro não me veja, eu vou tentar me confundir com o ambiente, ou tentar antecipar a imagem que o outro vê de mim. Uma imagem que, muitas vezes, é deficitária e não corresponde nem um pouco ao que os outros esperam de mim.

A ideia de aproximar-se de alguém vai ficando tão complicada que o sujeito não consegue mais se colocar numa função lúdica, não consegue mais responder às suas fantasias, tem muita dificuldade de se enxergar e se explorar. Clarice Lispector tem uma frase sobre essa ideia de que algumas pessoas têm vergonha de viver, e ela se inclui nesse grupo: "Eu quero ficar só, grita a alma do tímido, que só se liberta na solidão"[24]. Só que, contraditoriamente, esse sujeito também quer sentir o quente aconchego de estar com o outro. O tímido está na busca de ligação, só que esse enlaçamento é fraco, instável e inseguro.

Nesses casos, penso sobre a importância do brincar. O psicanalista inglês Donald Winnicott nos ajuda nesse sentido, porque o tratamento de pessoas extremamente inibidas passa por criar ambientes seguros para que a fantasia possa circular melhor. Aulas de dança, jogos esportivos, teatro, clube de fetiches, enfim, vários espaços que sustentam algumas regras e fornecem um senso de proteção. No mundo lá fora talvez não dê para deixar a fantasia muito solta, mas pelo menos nessa experiência contida, falando mais baixinho, podemos deixá-la correr e gritar com mais liberdade, no tempo do sujeito, sem forçar a barra. No final das contas, brincar pode ser um caminho para ampliar o espectro da experiência, para além dessa suposta correspondência ao ideal ou imagem que o outro, em tese, espera de nós. Obviamente, isso não é tão simples e divertido quando estamos diante de uma neurose fóbica, ou um estado de paranoia ou pânico que toma o sujeito de assalto.

LUCAS: Essa questão do brincar me faz pensar o quanto a vergonha habita mesmo um oposto da leveza e do divertimento, que é o levar-se a sério demais. A gente tende a pensar que a vergonha é sobre o que os outros acham e pensam da gente. Aí falamos coisas do tipo: "Não precisa ter vergonha, não ligue para o que os outros pensam". Mas será que somos tão importantes assim? É tão narcisista acreditar que todo mundo vai ter tantas coisas a dizer a nosso respeito. Será que não estamos nos dando importância demais?

De certa forma, é um desejo, às avessas, de tornar-se o centro das atenções. Esse é um desdobramento da vergonha que tem uma relação direta com a neurose histérica, que é sobre o jogo de mostra-esconde, o eixo recatado/retraído versus a superexibição espalhafatosa. É achar que em algum momento você revelou demais e se recolher para provocar um mistério, armar o jogo de sedução. A vergonha, inclusive, pode ser muito estimulante para esse jogo. Quando, por exemplo, sentimos vergonha por receber um elogio. Há pessoas que demonstram isso até fisicamente, ficando com o rosto vermelho ou a voz meio embargada, ou bate uma tremedeira. O sujeito não consegue disfarçar que tem uma descarga de libido importante acontecendo. A mensagem que acaba passando é: "Sim, o seu reconhecimento é importante para mim".

A vergonha está ligada, portanto, a uma espécie de abalo na nossa imagem pública. É curioso como, às vezes, ficamos presos a uma imagem de nós mesmos que nos envergonhou. Por exemplo, a cena de você escorregar na rua e cair, levar um tombo, todo mundo já passou por isso. Muito tempo depois do tombo, você fica repassando aquela cena na cabeça, gozando com aquela cena, mesmo que ela seja constrangedora. Isso porque você está preso à ideia de que existia um olhar do outro, de que alguém o estava observando. Mas a verdade mais difícil de encarar é que talvez ninguém tenha visto, ou que ninguém se importe se você caiu ou não. A ideia de que ninguém está se importando com sua queda e sua suposta humilhação pode ser até mais difícil de lidar do que saber que alguém viu você caindo e passando vergonha.

ANDRÉ: Esta pode ser mesmo a hipótese mais insuportável para o Eu: ninguém está te olhando. É uma hipótese que contraria o *éthos* das mídias sociais, que é sobre a falsa sensação de que tem sempre muita gente te olhando, de que sempre vai haver alguém interessado na sua opinião, no seu ideal, no que você está fazendo ou deixando de fazer; e você também, de alguma forma, vai estar muito implicado em vigiar o que os outros estão fazendo. É uma tensão que vem transformando radicalmente nossa relação com a vergonha.

As plataformas de viralidade facilitam e até incentivam que a vergonha se transforme em um espetáculo público, massivo, ainda mais deplorável. Os comentários maldosos sobre os fatos supostamente vergonhosos têm consequências reais e de grande impacto, como fazer um sujeito arruinar sua carreira profissional ou até colocar a sua vida em risco. É como se a praça pública passasse a ser governada por milícias digitais, tribunais autoproclamados da verdade que vão legislar sobre a vergonha coletiva. Nessa aposta, a sociedade como um todo vai ignorando contextos, proporcionalidades, retraindo a compaixão. E o que resulta e também fomenta essa conjuntura é uma perigosa anabolização da superioridade moral.

LUCAS: Concordo. Eu vejo um aspecto muito destrutivo da vergonha nesse sentido de banir e punir o outro. Em *A gaia ciência*[25], Nietzsche fala da moralidade doentia que resulta em crueldade, um prazer que o ser humano tem em assistir a alguém sendo castigado, o tal do "*shaming*". Um espetáculo público que é da ordem do prazer em testemunhar a vergonha que o outro deve estar sentindo. Tem até uma parcela sádica e cínica de "que bom que o fulano está fazendo ou falando tal coisa errada, porque assim eu vou gozar do meu direito de expor e fazer a denúncia". Isso nos tem feito ficar muito mais vigilantes não só com o outro, que pode apontar o dedo e nos denunciar a qualquer momento, mas muitos de nós ficamos mais paranoicos na autovigilância e no medo da represália.

Essa responsabilização por nossas falas e nossos atos é importante, porque há também muitas pessoas que estão reagindo de forma oposta: estão mais sem vergonha e sem noção. Se pensamos, por exemplo, nos tantos políticos que se elegeram sustentando imagens de pessoas que não têm vergonha de falar absurdos, bobagens e mentiras; sujeitos sem vergonha na cara, que se comportam de forma ridícula. Esse é um ideal contemporâneo, porque há algo aí sobre ser uma pessoa que não leva desaforo para casa, não deixa passar, não deita, não se encolhe, fala tudo o que pensa e faz o que bem entende. Então, sim, é preciso mesmo atravessar a vergonha para sair do lugar de objeto e conseguir o que se quer, mas qual é o limite?

Há algo bem próprio da cultura brasileira que enaltece esse jeito "sem vergonha", que está na exposição do corpo, na cultura do Carnaval, na malandragem e na corrupção. Uma certa normatização cultural de não se envergonhar, não abaixar a cabeça, não respeitar autoridades ou os mais velhos. Isso é muito diferente do que acontece em outras culturas, nas quais a humildade, por exemplo, é uma virtude mais valorizada. Claro que essas culturas também reprimem e geram outros sintomas, mas o que temos visto bastante hoje em dia é uma coleção de cenas meio bizarras, de pessoas falando ou fazendo absurdos sem nenhum medo de estarem, inclusive, sendo filmadas e expostas. Sem nenhuma vergonha da cena que estão protagonizando, nenhum medo das consequências, em uma postura afrontosa e abertamente desavergonhada. Aí, parece que alguma coisa do pacto social se quebrou.

ANDRÉ: De fato, a vergonha e a falta de vergonha estão ligadas ao enfraquecimento das instituições e do pacto social, essa caixa de Pandora que se abriu, as tampas de bueiro que se escancararam. Ao mesmo tempo, também temos visto o fortalecimento de um tipo de vergonha punitiva. Ganhou tração uma interpretação meio miliciana da vergonha. No lugar de o pacto social ser partilhado e, quando os limites da lei são transpostos, partirmos para a punição e a reparação, temos apostado muito mais numa lógica da vingança. Como se sujeitos ou até massas de sujeitos tivessem adquirido o direito de cercear o outro. Por exemplo, nessa imagem que você trouxe dos políticos e pessoas públicas totalmente sem vergonha, que se afirmam como pessoas "autênticas" — um termo que dá até calafrios. Essas pessoas também tentam exercer uma função extremamente normatizante, como se essa postura supostamente autêntica lhes desse o direito de afirmar o que é certo ou errado sem necessariamente um lastro na lei. Sem vergonha de ditar quem deve ou não sentir vergonha, quem pode ou não fazer algo, quem merece ou não ser tratado com respeito e dignidade.

Nesses casos, a vergonha punitiva é também um recurso para impedir que as demais pessoas questionem as normas e os sistemas que esses autênticos-sem-vergonha estão estabelecendo ou reafirmando. É um pseudomoralismo desavergonhado que instrumentaliza a vergonha punitiva e, no final das contas, produz efeitos muito vergonhosos. São muitos ataques e posturas violentas disfarçadas de "opinião" que, na prática, tentam desmoralizar e arruinar reputações, carreiras, causas, projetos. Só que a gente sabe que, muitas vezes, um sujeito tenta fazer o outro sentir vergonha como um recurso de manipulação da opinião pública.

Tudo isso é potencializado por uma internet que, de certa forma, nos tirou o direito ao esquecimento. Porque grande parte do que já fizemos, dissemos e publicamos pode ser um motivo de vergonha. Consequentemente, vamos passando várias vergonhas ou sendo confrontados com experiências que podem ser vergonhosas porque alguém foi lá no começo do nosso feed procurar o que a gente fez ou disse dez anos atrás. É uma espécie de arqueologia contínua da vergonha.

LUCAS: Parte do problema é que a vergonha não deveria ser uma ferramenta de punição. Temos aqui uma possível confusão que é a vergonha exercendo uma função que me parece que deveria ser da culpa, pois é ela que vai falar melhor sobre o certo e o errado. Não estou dizendo que a ordem, os limites e o bom senso não são necessários, só que culpa e vergonha se misturam bastante na nossa cabeça e nos nossos discursos. Mas é essencial fazermos essa diferenciação.

Na culpa, geralmente, fazemos algum mal para o outro e nos sentimos mal por isso. Na vergonha, foi basicamente só a gente que se deu mal; no melhor estilo "não é você, sou eu". A vergonha tem a ver com falhas na imagem do sujeito, como um defeito de fabricação. Já a culpa tem mais a ver com um ato ou desejo de transgredir um pacto. A vergonha tem um caráter mais totalizante: não é o ato ou o desejo em si que são julgados, mas o sujeito inteiro.

ANDRÉ: Como argumenta a psicanalista Marina Bilenky[26] em seu livro dedicado à vergonha, a culpa é um afeto que diz respeito ao impacto do ato do sujeito em relação aos direitos dos outros; enquanto a vergonha é sobre uma falha desse sujeito. A culpa limita a força; a vergonha potencializa a fraqueza. Se a culpa orbita as relações de objeto, a vergonha circula na realidade interna. A culpa é de ordem objetal; a vergonha é de ordem narcísica. Dessa forma, como afirma Bilenky, a culpa permite reparação, enquanto na vergonha pode ser mais difícil consertar a imagem manchada.

LUCAS: Nesse contexto, a vergonha pode ser um reflexo da pressão cultural e, aliás, podemos inclusive ter vergonha de não conseguirmos nos livrar da culpa. "Não conseguir" é chave aqui, porque a vergonha caminha mesmo nesse eixo de potência-impotência. Temos vergonha da nossa impotência perante um ideal de potência — inclusive esse ideal de que poderíamos viver sem culpa alguma.

Eu arriscaria dizer que há uma transformação cultural das possíveis razões por trás da vergonha. A tese da psicanálise lá do início do século 20 é de que existe um conflito entre impulsos sexuais e a rigidez da moralidade social, civilizatória, o que desenvolve algumas barreiras mentais: a repugnância, o nojo e a vergonha, que vão denunciar o recalcamento do desejo. Em partes, nosso psiquismo funciona dessa forma, mas as transformações socioculturais também produzem mudanças psicossociais.

Em culturas nas quais a sexualidade encontrou tantas formas de expressão, liberação e circulação, podemos notar uma espécie de virada, da vergonha do desejo para a vergonha da falta. Não é vergonha do tesão, é a vergonha da impotência. Não é a vergonha de querer mais ou a vergonha da ambição, da voracidade, mas a vergonha de, talvez, não estar querendo o bastante, de não estar lutando o bastante para conseguir o que deseja ou acha que deveria estar desejando. É a vergonha de se sentir inferior, diminuído, de não atingir os ideais que nos rodeiam, mas, principalmente, os nossos próprios ideais. Porque existe a promessa muito contemporânea e dominante de que a gente pode ser qualquer coisa, esse inflacionamento do ego e da autoimagem.

O excesso de promessas e a primazia de tais ideais impulsionam os comportamentos de vigilância e crítica. As mídias sociais são desenhadas para gerar vergonha alheia, porque de fato assistimos a um festival de apresentações que achamos ridículas e que nos geram desconforto. Todo mundo conhece uma pessoa de que até gosta, mas que produz e divulga conteúdos tão bobos e irrelevantes que dá vontade de dizer: "Menos, por favor! Se retire enquanto é tempo".

Só que essa nossa postura de crítico cultural da vida alheia também é problemática, porque começamos a exercer o papel de Supereu do outro. Passamos a querer censurar, regular, avaliar, como se o outro fosse um objeto que decidimos então se queremos ou não consumir, se gostamos ou não de escutar, se merece ou não o nosso *like*, a nossa visualização, a nossa tão preciosa atenção. Só que, no fim, está todo mundo tentando ser e aparecer do seu jeito, se fazer presente, se comunicar, trabalhando com o que tem para oferecer. E, sim, com certeza é positivo que a gente tenha mais formas de se expressar e seja estimulado a fazer isso com mais liberdade e autonomia, para um grande número de pessoas, mas alguma coisa nesse empuxo social ao exibicionismo, à extroversão fabricada e forçada, também pode ser problemática.

Em um contexto que tanto enaltece a vaidade, o empoderamento, a autoconfiança inabalável, vai sobrando cada vez menos espaço para a timidez, para a insegurança. A encenação pode acabar ficando meio ridícula, porque, nessa escalada para a fama e o sucesso, podemos nos perder no personagem, fazendo o que supomos ser preciso fazer para agradar mais pessoas, ou ao algoritmo. Então isso se torna, eventualmente, um motivo de vergonha. Uma vergonha que está todo mundo passando junto.

ANDRÉ: Eu gosto de chamar essa função de "frila de Supereu" que você está descrevendo de vergonha recreativa, como se apontar e escancarar a falta do outro tivesse virado uma forma de entretenimento. A hashtag "*cringe*" mobiliza muitas visualizações no TikTok e no YouTube; as caixas de comentários transbordam de acusações sobre quanta vergonha as pessoas deveriam sentir com intervenções por vezes bastante agressivas do que o outro deveria ser ou deixar de ser.

Achei pertinente essa imagem que você mencionou do ser humano se tornando um bípede, passando a andar de pé e se curvando por proteção. Fiquei pensando no "*cringe*" como uma forma de se defender da vergonha que o outro está passando. Só que, na linha da vergonha recreativa, nos últimos anos "*cringe*" também foi se tornando uma estratégia para vencer os jogos da viralidade. Desenvolver conteúdos intencionalmente vergonhosos ou envergonhantes virou um recurso de amplificação da visibilidade. Quando a vergonha torna-se entretenimento, atos vergonhosos tornam-se mais compartilhados e mais comentados do que aqueles que nos inspiram positivamente, como determinava a publicidade tradicional.

Nesse sentido, os exemplos da extrema direita e do bolsonarismo se encaixam muito bem, ainda que essa estratégia também esteja presente no restante do espectro político. Não estou falando de nenhuma falsa equivalência entre essas forças, vale pontuar. Existem também os exemplos cotidianos, como as mensagens de bom-dia da sua tia no WhatsApp, que por vezes acabam sendo compartilhadas nas plataformas sociais como um tipo de piada. Ou os desafios de TikTokers que fazem vídeos dos seus pais, avós, tios, geralmente em situações absurdas e/ou engraçadas. Ecos de etarismo aqui.

O escritor estadunidense Jordan Richman[27] criou até um termo chamado "*cringecore*" para descrever essa vibe da qual estamos falando, um movimento cultural e mercadológico que cria conteúdos, produtos e marcas propositadamente constrangedores, pois esse desconforto divertido pode render mais visibilidade do que o conteúdo que pretende ser belo e virtuoso. "*Cringe*" virou estratégia corporativa de marketing, uma ambiguidade intencional de se mostrar calculadamente cafona ou inadequado para potencializar a exposição. É como se a ironia compulsiva da internet tivesse virado um negócio rentável.

No entanto, analisando tudo isso de forma mais crítica, assistir ao outro passando vergonha também produz alguns efeitos em nós. Por um lado, cultivamos uma postura um tanto cínica, de desprezo pelo outro. Além disso, ficamos acostumados demais a essa forma controlada e muito sintética de lidar com a vergonha, sem necessariamente investigar o que nos dá vergonha de fato e o que está por trás dessa defesa psíquica.

LUCAS: Exatamente. Por isso, é importante reforçarmos também algumas interpretações positivas da vergonha, sem ser só esse jogo de empurrar a vergonha para o outro como uma batata quente. Falamos bastante de constrangimento, de nos sentirmos intimidados, mas existe uma função muito benéfica da vergonha quando pensamos em seu poder de fortalecer e integrar um grupo. Se pensamos, por exemplo, em um grupo de reabilitação. Confessar para aquele grupo, com alguma vergonha, que você teve uma recaída tem um efeito muito positivo e saudável, porque faz o sujeito se vincular ainda mais, fortalecendo sentimentos de aceitação e laço entre todas aquelas pessoas. Apesar das minhas falhas, dos meus erros e limitações, eu não preciso mentir nem esconder. Pelo menos não neste grupo aqui.

Essa honestidade radical e mútua, como define Anna Lembke[28], é o que cria intimidade; e você vai precisar encontrar um pouco de vergonha no caminho para a intimidade. A Brené Brown[29], que é uma autora tão conhecida por falar de vulnerabilidade, tem um livro que é sobre o combate à cultura da vergonha no qual ela fala de como a vergonha é solitária e nos isola, mas, ao mesmo tempo, é algo que pode nos conectar. A intimidade não vai se formar na imagem de perfeição que tentamos preservar a qualquer custo, ou nessa tentativa de nunca sentir qualquer vergonha e sentir só orgulho de ser quem somos, de estarmos onde estamos. Isso é o extrato concentrado de uma cultura altamente tóxica.

A questão é: você quer mais intimidade com alguns poucos e bons ou você quer ficar famoso para muitos? Tornar-se um ícone?! Porque essa questão da quantidade tem a ver com a esfera pública, na qual impera a mentalidade de gestão da reputação. Mas, se pensarmos nas relações mais próximas e íntimas, a vergonha desempenha um papel fundamental de conexão.

ANDRÉ: É mesmo uma função reparativa da vergonha. É como aqueles memes sobre as coisas que as pessoas fazem, e como eles funcionam como uma espécie de recurso empático. "Você faz isso também", então vamos elaborar isso juntos, partilhar, um pouco de vergonha para você e um pouco para mim. Quem sabe, se a gente dividir a vergonha, não sejamos tão massacrados por ela. É dividir um pouco do nosso absurdo, nossas inseguranças, nossas pretensões, que às vezes são tão exageradas e até ridículas. Isso faz com que a gente se sinta menos sozinho. Deveríamos encorajar mais essa função reparativa da vergonha compartilhada no lugar de ficar só vigiando e denunciando quem merece apanhar mais na esfera pública porque está rompendo, imperdoavelmente, com os ideais que estamos colocando para nós mesmos.

LUCAS: Nessa linha, podemos inclusive tentar sair da competição de quem tem menos vergonha ou mesmo de quem, em tese, conseguiu superar todas as suas vergonhas. Certamente, é importante relaxarmos a instância crítica que nos impede de realizar algumas coisas que desejamos. Instância esta que, muitas vezes, nos faz postergar, durante muito tempo, estar em algum lugar, fazer ou dizer tal coisa, porque a vergonha nos paralisa.

Mas a conclusão não é tão simples. Não se trata de eliminar a vergonha de ter que assumir algum erro ou uma falha, pois existem aspectos da vergonha que nos ajudam muito na elaboração de algum tema. Com relação aos assuntos de que temos muita vergonha de falar com as pessoas, ou até de falar com nós mesmos, a melhor coisa é levá-los para análise. O que vai vir daí, não se sabe. Podemos achar que a vergonha está lá por um motivo, mas depois descobrir que não era bem aquilo, tinha um outro motivo de vergonha que a gente não queria nem reconhecer.

ANDRÉ: Exato. No lugar de tampar a vergonha, investigar. O que ela está tentando esconder, na frente do que ela está se colocando? Que tipo de fantasia a vergonha está tentando camuflar?

Também devemos fazer uma defesa da vergonha no sentido de que um pouco de vergonha é muito saudável. Mostra algum tipo de autoconsciência e também que a gente se importa minimamente com o que o outro diz ou pensa. Por exemplo, há muita gente que se coloca acima da lei ou não tem qualquer tipo de respeito ou cuidado com o outro e não tem nenhuma vergonha disso. Então dá para pensarmos em como a vergonha também pode nos oferecer caminhos de conexão e reconexão consigo, com o outro e com o pacto social. A questão é como trabalhar a vergonha para que ela não se torne paralisante, muito menos uma arma de coerção e normatização do outro.

LUCAS: No final das contas, também é sobre conseguir mudar, e penso que muitas vezes temos vergonha de mudar. Mudar dá trabalho, mas também é muito custoso tentar preservar uma imagem coerente de si mesmo, fechada em um Imaginário tão compacto, denso e rígido. Porque, na hora que você dá um deslize, alguma coisa sai do lugar e você mostra algo que não tinha planejado, a vergonha se torna muito maior. Os analistas, por exemplo, sofrem muito disso, porque tendemos a cultivar a imagem do sujeito impávido, neutro, que não se abala fácil e que sempre pensa muito antes de falar. Só que a prática clínica está bem longe de ser assim. No encontro dos inconscientes, da dupla analítica, é precisamente quando alguma coisa escorrega e sai do lugar que as coisas mais interessantes se revelam. Por isso precisamos insistir em escutar um pouco mais da nossa vergonha, da vergonha alheia e desistir de querer bancar a figura divina empoderada que aparentemente superou toda e qualquer vergonha.

ANDRÉ: Quantas sessões são tão interessantes exatamente porque a gente vai achando esses furos na narrativa do Eu ideal, não é mesmo? E esses furos dão muita vergonha, dá muita vontade de colocar, correndo, um reboco narcísico ali, de se esconder. E tem alguma coisa profundamente íntima do sujeito que está se revelando exatamente ali, na rachadura, na fresta, na brecha.

LUCAS: Então ficamos com essa rachadura.

03
SONHOS
esquecidos

O sonho é um bem precioso do nosso psiquismo. É uma magia que acontece em um espaço-tempo protegido da realidade. São aproximadamente noventa minutos diários[30], distribuídos em cerca de quatro momentos diferentes ao longo do nosso sagrado descanso, o que nos leva a estimar que temos uma média de quatro sonhos por noite. Mas quando foi a última vez que você lembrou de pelo menos um deles? E quando foi a última vez que você falou ou refletiu sobre essas histórias mirabolantes que a sua mente inventa?

Quando o assunto é sonho, é bem comum a gente torcer um pouco o nariz, porque dá aquela sensação de que "lá vem a galera de humanas com os seus assuntos místicos". Mas vai aí um pequeno spoiler de que este é um capítulo bastante científico. Não que precisasse ser, pois não é porque algo não é científico que não tem valor, mas, nesse caso, até ajuda excluir um pouco as abstrações metafísicas e espirituais. Não que o sonho também não possa ser uma espécie de mensagem divina. O sonho é seu, então acredite nele como quiser.

Para além da manutenção de funções cognitivas como a memória e a capacidade de aprender, o sonho tem muitos outros papéis importantes para a evolução da espécie e do sujeito. Só que, como a gente não anda dormindo bem (72% dos brasileiros sofrem de doenças relacionadas ao sono)[31], está mais difícil sonhar. Há algum tempo fala-se de uma epidemia de insônia no Brasil, um mal que obviamente influencia a forma como sonhamos, lembramos ou deixamos de lembrar dos sonhos.

Este capítulo parte da premissa de que os sonhos estão perdendo a relevância no mundo contemporâneo, e que isso vem afetando a nossa subjetividade de formas que nem conseguimos compreender. Quando Freud criou a psicanálise, o sujeito moderno tinha acesso a uma determinada quantidade de estímulos; hoje a quantidade de resíduos diurnos é torrencial, o que certamente afeta nossa capacidade de sonhar. Com mais elementos disponíveis, talvez devêssemos estar sonhando mais. Mas parece que não sobra espaço. Afinal, o sonho requer um estado de contemplação que vem sendo substituído por uma lógica utilitária que acaba criando um deserto emocional e psíquico. Descartamos todo esse material por pura falta de introspecção. Talvez estejamos mais aspirando do que sonhando.

Para complicar, ganhou tração uma visão do sonho atravessada pela cultura do desempenho. Como escreveu Jonathan Crary em *24/7: capitalismo tardio e os fins do sono*[32], "está em curso uma grande transformação imaginária do sonho em algo como um software de mídia ou um tipo de 'conteúdo' ao qual, em princípio, poderíamos ter acesso instrumental". Mas sonhos não são vídeos ou filmes postados toda noite pela nossa mente, são mais do que "conteúdos" do psiquismo. Os sonhos podem nos dar pistas de padrões afetivos, apontar catástrofes interiores, visitas noturnas ao infinito que existe dentro de cada um de nós.

Se estamos investidos na proposta psicanalítica de desbravar o inconsciente, nada melhor do que olharmos mais a fundo para um momento em que estamos literalmente inconscientes. Como diz o psicanalista Thomas Ogden[33], uma análise permite que o analisando sonhe os sonhos não sonhados. Por tudo isso, o capítulo "Sonhos esquecidos" é um convite para lembrarmos da nossa capacidade de sonhar. E lembrar.

***

ANDRÉ: Sonhos acordados, lúcidos, traumáticos, premonitórios, repetitivos, sonhos de consumo, sonho manifesto — dá para fazer uma história da mente humana pelo fio condutor do sonho. Mas, afinal, o que é o sonho? E para que serve?

LUCAS: Para a psicanálise, o sonho é uma investigação importante de si mesmo e da relação com o outro, o mundo e o nosso momento de vida. Nesse sentido, poder escutar e elaborar nossos sonhos é fundamental para ter notícias do que desejamos, do que não conseguimos sustentar e de novas realidades que podemos criar. Se o sonho fala diretamente da nossa vida psíquica, vamos ter que prestar atenção nesse fazer literário da nossa mente, e encontrar um lugar digno para os sonhos na cultura e na sociedade. Afinal, onde anda o sonho na sua vida?

Até porque você, caro leitor ou leitora, pode não ser psicanalista, nem estudar psicanálise e nunca ter feito análise, mas você sonha. E podemos não falar muito sobre os sonhos, mas, com certeza, eles falam da gente. Se até o filósofo Sócrates dizia que uma vida que não é examinada não é digna de ser vivida, algo semelhante pode valer para os sonhos. Não perceber, não sustentar, não examinar os sonhos nos impede, inclusive, de sonhar mais. E podemos até escolher não nos importarmos com esse assunto e passar uma vida inteira sem tirar qualquer proveito dos sonhos, num grande blecaute noturno, mas será que não estamos desperdiçando alguma coisa? Existe uma premissa muito simples: o sonho lembrado não é só um sonho, é uma mensagem. Aí você diz: "Mas já temos tantas mensagens para ler no dia a dia. Preciso mesmo de mais conteúdo e informação?".

ANDRÉ: No capítulo 7 de *A interpretação dos sonhos*[34], talvez o capítulo mais importante da obra que funda a psicanálise em 1900, Freud articula a ideia do sonho como uma janela privilegiada para o inconsciente. De novo, uma janela. Não estamos olhando para o inconsciente em si, mas olhando através. O sonho é exatamente esse ato psíquico muito enigmático, numa fronteira entre ser e não ser, existir e não existir, lembrar e não lembrar. Na ótica da psicanálise, o sonho é como a realização de um desejo que precisa ser esquecido. É uma negociação produtiva e criativa entre o impulso de alguma coisa que quer acontecer e alguma coisa que quer impedir tal acontecimento.

O desejo satisfeito no sonho pode ser um desejo que estava recalcado. Por isso, podemos acordar com uma certa angústia porque conseguimos realizar alguma coisa e, ao mesmo tempo, tentamos censurar aquela coisa. E é interessante pensar a psicanálise não como uma resposta, mas um processamento dessa tensão psíquica. A elaboração, de forma geral, é como um sonho partilhado com o analista. É uma espécie de "sonhar de novo", em análise, para quem sabe, conseguirmos interpretar alguns elementos dessa cena: o desejo, a censura, as lembranças antigas, os resíduos diurnos e os personagens envolvidos.

LUCAS: O sonho é uma via de acesso ao mundo inconsciente de cada um de nós, ou, segundo Jung[35], também ao inconsciente coletivo. Nesse sentido, há aquela famosa história do livro *Sonhos no Terceiro Reich*[36], em que uma jornalista compilou os sonhos de 300 alemães durante a ascensão de Hitler e conseguiu identificar padrões de angústia, medo e impotência como reflexos diretos da psicodinâmica da dominação nazifascista. Aqui, o sonho já está no limiar entre a vida individual e contexto social e político, quando episódios traumáticos e experiências inéditas precisam ser elaborados pelo psiquismo e acabam estimulando sonhos mais vívidos. Basta olhar para o aumento nos relatos de sonhos intensos e especialmente bizarros descritos na obra *Sonhos confinados: o que sonham os brasileiros em tempos de pandemia*[37], que trata do aumento das lembranças oníricas que se deu durante o período da pandemia da Covid-19.

Voltando ao clássico *A interpretação dos sonhos*, diferente de tantos outros livros que dizem, por exemplo, que sonhar com uma cobra é o presságio de uma traição, para a psicanálise, só o que importa é o que essa cobra significa no discurso associativo de quem sonhou com a cobra. É encontrar não só o absurdo, mas a estranha familiaridade que existe no sonho. A teoria freudiana, em linhas bem gerais, se resume à ideia de que existe um conteúdo manifesto — que é a história absurda do sonho da qual lembramos — e um conteúdo latente — que é o sentido oculto que só pode ser identificado pelo sujeito que sonha e por mais ninguém, nem mesmo pelo seu analista.

Mecanismos oníricos como deslocamento e condensação disfarçam o conteúdo latente, que não é bem recebido no consciente. A censura que acontece na vigília também acontece durante o sono. As coisas vêm à tona, mas disfarçadas. E você só vai desvendá-las depois que começar a falar sobre o sonho e acreditar que existe alguma coisa lá que é importante. Se não acreditarmos nisso, não vai ter interpretação que resolva.

ANDRÉ: Em *O sonhar restaurado*[38], o psicanalista Tales Ab'Sáber faz uma análise interessante de como o sonho está exatamente no limite do sujeito com o mundo, e também da importância do sonho como um processo histórico. Refinando um pouco mais, podemos pensar no sonho como um pensamento cultural e político. Por exemplo, Freud pensou na pulsão de morte com base em sonhos traumáticos e repetitivos, em *Além do princípio do prazer*[39], escutando sonhadores que vinham da avassaladora experiência da 1ª Guerra Mundial.

LUCAS: Em contrapartida, hoje existem teorias que refutam a ideia de que o desejo seria o fator causal no processo de formação do sonho. Um biólogo chamado Francis Crick[40], por exemplo, defende que os sonhos não têm sentido algum e que são basicamente aleatórios, apenas uma espécie de efeito colateral da reorganização cerebral. Isso não invalida, no entanto, a potência do sonho como um estimulante que incentiva o processo simbólico de elaboração. É como quando você se põe a falar e associar livremente a respeito de um filme ou outro objeto cultural e, nesse processo, começa a conectar essa narrativa com a sua vida. Inclusive, eu acho até que, se existisse um jeito de você fazer o download de um sonho de outra pessoa e começasse a falar desse sonho como se fosse seu, provavelmente teria alguns insights e abriria algumas portas. Mas, como o sonho é só seu e de mais ninguém, e foi criado pelo seu psiquismo, deve ter alguma coisa aí que é importante, muito pessoal, íntima e secreta da sua vida mental e emocional. É uma obra-prima roteirizada, dirigida, produzida e estrelada por você. E você ainda é a única pessoa na sala do cinema para assisti-la.

ANDRÉ: Mas, mesmo que você seja o único espectador, é difícil elaborar o sonho sozinho. O Ferenczi foi muito contundente em afirmar que o traumático é não ter alguém lá para ver e testemunhar, é a recusa de sentido que alguém lhe faz. A coisa traumática em si é uma humanidade que recusou a outra. É por isso que o traumático insiste, porque quer ser ouvido. Nesse sentido, fazer dupla com o analista para interpretar o sonho é precisamente oferecer escuta ao que clama para ser escutado.

LUCAS: Há muitos pensadores da atualidade que defendem que, hoje, operamos mais em termos de objetivos do que de sonhos. Focamos metas e evitamos os devaneios. Precisamos otimizar e ganhar tempo, nunca perder tempo. Até porque o sonho, definitivamente, é uma transgressão da temporalidade e, aparentemente, não temos muito espaço hoje em dia para a fantasia, ou para ficar alimentando ficções sobre a própria vida. Será mesmo?

É curioso pensarmos que passamos bastante tempo produzindo e consumindo conteúdos que não deixam de ser fantasiosos e às vezes até absurdos: a invenção de narrativas, o compartilhamento de imagens, edições da vida. E pode até ser que haja um pouco de elaboração psíquica nisso. Mas, no sonho, isso acontece de uma forma diferente, porque obviamente é um espaço criativo bem mais livre e seguro que a internet. Eu me pergunto se esse superpovoamento do imaginário digital vem silenciando, lacrando e interditando as zonas de exploração dos sonhos. Até porque o mais comum é acordarmos e pegarmos o celular imediatamente. Ou, então, o uso tão intenso de telas antes de dormir, algo que comprovadamente diminui a produção dos sonhos. São muitos os hábitos que ficaram nocivos e tóxicos para a nossa vida onírica.

ANDRÉ: Nessa linha, fico pensando também sobre esse acúmulo de metas nas nossas vidas. Parece que a gente vai trocando alguns sonhos, tanto no sentido de elaboração quanto no sentido de aspiração, pelo consumo, pela visibilidade, pelo status. Isso tem uma relação muito grande com o gozo da satisfação rápida, do consumo voraz, do *like* fugaz. Podemos inclusive pensar na relação que a sociedade anda tendo com a expansão do consumo de algumas drogas, lícitas e ilícitas. É como se as alucinações provocadas por alguns entorpecentes alucinógenos e anestésicos pudessem retomar uma função onírica em um estado semiconsciente, proporcionando a volta de alguns sonhos que foram esquecidos ou que ficaram muito distantes de serem acessados.

LUCAS: As drogas vêm também para a indução artificial ao sono, né? A popularização dos z-hipnóticos, como o Zolpidem, cresce a cada ano, junto com uma indústria do sono que atua basicamente na chave da performance, oferecendo produtos e serviços que prometem ajudar a dormir melhor para "render mais" no dia seguinte. Nessa lógica, o sono deixa de ser um prazer que a mente e o corpo podem desfrutar, passando a ser vivido, muitas vezes, na chave do imperativo da eficiência e da produtividade. A busca do sono perfeito, inclusive, já virou uma doença: a *orthosomnia*. Trata-se de pessoas que fazem um controle tão obsessivo do seu sono, com aplicativos de monitoramento, que isso se torna um novo agravador de ansiedade. E, ironicamente, faz com que a qualidade do sono piore ainda mais.

Nessa grande cilada da madrugada, vale lembrar que dormir é uma experiência de abandono da consciência. É sobre perder o controle do pensar e do sentir. E um tempo em que precisamos nos deparar com o nosso próprio vazio e, por algumas horas, nos retirarmos do mundo. Esse é o verdadeiro off-line. E é também uma prática da solitude, porque mesmo que se durma do lado de alguém, adormecemos e acordamos sozinhos, por conta própria. Então, perder o sono também pode estar relacionado a uma dificuldade de retrair o investimento libidinal que colocamos nos outros. Não conseguir desligar essas ligações externas e voltar-se para si, como uma espécie de falta de intimidade consigo.

ANDRÉ: Além disso, é uma estratégia obsessiva; porque qual é a estratégia obsessiva diante da falta? O mundo é complicado, caótico, pulsante, um milhão de coisas acontecendo, e eu vou tentar controlar esse caos. Só que, como você muito bem disse, a essência do sonho é o "não controle", é se entregar para o descontrole do **Id**. Evidentemente, isso gera perturbação e, por isso, qualquer distúrbio do sono tem a ver com algo que escapa do Eu e da possibilidade de controle que achamos que temos. Existem diferentes tipos de insônia, e é importante pensar no que cada distúrbio do sono tem de único. Por exemplo, o medo de entrar no sono, ou o medo de que o sono fuja de nós, ou o medo de sair do sono cedo demais e não atingir um mínimo de horas de descanso. Em análise, a gente invariavelmente vai ter que passar pela reconciliação do sujeito com o seu vazio e com a capacidade de abandonar um pouco a si mesmo.

LUCAS: Freud[41] falava da insônia como um receio de mergulhar no universo

> **Id** é uma das três partes da estrutura psíquica da personalidade, juntamente com o Ego e o Superego (ou: Isso, Eu e Supereu). O Id é a parte mais primitiva e instintiva da mente, contendo nossos impulsos mais básicos e primordiais, como desejos sexuais e agressivos. Não possui consideração por regras sociais, moralidade, ou mesmo lógica e realidade, buscando apenas gratificação imediata. Em sua forma pura, o Id é irracional e pode ser visto como uma força caótica na mente. É o reservatório das energias psíquicas, e seu conteúdo é em grande parte inconsciente.

dos desejos. Existe mesmo algo do reino dos sonhos que é a experiência de um tempo-lugar muito estranho, misterioso, esse aspecto bizarro e insólito. Também há um aspecto do sagrado, quando a gente fala assim: "Durma com Deus". Sem falar também no campo semântico do feminino e do materno, afinal, a origem do sono e do aprender a colocar-se para dormir está no cuidado da figura cuidadora ao ninar o seu bebê que "chora de sono". Só que hoje o sono vem sendo muito mais vinculado a uma indústria farmacêutica que chapa o nosso sono e compromete a capacidade de sonhar.

Basicamente, parece que estamos vivendo uma crescente e angustiante escassez de tempo e tranquilidade para dormir e sonhar. É a teoria[42] de como o mundo tecnoneoliberal está nos direcionando para um futuro no qual vamos dormir cada vez menos e de que isso afeta nossa humanidade radicalmente. Afinal de contas, quem não dorme e não sonha? As máquinas e os robôs. O sono é, portanto, uma afronta ao capitalismo tardio e a última fronteira a ser atravessada para que fiquemos ainda mais produtivos e mais consumistas. Só que precisamos dormir para fazer a neurogênese, que é criar novos neurônios. A privação do sono também é um tipo de tortura e leva as pessoas à depressão.

ANDRÉ: Eu sempre lembro do livro do Philip Dick que inspirou o *Blade Runner* — *Androides sonham com ovelhas elétricas?*[43] — na clínica desses sujeitos que tentam ser um pouco máquinas. É como se fosse uma análise de replicantes exaustos e que sonham em dormir infinitamente. Muitas pessoas que dormem mal trazem esse "sonho/desejo" de poder passar dias ou até semanas dormindo; tomar uma pílula e acordar só daqui a x dias. Falamos muito no sono como experiência regenerativa, mas pouco sobre o sonhar e menos ainda sobre a elaboração do sonho. É como se o sonho fosse reduzido a um ato psíquico de segunda classe, que tanto faz acontecer ou não. Ao mesmo tempo, sabemos como é fascinante quando o sujeito vai avançando em análise, lembrando mais dos seus sonhos e trazendo-os com mais frequência e entusiasmo para o consultório.

A relação problemática com o sono pode ter a ver com certo medo da perda. Se pensarmos tecnicamente no sono como um momento de reorganização das memórias, há uma regeneração neuronal em jogo. Fico pensando que o sujeito contemporâneo muito acumulador e empacotador, que não quer abrir mão de nada, pode estar resistindo, inconscientemente, a ter que abandonar algumas coisas que aconteceram e seguir para as próximas. Como se estivesse fazendo um voto para que a vida fosse um presente extremo[44], sem passado elaborado e sem um avanço pleno em direção ao futuro.

LUCAS: Falando em futuro, um dos nomes mais importantes quando o assunto é sonhos é o neurocientista Sidarta Ribeiro, que tem uma pesquisa vasta e interessante sobre o tema, e boa parte dela está na obra *O oráculo da noite*[45]. O autor traz um entendimento de que sonhar foi um diferencial para que os mamíferos evoluíssem, mas que isso está em decadência na sociedade atual, como se estivéssemos regredindo e retrocedendo. O sonho, segundo ele, é um protótipo da consciência, que surgiu como uma forma protetora do indivíduo e da espécie, no sentido de conseguir imaginar alternativas, ativando memórias do passado e criando conjecturas sobre o futuro. Então, não é que o sonho seja premonitório no sentido de prever o futuro, mas é uma simulação de futuros possíveis. Com base no ontem, como pode ser o amanhã?

Essa narrativização do sonho já salvou muitas comunidades e tribos, porque sonhar o futuro é simular as consequências dos nossos atos. Mas, diante desse momento de retroutopia e passado mitificado, talvez estejamos sonhando menos com um futuro melhor. Esse é um contexto que o filósofo Franco Berardi, em *Depois do futuro*[46], chama de "iluminismo obscuro" — um futuro menos brilhante do que aquele que se vislumbrava no passado. Se no século 20 existia uma crença concreta no futuro, o século

21 é marcado por um sentimento generalizado de desilusão e incerteza; o futuro, no fim, não é como foi prometido. E com isso também parece que os sonhos perderam o seu lugar, quando, na verdade, deveriam estar ganhando ainda mais importância. Porque é como se o material dos sonhos fossem as memórias, mas a direção dos sonhos fossem os desejos. E os sonhos não só recuperam, mas também constroem as memórias. Então, nem só passado, nem só futuro... O sonho é uma ferramenta de sobrevivência para uma vida melhor, no presente.

ANDRÉ: Exatamente. É também uma forma de imaginar um mundo melhor ou, no mínimo, diferente. Sidarta argumenta que desvalorizar o sonho é desmerecer nosso poderoso instrumento de simulação dos efeitos dos nossos atos. É abdicar de uma forma de imaginar soluções para problemas bem grandiosos, como a catástrofe climática e a desigualdade social, forças tão destrutivas do nosso tempo. Ou, como diz o xamã Yanomami Davi Kopenawa, na pesquisa de Sidarta: "Os brancos só conseguem sonhar com eles mesmos"[47].

E aí tem esse apelo que o Sidarta faz do regresso ao sonho, de trazê-lo para o despertar, para quem dorme com você, para o grupo de trabalho, para a psicanálise, para os filhos, ser um assunto mais ativado na vida das pessoas. O sonho também é uma forma de a gente conseguir imaginar um tipo de vida menos opressora e oprimida, menos violenta e precarizada. Se a gente perde a capacidade de projetar junto com o outro, de sonhar juntos em direção a algo diferente, a vida humana também perde um pouco de sentido.

LUCAS: Acho muito instigante que o sonho seja uma simulação de comportamentos capazes de provocar recompensa ou punição. Um mundo tutorial, virtual e imaginado no qual se pode testar estratégias essenciais à sobrevivência, sem correr riscos reais. Só que ao mesmo tempo, quando pensamos no sujeito neurótico, mesmo quando está protegido pelo modo simulação do sonho, ele não realiza todo o seu desejo. Muitas vezes, na hora H, ele acorda e ainda fica furioso com a situação. Isso porque o conteúdo do sonho não é só um reflexo do desejo inconsciente, é também uma pista de tudo aquilo que fica no meio do caminho entre o sujeito e o seu desejo. Por isso é tão interessante investigar o que aparece, nos dá muitas notícias das nossas neuroses.

ANDRÉ: Ainda que exista essa hipótese do rebaixamento do valor do sonho nas nossas vidas, podemos pensar também em um movimento cultural de resposta a isso. Tem uma hashtag que bomba no TikTok que é a estética #dreamcore ou "o sonho no centro", com mais de 6,6 bilhões de visualizações[*]. É algo fascinante, pois esses conteúdos "sem sentido" giram em torno de imagens esquisitas, meio nostálgicas, que parecem trazer algo da infância que não foi muito bem elaborado; por vezes com uma música lenta assustadora, como se prototipasse um sonho profundo, bastante misterioso e até mesmo desconfortável. Daqueles que não dá pra deixar passar batido. Em última análise, é sobre colocar um pouco de pesadelo na internet, quem sabe para nos fazer acordar do transe digital em que nos encontramos. Acho interessante pensar na tendência "*dreamcore*" como um convite para sonhar junto, uma tentativa de abrir a janela do inconsciente para outras pessoas olharem ou, talvez, se apavorarem juntas. É sobre jovens tentando acessar os seus afetos mais escondidos e as suas imagens mais complexas. É um lembrete de que o estranho e o bizarro também nos habitam, e, portanto, também devem fazer parte do caldo da internet.

LUCAS: Existe o poder criativo do sonho, não é mesmo? Uma forma de reordenar ideias velhas para criar novas. São centenas de

---

[*] Dados verificados no primeiro semestre de 2023. [N. E.]

casos famosos, nos campos da arte, ciência, matemática, de criações, obras e resoluções de problemas que surgiram em sonhos. E há muitas pesquisas que indicam que pessoas mais introspectivas, menos pragmáticas, mais criativas, tendem a lembrar mais dos seus sonhos e fazer uso deles como uma ferramenta de aprendizado. Até porque não adianta estudar se você não dorme, porque você não aprende, não tem a retenção, aquele conceito de "*power nap*" que ficou muito popular nas últimas décadas. O sonho vai provocar a criação de novas sinapses no cérebro, além de regular nossos hormônios do humor.

ANDRÉ: Nesse contexto das "*power naps*", temos também os monitores de sonhos, a gameficação do sonho, sonhos sugestivos, estão falando até em propaganda dentro dos sonhos, como se o sono estivesse mesmo em risco de extinção. Nas pesquisas com *gamers*[48], tem chamado a atenção o fato de que vários indivíduos que jogam muitas horas de videogame por dia se declaram mais sonhadores do que os outros, ou mesmo sonham de formas diferentes. E inclusive têm mais sonhos lúcidos. É como se o universo criado pelos games fosse uma espécie de sonho lúcido coletivo, uma tentativa de construir um campo onírico ativo.

Por um lado, isso pode ser preocupante, porque não é necessariamente um sonho imaginado por um sujeito, mas, sim, dado por uma empresa de jogos, ou moderado por telas e algoritmos, o Grande Outro tecnológico. Em universos complexos, como no jogo Minecraft, no entanto, existe uma lógica de produção de mundos que tem se tornado um exercício de recuperação da capacidade imaginativa. Há um *challenge*, muito compartilhado no YouTube e no TikTok, que é o de recriar sonhos através do jogo, e jogar partidas dentro do sonho construído por outra pessoa. E aí temos relações muito interessantes. Porque, no limite, se pensarmos no sonho como essa janela para o sem tempo e sem espaço do inconsciente, o estado imersivo de se transportar para outros mundos nos jogos eletrônicos faz com que o game seja uma grande **caixa de brinquedo winnicottiana** atualizada para reconstruir alguma coisa da experiência onírica. É um caminho longo, um experimento ambicioso e tem muitos problemas, mas talvez seja um bom sinal de revalorização do sonho como experiência emocional.

LUCAS: Como sonhar mais e como viver mais os sonhos? Eu tenho uma história pessoal com um livro meio esquisito que se chama *Sonhos lúcidos em 30 dias: o programa do sono criativo*[49], escrito por dois psicólogos estadunidenses. Quando entrei na faculdade de psicologia, estava muito fascinado por aquele filme *Waking Life* (2001), uma excelente animação de Richard Linklater que fala sobre sonhos lúcidos. Então comecei a fazer o tal programa do sono criativo do livro e, no quinto dia, eu estava completamente exausto, tendo muitos sonhos, riquíssimos em detalhes, acordando diversas vezes durante a madrugada e escrevendo páginas e páginas de histórias absurdas. Eu decidi jogar o livro fora e abdiquei da prática do sonho lúcido. Mas, há uns anos, confesso que comprei o livro de novo. O passo a passo subestima bastante o leitor, mas tem algumas dicas que são tão simples que acabam funcionando. E como se fala em cursos de conscienciologia e projeciologia, por favor, "não acredite em nada do que falarmos aqui, acredite apenas na sua experiência, uma vez que ela acontecer".

> Para Klein e para Winnicott, o brincar permite que a criança desenvolva relações sociais. A técnica do brincar consiste em apresentar para a criança uma série de brinquedos e, nesse momento de criatividade e liberdade, a criança associa livremente. A **caixa de brinquedos** é o divã da criança.
>
> Nesse sentido, esse é um instrumento utilizado para identificar a maneira como o sujeito se relaciona com os objetos e a forma como ele aprende, como lida com sua construção e com sua destruição. É uma técnica que auxilia na construção simbólica de eventos pulsionais e vitais do ambiente da criança.

Há um fator na nossa relação com os sonhos, que a própria psicanálise questiona bastante ou pelo menos nunca se ateve a esse aspecto, que é a força que existe na mentalização positiva. São as abordagens positivas do poder da autoafirmação, dos exercícios de concentração, nos quais você simplesmente fala para si mesmo: "hoje eu vou sonhar", "hoje eu vou lembrar dos meus sonhos" ou "hoje eu vou ter sonhos muito prazerosos e divertidos e vou acordar de bom humor".

Fazendo um breve parêntese e voltando lá no começo da psicanálise, Freud trabalhava junto com Charcot, um neurologista francês que fazia uso da hipnose. A hipnose ou a sugestão, ou a indução, foi abandonada por Freud, mas isso não significa que ela seja falsa. E é sobre falar para si mesmo, não só pensar. Falar mesmo, passar pela linguagem. Isso tem uma eficácia muito impressionante no nosso funcionamento psíquico. Não acredito que faça milagres. Não vamos ficar ricos porque falamos "eu vou ficar rico" todos os dias, mas esse comportamento tem uma influência na nossa consciência.

Os exercícios de hiperconsciência também influenciam os sonhos. É quando você consegue suspender a normalidade do Real e contemplar a vida ao seu redor com a estranheza do olhar de um antropólogo. É olhar para a situação em que você está e fazer o questionamento: "Será que estou sonhando agora?". É imaginar que aqueles microssegundos do seu dia são um sonho. Isso nos prepara para ficarmos mais lúcidos quando estivermos sonhando, e nos treina a conceber essa pergunta, que parece tão absurda. Até o dia em que você se faz essa pergunta quando está efetivamente sonhando e a resposta é "sim", e assim você entra no sonho lúcido. O próximo passo, se você conseguir, é realizar todos os seus desejos no sonho. Mas, aí, você vai ter que saber quais são os seus desejos e isso é muito caro. Por que isso é interessante? Além de parecer muito divertido e prazeroso, permite que você descubra coisas sobre os seus desejos que não sabia, de um lugar muito íntimo, profundo, assim como acontece num processo analítico.

Lembrar de um sonho é como ir puxando um fio emaranhado, com muita calma, porque se você puxar rápido vai enrolar e travar. Colocar o sonho em palavras é uma técnica que pode ser praticada como um esporte: é sobre acordar e não se mexer, como se o sonho inteiro estivesse suspenso em cima de você, equilibrado numa estrutura muito frágil e as palavras é que vão dando sustentação para você conseguir ir mais longe. Você nunca vai lembrar de todos os detalhes, e o enredo nunca virá na ordem cronológica. A rememoração vem do fim para o começo, e tudo bem. A gente não precisa nem deve ser lógico e linear nessa hora. Escutei uma vez que acordar e lembrar dos sonhos é como entrar na água tentando segurar um punhado de areia na mão. Muita coisa vai escapar, mas alguma coisa dá para levar junto, principalmente ou unicamente se você reconhecer que existe algum valor nesse material aparentemente sem sentido.

ANDRÉ: Que bela imagem. A tentativa de controle também nos atrapalha quando caímos na demanda da interpretação: afinal, o que esse sonho significa? Essa é uma pergunta ampla e difícil demais. Primeiro, porque podemos pensar no sonho em partes. São muitos fragmentos condensados com suas mensagens cifradas. Segundo, no lugar da pergunta "o que significa?", talvez dê para pensar em "o que meu inconsciente está tentando realizar? E impedir?". Como é essa dança entre desejo e censura? Sabe quando você esquece uma palavra e fica um bom tempo tentando lembrar? Vale a pena se interrogar por que é essa palavra específica que estamos com dificuldade de lembrar? O que estamos tentando tirar de cena? No sonho há um mecanismo semelhante em jogo, entre o que eu queria poder e o que não posso de jeito nenhum.

LUCAS: São muitos contrapontos, né? Desejo e censura. Vigília e sono. Adormecer e acordar. Há muita coisa aí nessas transições, nas perdas e retomadas de consciência, quando algo escapa de um lugar e vai para outro. Esse estado semiacordado, semidormindo, parece até meio ultrajante porque, mais do que nunca, precisamos acordar rápido, estar despertos, ligados, *always on*. Só que sonhar e acordar não são opostos completamente excludentes e separados, eles estão num contínuo, com intervalos. Quando um sonho acaba, mesmo no sentido figurativo, quando um sonho se concretiza, é hora de despertar. Ao mesmo tempo que também é hora de começar a sonhar um próximo.

Acredito que, só de refletir sobre esse tema, é bem possível que a gente sonhe um pouco mais ou lembre um pouco mais dos sonhos. Em um tempo em que quase tudo é exposto e compartilhado, é até um alívio lembrar que o sonho é uma coisa inerentemente sua. E você pode compartilhá-lo ou não, mas é bom saber que foi escrita por você, para você, sobre a sua vida, suas memórias e seus desejos. Então, existe alguma coisa aí que é importante para você, tope você decifrar essa mensagem ou não.

ANDRÉ: Decifrá-la sozinho ou junto com o outro. E a gente pode deixar por aqui, seguir pensando...

LUCAS: E sonhando...

04 Fora-do-
TEMPO

Dizem que o tempo cura tudo. Mas e se o tempo for a causa do mal-estar? Talvez a nossa relação com o tempo esteja mesmo nos fazendo adoecer psiquicamente.

Sabemos que o imperativo da aceleração vem tomando conta de praticamente todas as dimensões da sociedade e das nossas vivências. No ímpeto de fazer com que os dias comportem ainda mais tarefas, metas, informações e mensagens, o que se dilatou não foi o tempo, mas sim a nossa ambição de preencher cada milésimo de segundo. O resultado é um novo patamar de princípio da realidade, cada vez mais impossível de se acompanhar.

Se cada época tem seus delírios fundamentais, o nosso chama-se atualismo[50], um estado em que se atualiza qualquer coisa a qualquer hora e o tempo todo. Essa visão propõe inclusive um debate sobre uma nova categoria da teoria da História. É a crença na otimização instantânea, como se não desse mais para esperar a maturação das transformações pessoais e coletivas. Só que a batida vertiginosa da hiperatividade tem muitos custos, fisiológicos e psíquicos, até porque o inconsciente opera em outros tempos.

Quando o psicanalista Wilfred Bion[51] escreveu sobre a existência de uma "memória do futuro", ele fez um convite para nos libertarmos das relações de causa e efeito, da cronologicidade, e a honrar a atemporalidade da mente. Ainda que sejamos mediados pelo cronológico, o tempo que mais nos interessa na análise de subjetividades é o da experiência de ser no mundo, este que é marcado por multiplicidades e ambiguidades, não só por aceleração e interrupção.

Viver fora do tempo talvez não seja tão abominável assim. Apesar de despertar sensações de inadequação e não pertencimento, é uma condição que também nos permite fazer melhores reflexões sobre a nossa época. É o **anacronismo** defendido pelo filósofo Giorgio Agamben[52], como uma fonte de revelação para verdades subjacentes. É a memória que se reatualiza cada vez que lembramos ou falamos sobre o passado, reconstruído a cada presente que passa.

A partir de uma combinação de tantas visões sobre o tempo, este capítulo é um estímulo para reconhecermos que a forma como nos relacionamos com o tempo anda fora do lugar. Não temos todo o tempo do mundo, mas também merecemos mais do que uma vida achatada pelo discurso "não vai dar tempo!". Para isso, vamos ter que desbravar outras temporalidades, que falem mais sobre nós e sobre como estamos nos sentindo nos tempos atuais. Como escreveu Jorge Luis Borges[53], "O tempo é a substância de que sou feito. O tempo é um rio que me arrebata, mas eu sou o rio; é um tigre que me destroça, mas eu sou o tigre; é um fogo que me consome, mas eu sou o fogo".

> Algo que está fora do seu lugar no tempo, que pertence a um período anterior ou posterior ao que está sendo representado. Pode ser uma incoerência cronológica ou temporal na qual um evento, objeto, costume, uma palavra ou até mesmo uma pessoa é inserida em um contexto temporal ao qual não pertence.
>
> **Anacronismos** podem ser usados de forma deliberada para criar um efeito estilístico, ou podem ser usados como uma ferramenta crítica para desafiar a linearidade do tempo ou para criar um senso de universalidade.

***

ANDRÉ: Já faz um bom tempo que sentimos que a intensificação da urgência em tantas dimensões da nossa sociedade vem produzindo um certo desarranjo temporal na nossa subjetividade. O futuro não está mais distante no horizonte, mas é algo comprimido no agora, se é que conseguimos ainda avistá-lo. Sujeitos terrivelmente conectados também consomem em excesso: produtos, conteúdos, plataformas, anúncios, notificações. Sobram estímulos e falta tempo?

LUCAS: Uma pergunta que psicanalistas supostamente adoram fazer, mas nem sempre o fazem, é: qual é a sua memória mais antiga?

Difícil dizer... Mas e sobre ontem, você lembra o que almoçou? Há quantos anos foi aquela viagem inesquecível? E o primeiro dia no seu primeiro emprego, do que você lembra? Por que será que alguns meses parecem demorar anos para passar e outros acabam em poucos dias? Mudanças que antes levavam uma década agora parece que acontecem em dois ou três anos. A nossa percepção do tempo depende de muitos fatores e alguns deles ficaram mais voláteis e suscetíveis a alterações drásticas. Isso mexe com a nossa memória, com a nossa capacidade de sentir e mensurar a passagem objetiva do tempo e, obviamente, com o nosso estado emocional.

ANDRÉ: Se concebermos o tempo como uma construção coletiva, muitos de nós temos tido dificuldade de nos encaixar. Por um lado, é como se as coisas acontecessem rápido demais, por outro, se percebe que nem tudo tem um sentido imediato. Mas seguimos. Um dos maiores desafios do sujeito contemporâneo parece ser encontrar um ritmo que lhe faça sentido, e o sentido leva tempo, ou deveria levar. Na aceleração dos dias, ficou ainda mais custoso aceitar que os processos psíquicos desafiam a imposição da velocidade do mundo.

LUCAS: Passado que não passa. Presente que não se presentifica. Futuro que já acabou antes mesmo de chegar. É estranho, mas nosso ponto de partida é que o inconsciente é estranho mesmo. A psicanálise tem tudo a ver com os estudos sobre o tempo, porque ela é uma grande investida a respeito de como os comportamentos, os afetos e os sintomas podem e também não podem mudar. O que será que dá para mudar com o tempo? E o que não dá? E quanto tempo isso vai levar? Essas são as questões que fazemos a nós mesmos quando entramos em uma aposta de análise e que pretendemos elaborar, de alguma forma, neste capítulo.

ANDRÉ: Muitos dos meus autores favoritos investigam as particularidades da nossa relação com o tempo: Clarice Lispector, Walter

Benjamin, Byung-Chul Han. E o poeta francês Paul Valéry tem aquela imagem belíssima de que entramos no futuro de costas. Não se trata só da incerteza e imprevisibilidade inerentes ao futuro, mas é como se estivéssemos o tempo todo não entendendo o que está acontecendo, até que a gente se vire e se depare com o tempo que já passou.

O filósofo Walter Benjamin[54] reflete muito sobre o tema da memória, não apenas como um instrumento de pesquisa do passado, mas como uma espécie de teatro, um meio para se reviver ou reencenar experiências passadas. A psicanálise também bebe dessa fonte, pois opera com a certeza de que não podemos confiar radicalmente na memória pessoal. Tudo aquilo que achamos que foi vivido idilicamente, que foi muito especial ou, talvez, muito terrível é passível de alguma reedição. Lembramos das coisas besuntados pelos afetos e pelas emoções que estamos sentindo no presente.

Dessa forma, o processo analítico não é simplesmente uma arqueologia para escavar a memória e descobrir o que está soterrado, mas uma proposta de reencenação de alguns episódios, talvez uma redistribuição dos papéis, uma pequena mudança da trama. Ou até, com muita sorte e trabalho, se reposicionar nesse grande teatro, sentar em outro lugar, enxergar por outra perspectiva, ver a história se desenrolar de outro ângulo.

LUCAS: Isso seria incrível! Enquanto método investigativo, a psicanálise se debruça sobre a nossa biografia, a nossa memória, e, consequentemente, o nosso esquecimento. Esquecimento que, por sua vez, tem tudo a ver com o recalque, que não deixa de ser uma confusão temporal. Como se diz usualmente no nosso meio, o inconsciente não é o passado, é aquilo que não passou.

Isso explica por que toda a distinção que buscamos fazer entre as instâncias consciente, pré-consciente e inconsciente é mais bem articulada por relações temporais do que espaciais. Freud começou pensando pelo viés da topologia, mas, até onde sabemos, não existe um consciente em um canto do cérebro e um inconsciente em outro lugar. A relação que separa e conecta essas instâncias é temporal. Isso porque nunca estamos conscientes de tudo o tempo todo. São lapsos, flashes. Há informações que estão no seu pré-consciente, mas, no momento em que você se lembra delas, tornam-se conscientes. Estamos sempre pré-conscientes da data do nosso aniversário, por exemplo, mas, agora que estamos pensando sobre isso, estamos conscientes dessa data. Se sofrermos um acidente e tivermos uma contusão na cabeça, podemos ficar inconscientes dessa data. E com relação a todos os episódios que vivemos na vida? E todos os nossos pensamentos e afetos? E os desejos? Bom, a gente estando mais ou menos consciente, eles vão nos direcionar para o futuro. A consciência, portanto, é feita de uma soma de instantes. É constituída pelo tempo.

ANDRÉ: O psiquismo é exatamente essa "linha não linear" de tempo, em que vão se cravando algumas memórias, ou marcas mnêmicas, que desenham o jeito que pensamos e enxergamos o mundo, o outro e nós mesmos. Por isso fala-se tanto de atravessamento do trauma e não de cura do trauma, como se fosse um esquecimento absoluto. O que fazemos é investigar essas marcas deixadas pelas experiências e a forma como elas influenciam nossas percepções da realidade e construções de sentido.

Há uma palavra muito cara para o momento que estamos vivendo: "narrativa". É interessante, porque a capacidade de criar narrativas é um fenômeno estruturante do nosso psiquismo. É a costura associativa que fazemos entre fatos, afetos, pessoas, ideias, estabelecendo um tipo de história e, consequentemente, um sentido, uma moral da história. Nem sempre estamos conscientes de tudo isso, ainda que nossa mente esteja lá produzindo e atualizando essas "ficções da realidade", conforme seguimos pela passagem do tempo.

LUCAS: Vamos dar uns passos para trás, voltando para o bebê e para a origem da formação do psiquismo. O conceito de tempo é tão determinante nesse período porque é a partir do tempo dos cuidadores — os seus intervalos de disponibilidade e indisponibilidade, presença e ausência — que o aparelho psíquico desse ser humano vai conceber modos de sentir, pensar e ser. Por quê? Porque a formação do psiquismo se dá quando passamos a suportar a falta de um objeto durante um certo tempo, lidando com a angústia, o vazio, mas conseguindo criar algum tipo de representação imaginária, ou, mais para a frente, simbólica, que nos tranquilize. Algo que tente anular um tempo que parece interminável.

Calma! Não tem agora. Não adianta chorar. A mãe ou o pai não estão aqui. Vai ter daqui a pouco. "Mas daqui a pouco quando?", "quanto tempo é daqui a pouco?" ou "quantos mil anos faltam para as férias?". As crianças são muito boas em fazer essas perguntas tão cruas e bonitas sobre a passagem do tempo, porque é a subjetividade em estado puro de formação. O tempo objetivo e compartilhado está aí em números, dias, no relógio, calendário, nas agendas, no cálculo do giro da Terra ao redor do Sol. Mas o que isso me diz sobre quanto tempo eu vou suportar um determinado incômodo em minha vida? E o que vou fazer com esse mal-estar até ele se dissipar?

São essas perguntas que surgem na clínica. Quantos anos mais vou ficar nesse emprego que eu odeio? Ou nesse casamento que já sei que acabou? E assim vamos conseguindo postergar (às vezes até demais) a necessidade urgente de satisfação (às vezes até demais), acreditando que uma hora aquilo que desejamos vai aparecer ou retornar. Enquanto isso, vamos apostando em crenças de que precisamos nos comportar mais ou menos assim ou assado, seguindo ideologias e educações: "se você for um bom/boa menino/a"; "se rezar todas as noites"; "primeiro termine a lição de casa". É com essa assimilação do tempo, pela qual estamos subordinados socialmente, que vamos internalizar aquilo que Freud chama de princípio da realidade: aprender a se sacrificar por algo que talvez venha lá na frente, em um ato de fé.

É importante ter em mente que essa internalização do tempo, assim como a participação no tempo do outro, é o que nos humaniza, nos tira do imediatismo selvagem de um animal que, por exemplo, não consegue esperar todo mundo sentar-se à mesa para começar a comer. O tempo compartilhado socialmente tem um papel civilizatório. São essas noções de tempo que também nos neurotizam, porque o tempo neurótico é um tempo que raramente vai ao encontro da plenitude do seu desejo. É como se estivéssemos ocupando sempre uma das duas pontas: ou ainda não é a hora H do desejo, ou, na verdade, já é tarde demais.

ANDRÉ: É interessante essa relação que você fez entre tempo e civilização porque o tempo é uma forma de castração. É bancar a falta, ou, pelo menos, colocar a falta em cena. E é muito difícil, pelo menos no momento em que vivemos, aceitar que uma vida provavelmente não vai ser o suficiente para fazer tudo que você deseja ou espera fazer. "Esperar" é um bom verbo aqui. Afinal, uma única vida é limitada. Vai faltar algum tempo, porque sempre falta tempo. O tempo e a falta estão de mãos dadas o tempo todo.

LUCAS: Sim, e aí temos essa sensação cada vez mais incessante de que não se pode perder tempo, mas é precisamente essa sensação que pode nos fazer perder tempo e nos perder do tempo. Como você disse, não temos todo o tempo do mundo. Então, quais tempos podemos ter? Uma obra que é um grande tratado sobre o tempo, e que ajuda muito nesta conversa, é *O tempo e o cão*[55], da psicanalista Maria Rita Kehl. Ela faz uma articulação brilhante de como as transformações na nossa relação com o tempo têm uma influência direta na incidência dos casos de depressão como um sintoma social. Ou seja, o jeito como estamos lidando com as novas velocidades do mundo contemporâneo vem nos deixando mais deprimidos e/ou ansiosos, que são coisas diferentes, mas nem tão diferentes assim. Afinal, enquanto quadros clínicos, ambos são transtornos do tempo em um mesmo espectro de diagnóstico psiquiátrico.

ANDRÉ: É interessante como a Maria Rita, o Dunker, o Safatle e outros pensadores da psicanálise brasileira vêm estabelecendo hipóteses depressivas sobre o nosso tempo, no qual o sujeito encontra-se em uma posição muito precária e degradada. É a depressão como um sintoma social de tantos de nós que tentam retirar-se do tempo e se colocar em outro, num sentido de sair de cena mesmo, não conseguir pertencer ou ser expelidos do contexto. O tempo é civilizatório enquanto faz sentido para o sujeito, mas e se não está fazendo?

Quando passamos a ter tanta dificuldade de lidar com as limitações do tempo, vamos sentindo os fatos como espasmos, sustos, solavancos. Isso vai desembocar não só numa dificuldade de lidar com a realidade, como também numa ansiedade em relação ao que está por vir. Quando não conseguimos manter uma relação minimamente cordial com o tempo, passamos a temê-lo na maior parte do tempo.

A psiquiatra, psicoterapeuta e escritora Natália Timerman, que participou desse episódio do podcast, conta que precisamos aprender a voltar a perder tempo, porque assim ganhamos presença — e é isso que muitas vezes falta em nossas vidas. Na clínica, as consequências da aceleração chegam na forma de insônia, cansaço, exaustão, burnout. Em contraponto, o vazio, o silêncio e o tédio podem nos autorizar a viver, experienciar, imaginar e inventar novos futuros para essas perspectivas temporais que andam bem difíceis de suportarmos.

LUCAS: Há um século, o poeta Paul Valéry afirmou o seguinte: "O homem de hoje não cultiva o que não possa ser abreviado"[56]. O que será que ele diria hoje, diante da vivência de instantes sucessivos, muitas vezes sem duração e sem valor?

Habitamos um tempo de obsessão por registrabilidade. Aspiramos gerar e manipular lembranças que sejam significativas, e, na busca por alívio, a nossa mente produz reações um tanto desesperadas. Um exemplo é o fenômeno das microamnésias[57], que são crises de esquecimento derivadas de um excesso de estímulos, como uma reação à tormenta do presente extremo, um transe apressado que comprime o processo psíquico de elaboração.

Em teoria, as tecnologias emergentes nos ajudam a realizar muitas tarefas e toda essa conveniência nos liberaria para outras coisas. De alguma forma, isso até acontece, mas parece que não exatamente como se imaginava. Migramos do código cultural residual "sempre ocupado" para o código dominante de "sempre cansado". Até o lazer nos cansa. Esse é o saldo da otimização, do culto ao desempenho, do utilitarismo, de aproveitar cada segundo ao máximo. Temos que conseguir suprimir essa lógica para experimentarmos o tempo na chave da fruição prazerosa e criativa, pelo menos por alguns momentos.

ANDRÉ: Sim, e acredito que a análise nos ajuda, se pudermos navegar em uma espécie de "clínica do tempo". Podemos até articular uma hipótese da neurose histérica enquanto uma condição de não aceitação da falta de tempo, pelo viés da insuficiência; enquanto na neurose obsessiva é comum nos depararmos com a tarefa impossível de controle absoluto do tempo, enquanto questão econômica e matemática. Ambas as respostas envolvem um tipo de sofrimento. Indo mais longe, podemos pensar também em como o trauma aprisiona o fluxo do tempo psíquico em um acontecimento passado. No lugar de permitirmos que a correnteza do tempo flua, ficamos parados, encalhados no meio dela.

Nessa clínica das temporalidades que estou propondo, recuperar os vazios é um dos maiores contratempos. O desafio está em se escutar, reconhecer seus limites e perceber como é insuportável viver no giro acumulativo de tarefas e demandas. A dificuldade de aguentar e dar suporte ao senso de continuidade das coisas também se tornou um traço marcante do contemporâneo. É a impossibilidade que muita gente sente de sustentar projetos longos, relações longevas, planos de vida. No imperativo do imediatismo, o mais conveniente é mesmo quebrar a continuidade, romper fluxos, *disrupção*. Claro que a vida é uma grande incerteza e impermanência, mas, quando se perde a capacidade de sustentação do sentido a médio ou longo prazo, também comprometemos a nossa capacidade de construir narrativas mais resistentes. Consequentemente, sacrificamos a habilidade de fazer o encadeamento das experiências vividas e, nessa batida, podemos nos sentir um tanto engolidos pelas movediças areias do tempo.

Voltando à clínica, muita gente acha que fazer análise é falar sem parar, retomar histórias, contá-las de novo, buscar obsessivamente os porquês. Até tem um pouco disso, mas não podemos esquecer da importância do silêncio em uma análise, esse espaço fora do tempo que criamos para poder nos escutar e nos expandir subjetivamente. Um dos maiores valores da análise é permitir que a gente se coloque e se reconheça em outros tempos, sem nos apoiar em uma estrutura linear baseada em avanços e progressos acumulativos. O percurso é mais labiríntico do que uma simples escada com degraus rumo ao topo.

Do que estamos falando? De uma "clínica do ritmo", como diz um grande amigo. Um processo de mensuração e análise do ritmo do sujeito e de descoberta de quais outros ritmos são possíveis. Se é "responsabilidade do analista reinventar a psicanálise para cada paciente e continuar a reinventá-la durante o curso da análise"[58], penso que também cabe à dupla analítica reinventar a temporalidade do psiquismo, abrindo novas oportunidades para gozar do tempo, sabendo que teremos que enfrentar a finitude de todas as coisas, inclusive da nossa vida.

LUCAS: Isso tudo me faz pensar na mitologia grega de Chronos e Kairós. Kairós, menos conhecido que Chronos, é o deus do tempo do momento oportuno, que é aquele momento mágico em que as coisas fluem. É o tempo da pessoa certa, no lugar certo, na hora certa. Enquanto isso, Chronos diz respeito à ordenação linear do tempo, o tempo implacável e mensurável, que não tem nada a ver com o tempo do inconsciente ou o tempo da análise. Chronos é o que determina, por exemplo, que agendamos uma reunião de trabalho em tal dia e tal horário. Mas eu posso vir a estar com a cabeça e a alma em outro lugar nesse momento. Posso não estar me sentindo física ou emocionalmente bem, mas o encontro já estava agendado. Será que se a gente fizesse em outro dia não seria melhor? Mas, aí, como é que fica o capital, que é o senhor do nosso tempo?[59] Esse axioma maldito que inventaram de que "tempo é dinheiro".

O questionamento a se fazer é: como, mais ou menos, escapar desse imperativo e conseguir sustentar um ritmo e um compasso que não nos estrangule tanto, pelo menos não o tempo todo? Obviamente dependemos de trabalho e dinheiro para necessidades básicas de sobrevivência, então não vai dar certo ficar culpando ambos por todo o mal que nos atinge. Inclusive, existe muita gente rica, herdeira, que trabalha muito pouco, e que sofre desses descompassos temporais. O desafio é sustentar uma correspondência e uma coerência com o nosso estado subjetivo, e jamais vamos entender o nosso estado interno se ficarmos apenas reagindo e respondendo às demandas externas. Aos tempos do outro.

A pergunta que nos aflige então é: o que fazer com as demandas de urgência do outro? Essa é uma questão que nos faz pensar no quanto podemos demandar que o outro espere pelo nosso tempo. Tem gente que sofre muito quando se atrasa, tem gente que se atrasa e não está nem aí. Tem quem deixa o outro no vácuo, na espera por semanas ou anos, e tem quem responda tão prontamente que nem consegue elaborar direito, e depois até se arrepende da resposta que deu. Nenhum desses comportamentos é mais certo ou mais errado, mas todos dizem muito das nossas disposições para lidar com os intervalos e as distâncias que existem entre o Eu e o outro.

Tudo isso tem relação com riscos de perda, não é só a perda do tempo, mas a perda do contato com o outro, do interesse do outro por você. O quanto você está disposto a sustentar o seu tempo e, talvez, comprometer o encontro com o outro? Porque o momento oportuno talvez passe. Talvez fosse só naquela hora e depois nunca mais. E aí, o que você faz? O quanto disso você consegue bancar para não se perder do seu próprio tempo?

ANDRÉ: Enquanto você estava falando, me veio uma imagem de *A espuma dos dias* (2013), um filme do cineasta francês Michel Gondry. É um longa que traz imagens bem surrealistas e fora do tempo, até um pouco anacrônico. Há uma cena na qual dois personagens se encontram e decidem combinar de se ver de novo, aquele famoso "peraí, deixa eu ver a minha agenda". Então o filme nos surpreende e, no lugar de um calendário, ambos tiram do bolso um cubo mágico que ficam tentando resolver.

Essa imagem nunca me saiu da cabeça, porque ilustra como a nossa relação com o tempo anda muito estranha. É uma representação da temporalidade diferente da clássica ampulheta ou do símbolo do infinito; é, de fato, um enigma matemático, um quebra-cabeça. É uma cena que simboliza como o tempo tornou-se uma questão de encaixes, desencaixes, reencaixes, um sistema que tem quebrado bastante a nossa cabeça. Estamos tentando manipular a temporalidade, como se fôssemos senhores do tempo, mas acabamos produzindo desarranjos temporais, tirando dali para colocar ali. E a sensação é de que o tempo escorre escasso por entre os dedos.

O escritor e curador britânico Shumon Basar[60] descreve essa sensação como a "era dos terremotos". Ele teoriza sobre uma crise na divisão clássica de passado, presente e futuro. O que a gente vai experimentando são três versões do presente: o presente recente, que acabou de ser; o presente extremo, que é o que está sendo; e o presente próximo, que é o que será. Somos testemunhas de um achatamento temporal em que só está sobrando o presente — um presente perpétuo. São tantas mudanças que, ao mesmo tempo que parece que não vamos suportar a velocidade dos dias, também parece que não estamos saindo do lugar. É uma vertigem do tempo na qual o futuro não é mais tão distante, porque vai se comprimindo no agora. No limite, experimentamos a frustração de não conseguir aproveitar o tempo e, simultaneamente, o medo do que está por vir.

Um dos filmes que melhor representa a nossa atual relação com o tempo é *Tudo em todo o lugar ao mesmo tempo* (2022), da dupla Daniel Kwan e Daniel Scheinert. Aqui, é como se Chronos e Kairós tivessem se fundido em um só, resultando em um Deus soberano, opressor, uma espécie de demônio que nos assombra, nos assusta e nos esgota. Essa é uma relação bastante paranoica com o tempo, já que nos sentimos constantemente na iminência de sermos atravessados por outras realidades temporais. Enquanto isso, é como se estivéssemos tentando reconstruir a realidade a cada instante. Forma-se um cotidiano "surtocêntrico", em que tentamos desesperadamente dar conta de tantas interrupções permanentes em um presente sem fim.

LUCAS: E se o presente é o tempo todo, não é presente nunca. Fala-se muito na sensação de não nos sentirmos presentes, na concomitância dos acontecimentos, no multitarefas, nas tantas realidades que vão se sobrepondo e exigindo que tomemos decisões muito rápidas. Se você não reage imediatamente, é lido como confuso ou perdido. Ou está mal informado, não sabe o que quer, tem que ser mais ágil, assertivo. Mas, como sabemos, o sujeito do desejo e o do inconsciente precisam de algum tempo para emergirem à consciência. Temos tido muito receio do vir-a-ser, desconfiados do que vem só com o tempo. Só que o vir-a-ser é o que faz o sujeito desejante. A tendência, cada vez mais, é a recompensa da satisfação instantânea, que muitas vezes leva a um gozo até meio insosso, já que não deu tempo de maturar o desejo ou contemplar a fantasia.

A psiquiatra Anna Lembke conta em *Nação dopamina*[61] sobre como estamos neurologicamente viciados nos efeitos instantâneos da dopamina em um mundo saturado de recompensas. Só que o prazer imediato e em excesso, nesse presente extremo, leva ao sofrimento à medida que vamos desenvolvendo uma tolerância, demandando mais e mais desse neurotransmissor. O prazer torna-se compulsão. Precisamos do jejum, da intermitência, do sabático, para encontrar um ritmo de prazer e desprazer. É isso que vai constituir um encontro e um ajuste feliz com a nossa própria temporalidade.

ANDRÉ: Você mencionou as tomadas de decisão muito imediatas, e fiquei pensando em quantas dessas decisões imediatas são, na verdade, repetições da mesma escolha. Quando vamos refazendo a mesma escolha, só que numa velocidade tão rápida que parece que estamos escolhendo diferente. Mas, quando deitamos em um divã ou fazemos uma pausa para a reflexão e crítica, percebemos a repetição que nos atravessa — tanto como sujeitos, em uma esfera mais privada e individual, quanto na esfera pública, como coletivo.

Um grande exemplo desse ciclo de repetição em velocidade máxima é como, nas últimas décadas, a cultura tem sido povoada por um imaginário de distorções/idealizações do passado. O retorno aos anos 1980, depois aos anos 1990, seguido pelo revival dos anos 2000. Outro movimento que teve muita tração na história recente é a obsessão pelo Retrofuturismo, a retomada de futuros previstos em outras épocas, de cinemas drive-in à corrida espacial. É um resgate romantizado de referências passadas que (re)projetam o futuro. Os membros da comunidade Retrofuturismo na rede social Reddit descrevem o movimento como "os fantásticos e delirantes sonhos do nosso passado". Falando em delírio, é impossível esquecer que um dos argumentos centrais do movimento de extrema direita dos anos 2020 é o resgate de passados supostamente gloriosos, uma volta ao que nunca houve, através do slogan *make it great again* ("fazer [o país] grande de novo"). Esse empuxo à nostalgia provoca uma retromania sem fim, uma vibe que coloca em xeque nossa capacidade de inventar um novo amanhã. Uma grande crise imaginativa que nos relembra que mais difícil do que viver em um "eterno presente" é viver um "hoje que não tem amanhã".

LUCAS: Voltando ao que já falamos, a questão do passado é sempre também uma questão de narrativa. O problema não é voltar ao passado, mas de que passado estamos falando? Qual é a perspectiva histórica de quem conta a história de um povo, de um país, onde a rememoração social e cultural, que, geralmente, acontece através da educação, dos museus, da arte, da cultura, também é resultado do recalque coletivo? Há eventos e personagens que são lembrados e outros, esquecidos. As tragédias do Holocausto, por exemplo, exigem uma rememoração que é contínua e muito importante enquanto memória ativa capaz de transformar o presente, e nos proteger de que a gente viva, reviva ou reencene aqueles traumas. Por isso não dá para viver só de presente, senão o passado reincide.

ANDRÉ: É interessante esse olhar, e nos faz pensar de qual passado estamos falando. O artista italiano Ricardo Benassi[62] criou um termo que encapsula esse contexto: *morestalgia* (ou "maistalgia"). Para ele, é como se estivéssemos vivendo uma nostalgia aumentada, em excesso, de um passado idealizado. Estamos acessando não só as nossas memórias pessoais, mas imagens passadas de outras pessoas, em proporções quase insuportáveis. Uma quantidade imaginária tão volumosa que não conseguimos processá-la, e que nos faz misturar bastante as coisas, promovendo uma saudade do que a gente não viveu. É o sintoma de um tempo em que é mais fácil imaginar o fim do mundo do que o fim da internet.

LUCAS: Acho que pode ser interessante retomar um aspecto da teoria de Lacan[63] para levantarmos a hipótese de como existe, hoje, uma contração e um retraimento do tempo de compreensão; após o instante de ver e antes do momento de concluir, segundo a sua teoria dos três tempos. Está mais difícil lidarmos com o segundo tempo, que é o da compreensão. Por mais que o mundo exija pressa de nós, e tente roubar e capitalizar nosso tempo, esse segundo tempo deveria pertencer ao sujeito. O tempo de um luto, de uma análise, de uma formação em psicanálise, o tempo necessário para se escolher uma profissão. Não temos todo o tempo do mundo, mas temos um tempo que é o nosso. E, se não estivermos bem sincronizados com esse tempo — nem que seja às vezes —, vamos nos perder de nós mesmos e não conseguiremos formular direito nosso próprio desejo.

O psicanalista Antonio Quinet[64] fala que a pressa é amiga da conclusão. Se você se apressa, você conclui, mas não necessariamente elabora ou compreende. O mundo de hoje exige muito mais da atenção consciente, cobra agilidade e vivacidade. Assim que algo acontece, é preciso reagir, participar da pauta, não perder a chance de falar do assunto de que todos estão falando. Essa precipitação reativa vem gerando muitos conflitos internos e externos, porque somos interpelados a ter uma resposta, uma opinião para tudo, o tempo todo. E aí, é óbvio que acabamos criando, dizendo e fazendo coisas bem estranhas. Porque não se pensa direito, não se pondera, não se sente plenamente. Você nem relativiza, no sentido de tentar pelo menos imaginar como será que o outro vai reagir a isso que está dizendo ou fazendo. É como querer apressar uma gestação, simplesmente não vai dar.

ANDRÉ: Você trouxe Lacan e eu vou buscar Bion e Klein, que trabalham uma ideia muito boa de como a função de uma análise é, de certa forma, criar ou recriar uma alfabetização emocional do sujeito para um desenvolvimento mais saudável. Ir nomeando e contornando aquilo que o sujeito sente como espasmos e/ou como ameaças, dando novos sentidos à gramática afetiva. Isso é fundamental para que o sujeito consiga desenvolver uma vida em estrutura mais narrativa. Tudo isso vai exigir de nós uma capacidade de estabelecer diferentes tempos, ou seja, criar momentos de ponderação, momentos de fruição, diferentes estados de excitação e de relaxamento. Porque o modo automático de focar/desfocar faz com que o sujeito chegue, inevitavelmente, a um momento em que não consegue mais focar nada, passa a viver em um estado meio zumbi.

Nesse sentido, como é que se troca o imperativo do "em busca do tempo perdido" por "em busca do desejo escondido"? Como podemos criar algumas experiências fora do tempo antecipativo? E não estou falando de sair da internet para depois fazer um post sobre como é ficar fora da internet, mas de como podemos inserir mais momentos no nosso dia a dia nos quais não estamos antecipando demandas em velocidade ×2. Atividades que possam sair um pouco da lógica produtiva dentro do contexto de nossa vida. É isso que Byung-Chul Han propõe em *Vita contemplativa ou sobre a inatividade*[65], um ensaio no qual propõe um regresso ao modelo da *vita contemplativa* em detrimento de uma intensidade e hiperatividade da *vita ativa*, que Han associa à desvitalização da vida e do mundo.

LUCAS: Essa postura mais contemplativa talvez nos ajude a produzir experiências memoráveis. A diferença entre vivência e experiência vale ser destacada, porque o reforço de conscientização nos deixa mais ágeis, ativos e produtivos, mas pode, paradoxalmente, comprometer a nossa capacidade de nos entregarmos subjetivamente para o momento, para a viagem do devaneio, do sonho, da associação livre. É sobre se deslocar e se recolocar no presente, em novos presentes, e não no presente contínuo que acaba nos paralisando e congelando. É buscar atitudes e estados mentais que nos deixem menos autovigilantes, nos ajudando a abandonar, um pouco, o tempo cronológico.

Até porque formamos memórias não quando vivemos uma situação, mas quando conseguimos lembrar dela, falar sobre o que aconteceu, conectar o que foi vivido com outras experiências da vida. É assim que criamos alguma consistência de continuidade. Nunca lembramos do evento em si, mas daquilo que pensamos e sentimos quando lembramos do evento. Se pensamos e sentimos muito pouco sobre o que estamos vivendo, não vamos lembrar de nada, porque estaremos apenas reagindo, produzindo uma sequência de agoras.

Só que a hipótese psicanalítica é de que o inconsciente vai sim lembrar, de alguma forma. E isso não está só na nossa cabeça, também está no nosso corpo. Em uma linha reichiana de tratamento, há terapias que investigam como sofrimentos físicos e psicológicos estão relacionados a experiências subjetivas que ficaram bloqueadas; e, em um processo de rememoração, de memória ativa, alguns desses nós podem ser desfeitos. Isso não é psicanálise, mas bebe de uma mesma fonte, até porque, como falamos, o inconsciente não está espacialmente localizado no cérebro. Como você disse, acredito que seria interessante encontrarmos novas formas de nos distrairmos do nosso estado hiperconsciente para nos reencontrarmos depois e assim, quem sabe, amenizarmos essa sensação meio generalizada de déficit de atenção a respeito de nós mesmos. Porque o que estamos experimentando é o contrário: um excesso de atenção para com o mundo externo.

Winnicott trata um pouco disso quando defende a importância do brincar, esse tipo de desligamento da realidade que traz um conforto à existência da criança, na medida em que ela cria uma temporalidade própria. Ou, pelo menos, as crianças sabiam criar tais momentos. Aquelas tardes infinitas em que se ficava muitas vezes sozinho, inventando jeitos de passar o tempo, inclusive para não se sentir tão sozinho. A potência criativa de inventar histórias, de fantasiar, de falar só, transcender o Real. Hoje, essa capacidade de transformar a nossa temporalidade está comprometida pelos irresistíveis atrativos da tecnologia, que vão nos entregar o mundo da fantasia em formato pronto para consumo.

Há uma grande lista de atividades que podem ser melhores ou piores

> ✕
>
> A terapia **reichiana** é uma forma de psicoterapia corporal desenvolvida pelo psicanalista e psiquiatra austro-húngaro Wilhelm Reich, que foi aluno de Freud. Reich defendia que traumas e conflitos emocionais, ao longo do tempo, levam a tensões crônicas em grupos musculares específicos, que chamou de couraças ou blindagens.

para você se reconectar com o seu tempo: navegar nas redes sociais, jogar videogame, ler um livro, assistir a um filme, praticar exercícios físicos, ou mesmo recorrer a substâncias químicas para alterar a percepção do tempo. O que está em questão não é a atividade em si, mas a intenção da experiência. Você está dando uma pausa para o mundo ou fugindo de si mesmo? Como tornar essa vivência mais significativa, de um jeito que a temporalidade se manifeste a nosso favor, e não com as sensações opressoras de atraso e dívida?

Você falou nessa tentativa de ser senhor do tempo na disputa com o capital, mas eu penso que é mais sobre ser sujeito do seu tempo e menos objeto do tempo do mundo. Falando assim parece ingênuo, difícil de praticar, porque temos tarefas e prazos o tempo inteiro, nunca estamos "em dia". Precisamos calcular as horas e segundos para estarmos minimamente adaptados à realidade. Mas ficar adaptado demais a uma sociedade que está doente (e que está nos adoecendo) também não é necessariamente uma boa estratégia.

ANDRÉ: Isso me faz pensar na forma como o Byung-Chul Han aborda a contemplação em *O aroma do tempo*[66], um livro que já começa de forma bem polêmica ao afirmar que não estamos vivendo uma crise de aceleração, porque isso a gente já viveu. O que estamos vivendo agora é uma crise de dispersão temporal ou de dissincronia. Estamos irritados e perturbados porque o tempo não funciona mais com um sentido de ordem, mas sim como algo que está fora do seu lugar, ou nós que estamos fora dele. O autor propõe um reequilíbrio, uma tentativa de restabelecer o balanço entre uma vida ativa através de mais momentos para pensar e elaborar. Contemplação no sentido de observação, admiração, apreciação, encantamento. Visitar os seus templos. Recolhimento e descanso mesmo. Não à toa, quem se sente contemplado também se sente honrado, porque é profunda e longamente visto. Esse ângulo ou essa possibilidade de uma vida com momentos de contemplação pode ser uma chave para conseguirmos "estar em tempo", e não só lutarmos contra ele.

LUCAS: E apreciar essas durações, permitir que elas aconteçam. Sempre que estivermos correndo muito, dá para nos perguntar se estamos correndo em direção à vida ou só nos antecipando em direção à morte. Por que queremos chegar tão rápido ao fim?

ANDRÉ: Acho que a gente pode deixar aqui.

LUCAS: Esse corte foi fácil, hein?

ANDRÉ: Foi fácil, mas não foi rápido.

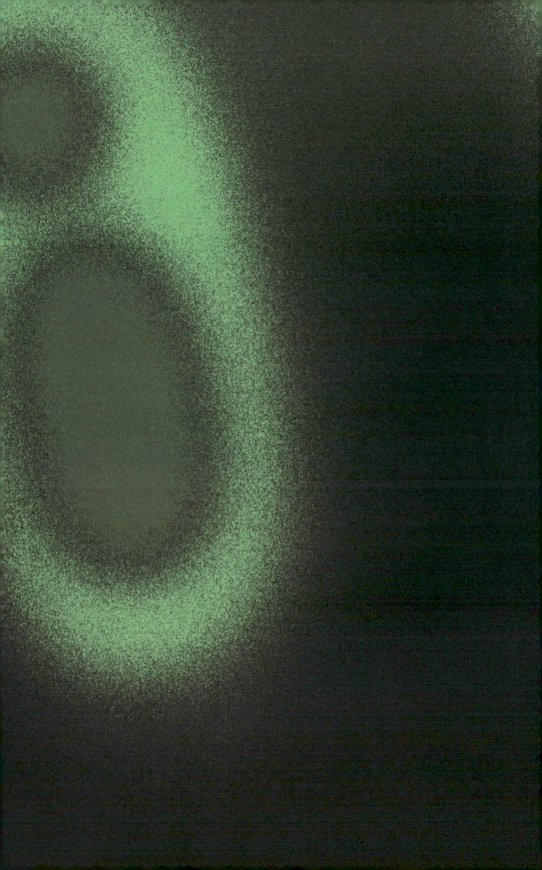

VIBES DO OUTRO

O segundo *pack* de vibes diz respeito ao outro. E a nós também, obviamente. Como nos ensina a bela expressão em espanhol, não somos só Eu; somos "nosotros". Nesse sentido, cabe refletirmos sobre as nuances das relações que estamos ou não estabelecendo com o próximo. E também com quem nem é tão próximo assim e talvez esteja roubando a cena.

O trabalho de análise vem da necessidade contínua e interminável de recalibrar a relação do Eu com o outro, esse pequeno outro, como diria Lacan — um objeto-causa do desejo que nos convoca a lutar por amor, validação e reconhecimento, e através do qual, em um jogo de espelhos, formatamos nossa própria imagem, nosso valor e nossa identidade. Fazemos isso com a benção de Eros, que é integração e vínculo. E, nisso, teremos um grande inventário de encontros, desencontros, reencontros, o simples (ou nem tão simples) flerte e o sempre difícil adeus. São a presença, a ausência e as diferentes modalidades de interação com o outro que nos provocam a mais ampla gama de sentimentos.

Para complicar, enfrentamos fenômenos sociais e culturais da nossa época, como a busca por perfeita simetria nas relações, a despessoalização do sujeito, o abalo sísmico das instituições sociais tradicionais, o avanço dos marcadores identitários, as crises de intimidade e os novos desafios da dupla prazer-gozo no exercício da sexualidade.

Aí vêm as nossas questões: nos tempos mais conectados da história, será que está mais difícil se apaixonar e desbloquear a *paixão*? Em um contexto de erotismo hipermidiatizado, onde foi parar o nosso *tesão*? Os novos *modelos de relacionamento* estão nos colocando mais em contato com o outro e com nós mesmos? E por que anda tão difícil cultivar nossas *amizades*? Será que estamos sendo mais atravessados pela *solidão*? E como isso afeta um recorte de orientação sexual? E, por fim, o que tudo isso tem a ver com a nossa dificuldade de enfrentar perdas e *lutos*?

Quando trazemos os relacionamentos interpessoais para a análise, percebemos que boa parte da origem dos nossos sofrimentos psíquicos e emocionais é consequência direta da forma como interagimos ou deixamos de interagir com as pessoas que habitam a nossa vida. Se podemos adoecer na relação com o outro, vale lembrar que é também onde podemos nos curar.

05
PAIXÕES
bloqueadas

"**E**stou bloqueado! Quero me apaixonar e não consigo", exclamaram na caixa de comentários. Como diria Lacan, amar é querer ser amado, mas quando Narciso está tão empenhado em reproduzir a perfeição das telas, a idealização é tanta que sobra pouco espaço para o outro. É muito Eu.

O tema é pop mesmo, além de controverso, ingredientes que tornaram "Paixões bloqueadas" um dos episódios mais escutados do *Vibes em análise*. Partimos da hipótese de que andamos nos apaixonando menos, ou de que existem novos obstáculos culturais, sociais e tecnológicos nesse desafio. Mas, também, do fato de que amar e se deixar amar nunca foi um mar de rosas.

Voltando no tempo, principalmente em uma perspectiva ocidental/eurocêntrica, é a partir da Idade Média que o amor romântico começa a ser construído culturalmente como uma aspiração nobre, que poderia levar o sujeito a um aperfeiçoamento moral e espiritual. O residual é que devemos lutar, custe o que custar, por uma paixão. Naquela época, até morrer por isso. Avançando para o século 20, foi crescendo no horizonte cultural a importância da satisfação emocional e sexual do sujeito. Expandiram-se também os questionamentos sobre as normas tradicionais de gênero, com a ideia de que tanto homens quanto mulheres devem encontrar prazer e realização nessa experiência.

Hoje, encontramos um senso mais robusto de individualismo nessa empreitada, um apreço à noção de desapego e um foco na promessa da compatibilidade; e até mesmo um pânico pelo sofrimento de não ser correspondido, o que antigamente já foi algo até bonito e louvável. No saldo final, quem quer ser tampa de panela ou metade da laranja quando se pode, em tese, ser sujeito inteiro? Na Era do Eu, a fantasia de onipotência é que dá as cartas.

Tudo isso vai gerando também uma dificuldade de lidar com as frustrações do apaixonamento. Por muito tempo, ouviu-se alguma coisa do tipo "eu não tenho sorte para o amor". Atualmente, essa fala se deslocou mais para "não tenho tempo para isso" ou "dá muito trabalho, não existe espaço para isso na minha vida". O questionamento que vale fazermos é mesmo sobre o tamanho e o sentido que um namoro ou casamento pode ter na nossa vida. O quanto de espaço ocupa? Existe algum lugar disponível? Ou só cabe você na sua agenda, na sua casa, na sua cama? Esse pedaço para o outro é um pedacinho ou um pedaço gigante? O lançamento desse episódio evocou comentários e confissões pessoais de ouvintes a respeito de relacionamentos abusivos, uma noção de masculinidade tóxica e queixas de quem foi se fechando para o apaixonamento para evitar novos sofrimentos. Sem falar em um coro de pessoas reforçando a importância dos tais "amores leves" — relações que supostamente estariam acima da dor, da imprevisibilidade e até do compromisso, uma espécie de "amor sob controle".

De um lado, uma busca por liberdade. De outro, uma tentativa de defesa. Uma ouvinte até sentenciou: "A paixão romântica está morrendo! Graças a Deus!". Isso porque talvez, de fato, por muito tempo vivemos sob uma custódia ideológica e moral de que só vamos nos realizar enquanto sujeitos se estabelecermos um compromisso. De preferência monogâmico, heterossexual, entre duas pessoas cisgênero, até o fim da vida, que consigam constituir uma família — normatividade a rodo.

Muitos de nós vêm tentando desconstruir as normas do amor, os modelos de relação e as possibilidades de bancar o desejo. Mas quantas dessas estratégias são caminhos de libertação e quantas são planos para proteger o narcisismo dos amantes, dando a ilusão de que é possível conter, controlar e até bloquear o amor?

Um tema com sentimentos fortes e questões calorosas, cujas respostas não são simples. "Paixões bloqueadas" te convida a se perder um pouco para, quem sabe, encontrar novos formatos de apaixonamento.

* * *

ANDRÉ: "Ame a si mesmo acima de todo mundo." Até porque sofrer por amor parece que é falta de autoestima, falta de amor-próprio. Na Era do Eu, somos atravessados pelo imperativo do autoamor. Em paralelo, muitos estudos[67] mostram que as pessoas têm sentido mais dificuldade de se apaixonar e, inclusive, de se relacionar. Afinal, para onde será que vai o amor quando somos tomados pelo discurso da independência emocional?

LUCAS: Aqui existe um grande nó. De um lado, a gente escuta, lá dos fundamentos da psicanálise, que "é preciso amar para não adoecer psiquicamente"[68]. Do outro, a gente escuta que, obviamente, podemos adoecer de tanto amar. E aí, Freud, qual será a medida certa? Será que existe medida certa? Como o apaixonamento pode nos deixar mais ou menos saudáveis e felizes na vida?

ANDRÉ: Desde os *Três ensaios sobre a teoria da sexualidade*[69], Freud nos mostrou como a cultura e a educação podem causar danos grandiosos à nossa sexualidade e o quanto elaborar isso vai dar trabalho, uma tarefa que temos que aprender a bancar. Afinal, a sexualidade e o amor são as chaves da nossa constituição; e também do nosso sofrimento. Daí vem a bell hooks e escreve sobre como a prática do amor pode ser uma potência para a construção de uma nova sociedade. Ou seja, ainda que tenha sofrimento, o amor pode ser revolucionário!

LUCAS: É... Mas parece que nem todo mundo pensa assim. Segundo uma pesquisa[70] do aplicativo Happn, 52% dos solteiros no Brasil afirmaram que não pretendiam buscar um romance fixo em 2022, enquanto 93% alegaram que está cada vez mais difícil estabelecer uma conexão significativa pelos aplicativos de paquera. Ao mesmo tempo, o Brasil fica em primeiro lugar[71], entre 28 países, no ranking dos que mais sentem solidão, e surgem queixas coletivas como o *dating burnout*: uma falta de sentido, desesperança generalizada e exaustão de ficar operando sempre na lógica do desempenho também na hora de flertar. Que clima, hein?

ANDRÉ: Te entendo. Temos escutado, lido e até presenciado uma dificuldade muito grande das pessoas de se apaixonarem umas pelas outras, e sustentarem essas relações. Por isso, é fundamental começarmos fazendo uma breve distinção entre paixão e amor, que sempre nos ajuda. Você não acha?

LUCAS: Uma discussão sem fim (risos)... mas vamos lá! Sim, paixão e amor são diferentes, mas são da mesma família. Eles se aproximam e se distanciam, e o mais óbvio é pensar no amor como algo que tem mais duração, mais fixidez. Enquanto isso, o apaixonamento é mais intenso, volátil, vacilante e flutuante. Talvez o amor tenha mais a ver com o reconhecimento da falta e um tipo de resposta que criamos e combinamos junto com o outro para nos deixar, mais ou menos, em paz com essa falta. Enquanto isso, a paixão tem mais a ver com uma sensação enganosa de eliminação absoluta da falta. Um preenchimento que vira até uma espécie de platô, onde pode existir, talvez, até uma pulsão de morte.

ANDRÉ: Aliás, falando nesse impulso destrutivo e mortífero, parece que ele vem sendo colocado antes do envolvimento. Explico: há algo pairando no ar que é um certo pavor da dependência afetiva. Quando publico vídeos com análises de personagens ficcionais no TikTok e no Instagram, me surpreendo com tantos comentários do tipo "odeio me identificar com essa personagem que é tão carente", "me identifico tanto que me dá até raiva". Quando alguém diz "eu odeio isso", tem também um "eu amo isso" que está escondido nessa fala, né?

LUCAS: O tal **amódio** lacaniano.

> Lacan inventa a palavra "**amódio**" (*hainamoration*) para afirmar que não há amor sem ódio. Para ele, não conhecer o ódio de modo algum é também não conhecer o amor em nenhuma forma. Se o amor tampona a falta, o ódio a escancara. Quando perdemos o objeto amado, sofremos não só pela perda do objeto em si, mas sobretudo por ter novamente de encarar a falta. O ódio vem daí, da inegável revelação de que o sujeito é faltante.

ANDRÉ: Exato. O medo de depender de alguém é tão grande que vai se acumulando um tipo de ódio por quem se revela emocionalmente vulnerável. Alguém, digamos, menos "dono de si". O imperativo do autoamor é uma grande exaltação de como você deve ser a sua melhor versão, não se deixar cair na dependência do outro e estar acima de tudo e todos. Consequentemente, o amor não consegue se sustentar. Um comentário que sempre me surpreende sobre quem sofre por amor é: "O que falta, nessas pessoas, é autoamor!", como se quem "se amasse o suficiente" estivesse imune a qualquer sofrimento.

LUCAS: Eu voltaria um pouco antes, para essa premissa muito contemporânea de que "a gente precisa aprender a controlar as nossas emoções". Como exemplo, temos muitos livros best-sellers na linha "Controle como você se sente" ou "Não acredite em tudo que você sente". Às vezes, essa suposta inteligência emocional pode ser muito bem aplicada. Pode fazer frente a várias demandas atuais e até acalmar alguns sofrimentos, mas também são afirmações que soam um tanto esquisitas, como essas propostas de coaches e de muitos psicólogos de que as emoções são ferramentas pessoais, e que a gente precisa saber usá-las a nosso favor.

Essa ideia de que a gente precisa dominar as emoções, estar sempre acima delas, é muito opressora e está fadada ao fracasso. Inclusive, a gente já tem no nosso psiquismo um grande tirano, que tenta abafar as pulsões, o Supereu. E que, em certa medida, já faz esse serviço de não nos deixar ser totalmente controlados pelos nossos afetos. Historicamente, isso é resquício de uma norma iluminista que coloca a razão acima da emoção, tanto é que a gente chama de "inteligência" emocional. É sobre o valor da intelectualidade. E nada contra o intelecto, mas colocar o intelecto como um contraponto à paixão é afirmar que a paixão é estúpida. E, aí, começa a ficar um discurso bastante pejorativo, porque ninguém quer se sentir estúpido, ignorante ou alienado, certo?

ANDRÉ: Ou dependente... Só que a gente sabe que o bebê humano — algo que todos nós já fomos um dia — é um dos seres mais dependentes do planeta. Dependemos radicalmente de um cuidador para conseguir sobreviver. E até faz sentido termos medo de voltar para essa posição, ter a nossa liberdade e senso de agência tão ameaçados pelo outro. Mas essa máxima de que é possível não precisar de ninguém é uma ilusão narcísica. Eu penso que, quanto mais cedo a gente começar a desmontar essa ideia de "o outro que se dane, eu cuido só de mim", mais rápido a gente vai conseguir resgatar algum tipo de sanidade e bem-estar nas paixões.

LUCAS: Sim, mas essa promessa de independência absoluta interfere muito. Por exemplo, se fala tanto hoje de relacionamento tóxico, como se a gente não pudesse mais se sentir, de alguma forma, intoxicado ou inebriado pelo outro, com os sentidos alterados. Por quê? Porque seria muito nocivo, pode virar uma adicção, fazer com que você perca o controle da própria vida. E se pensarmos no campo semântico do termo *páthos*, que é afeto, mas que hoje relacionamos muito mais com patologia, que nos faz pensar em doença, sofrimento, ou até no patético, ele tem um trânsito por aí. Você vai renunciar a alguma coisa porque está apaixonado? Mudar de emprego, mudar de cidade? Ou vai largar a sua família por causa de um grande amor? É muito perigoso. Todos queremos uma vida pacífica; só que o pacífico, com o tempo, também se torna chato. A paixão, em contrapartida, tem alguma coisa de loucura, de se deixar ser pego. Eu vejo a paixão como um tipo de correnteza, que é uma onda que você não consegue pegar, é ela que nos pega; e nos move. E que bom que ela nos move.

ANDRÉ: Que interessante essa imagem da onda, Lucas. Porque, depois de uma onda ou de um mar revolto, também vem algum tipo de calmaria. Quem sabe essa seja uma possibilidade de temer menos a entrada no amor, se deixar flutuar e mergulhar nessas águas.

LUCAS: Um outro paradoxo que me chama atenção na nossa conversa é a coexistência de duas ideias: "eu não queria estar apaixonado" e "eu queria me apaixonar, mas não consigo". Se fizermos uma análise desses enunciados, parece haver um cruzamento entre paixão e vontade: "eu queria não querer" e "eu queria querer". Existe um entrelaçamento aí entre paixão, vontade, desejo, que pode parecer a mesma coisa, mas, definitivamente, não é.

O apaixonamento pode ter mesmo virado uma espécie de produto, um objeto de consumo do nosso tempo, a respeito do qual podemos dizer: "Eu quero ter isso, vou querer comprar" ou "Não, obrigado! Eu não vou querer comprar" — como se pudéssemos decidir se vamos nos apaixonar ou não, ou escolher por quem e com qual intensidade. Ou até que vai ser só uma pessoa e não várias. Mas isso é muito autoritário com a nossa libido, nosso tesão e nosso coração. A psicanalista Ana Suy, que escreveu o ótimo livro *A gente mira no amor e acerta na solidão*[72], diz o seguinte: "A gente não ama alguém porque quer e não é amado porque merece. Amor não é meta e nem é meritocracia". Está bem dito aí.

ANDRÉ: Nessa lógica de produtificação do amor, outra referência boa é o livro *Neoliberalismo como gestão do sofrimento psíquico*[73], de Christian Dunker, Nelson da Silva Junior e Vladimir Safatle. Esses autores falam de como a narrativa neoliberal nos propõe uma administração do sofrimento, um tipo de movimento que se desenvolveu junto com os departamentos de recursos humanos das empresas. É uma psicologia do tipo adaptativo, que tomou a sociedade do desempenho que habitamos.

Passamos os últimos cinquenta anos cultivando essa mentalidade de que não devemos expor sentimentos no ambiente de trabalho, ou de que você tem que ser mais profissional, mais ponderado, mais racional. Essa é uma discussão, felizmente, em xeque em alguns contextos, mas essa doutrina emocional ainda predomina para muitos sujeitos. E o que a gente vê é que quem trabalha demais tem, muitas vezes, dificuldades de lidar com seus sentimentos, ou mesmo de desembrulhar os afetos que estão tão comprimidos durante o tempo de trabalho. Como resultado, vemos muitos sujeitos chegarem nas clínicas com um monte de caixas fechadas ou semiabertas, empilhadas no meio da sala do psiquismo. Muitos desistem de desempacotar esses afetos, sentimentos, relações, achando que é mais fácil viver em um monte de entulho.

Nesse contexto, é válido a gente se aprofundar um pouco sobre a **clivagem**, à luz de uma psicanálise ferencziana. É aquela experiência tão traumática que a gente enterra a experiência e uma parte de quem somos dentro de nós, bem fundo; e passa a acreditar que nem a experiência nem essa parte de nós nos habitam mais. Muitos sujeitos vão chegar nas análises ou em outras formas de terapia em busca de um tipo de depósito, ou tratando o terapeuta como um caminhão de mudança. "Tire isso tudo daqui", "eu não preciso mais disso", "eu quero

> **Clivagem** é uma divisão psíquica para defender o sujeito de um evento traumático. Em uma situação que gera um sofrimento extremo, o conteúdo psíquico torna-se inassimilável e, para se defender, o psiquismo isola esse conteúdo com uma parte do Eu. Ao contrário do recalque, a clivagem cobra um preço mais alto, abrindo uma fenda no Eu que permanecerá aberta e, em vez de cicatrizar, aumentará com o decorrer do tempo. Mais que uma fenda, a clivagem produz uma automutilação psíquica.

esquecer aquela ex", ou "eu não quero mais saber dessa história, fechei para balanço". Como se fosse possível a gente se desfazer dessas experiências como objetos. Só que o spoiler a gente já sabe: vamos ter que lidar com essas caixas, abrir uma por uma, visitar cada uma dessas histórias para entender como é que a gente se posicionou em relação a elas. E, com muita sorte e muito trabalho, talvez a gente consiga se reposicionar, para quem sabe então abrir novas possibilidades de paixão e amor. Você não acha?

LUCAS: Essa história das caixas é boa porque tem a ver com se fechar, né? Com deixar o apaixonamento mais defendido e protegido. Porque a paixão realmente abre umas portas muito inesperadas. Você pode sentir que está na mão do outro, que vai perder a sua autonomia, que vai, inclusive, se perder da sua própria falta e do seu desejo também. Por mais que isso pareça contraditório, seria pensar que a paixão pode fazer a gente se perder do próprio desejo.

Lembrando que, para a psicanálise, o desejo não é só sobre tesão ou desejo sexual, é um furo muito maior, que nos move em muitas direções. Só que tanto o apaixonamento quanto uma grande decepção no apaixonamento podem nos atrapalhar nessas empreitadas do desejo; porque a gente acaba concentrando a nossa libido em um único lugar, de uma forma muito blocada. Colocando muitas fichas nessa história, muitas apostas. Então, assim, é uma aventura mesmo, né? Tem que estar esperto de algum jeito. E, sim, a análise ajuda aí.

Inclusive, meu conselho é não esperar a relação terminar para você quebrar a cara e aí procurar análise. Vai procurar quando você está se apaixonando, porque é sobre ir descobrindo como você está se afetando por essa experiência. Exige muita coragem para se colocar vulnerável de algum jeito, fazer uma declaração de apaixonamento para alguém, porque obviamente a gente sempre espera reciprocidade disso. Se você tem duas pessoas com medo, elas nunca vão chegar a esse estágio, elas vão continuar se protegendo e mantendo essas caixinhas bem fechadas. O que até pode dar certo, né? Duas pessoas no mesmo estágio, vivendo aquela coisa meio morna. O problema é quando um se entrega muito mais do que o outro ou se antecipa demais, vai muito rápido e perde a escuta do outro, não consegue mais localizar onde o outro está nessa relação. É esse descompasso que destrói a chance de formar um vínculo mais potente.

ANDRÉ: Elaborando mais essa ideia de "duas pessoas no mesmo estágio", alinhadas, sincronizadas, podemos chegar a outro elemento-chave desse espírito antiapaixonamento que paira no ar: o mito da relação igualitária. Há uma grande expectativa de que as relações sejam totalmente simétricas, uma estratégia obsessiva de tentar alcançar um balanço, amar da mesma forma e/ou na mesma quantidade.

Só que o amor sempre provoca uma relação assimétrica com o outro, abalando esse ideal tão capitalista de "troca justa", de "nunca dar mais do que se recebe". Ou, ainda, de tentar sair no lucro. O erótico está para além desse balanço de débitos e créditos. Considerando que o sujeito também se constrói pela desproporção — já que nossos processos psíquicos estão sujeitos a aumentos, diminuições, cargas e sobrecargas de energia psíquica —, por que o amor seria igualitário e equilibrado? Inevitavelmente, existe algo de instável e desproporcional em Eros.

LUCAS: Ou, ainda, dá pra pensar em uma relação a três: Eu, o Outro e Eros, que é esse divino que não cabe em nós, que a gente desconhece, que nos atravessa. Menos transacional.

ANDRÉ: Pois é. Mas como é que muitos sujeitos vão tentar eliminar esse desequilíbrio? "Eu me retiro", "eu não me envolvo", "é cada um por si". Dá até para a gente se fechar para balanço por um tempo, mas a gente não pode esquecer que, quando abrir de novo, as coisas vão continuar desbalanceadas.

LUCAS: É uma conta que não fecha em 100%. Faço restar, faço faltar, e é realmente sofrido fazer essa equação. Me lembra aquele meme que diz "se 3 × 4 é o mesmo que 4 × 3, porque o que eu sinto por ele não é o mesmo que ele sente por mim?".

ANDRÉ: (risos) É por isso mesmo que não dá para fazer morada nessa posição de que "eu não vou sofrer". Me fez pensar nessas músicas que tocaram bastante nos últimos tempos, com refrões muito didáticos: "fala que é sem sentimento, mas quando eu sento apaixona", "quero te dizer que nada vale mais do que a minha sentada" ou mesmo "eu não vou te envolver, eu sei o que fazemos, eu sei que você vai voltar". Nesses pequenos fragmentos, a gente vê uma coisa em comum: "Apaixonado? Eu? Não. Quem está envolvido é você. Aliás, todo mundo que se envolve comigo se apaixona, menos eu. Porque eu sou o sonho de consumo de qualquer um". Mas, no fim, será que esses sujeitos tão cheios de si ainda conseguem se apaixonar por alguém?

Enquanto muitos seguimos tão dedicados a ser o ideal, parece que a gente também está perdendo uma capacidade de se abrir para o outro. É como se o projeto de amor do sujeito contemporâneo fosse a construção de uma arena com muitas pessoas a fim do sujeito que, em tese, nunca sai no prejuízo. E, aí, o outro é só objeto mesmo, "que nem você, tem mais vinte".

LUCAS: Tudo isso me lembra das contribuições muito boas que a Adriana Gradin fez no episódio do podcast. A Adriana é doutora em Psicologia Clínica pela PUC de São Paulo, além de autora do excelente livro *Corações murchos: o tédio e a apatia na clínica psicanalítica*[74].

Ela fala dos relatos que chegam na clínica de pacientes muito investidos na conquista momentânea de numerosos parceiros dos quais não se lembram, às vezes, nem o nome, nem o rosto, mas só da experiência fugaz. Uma relação que vai parecendo quase autoerótica, em que o outro é uma presença etérea. Passou, beijou, sumiu. Ter relações sexuais, tudo bem, se envolver mais profundamente, não.

ANDRÉ: Essa impossibilidade de abertura para o encontro vai gerando muitos sintomas e adoecimentos. A diferença é que antigamente isso acontecia em razão de uma repressão sexual severa, e hoje surge mais em nome de uma proteção ao narcisismo. A Adriana fala também sobre essa falta de porosidade à presença do outro, que parece uma questão muito mais ampla do que só uma repressão no campo da sexualidade. Estamos falando aqui de uma disposição psíquica de abrir espaço para um encontro desarmado, que possa abarcar algo incontrolável sem que isso seja desagregador, desorganizador.

LUCAS: Nesse sentido, o medo de "fracassar" em uma relação e ter que assumir uma ferida narcísica por uma perda amorosa torna-se paralisante. Fica mais fácil se relacionar de uma forma desafetada, com vínculos dessensibilizados. Só que essa lógica defensiva vai aparecendo na clínica com muitos sintomas: adicções em pornô ou sexo virtual, parceiros em série, abuso de substâncias que possam assegurar esse "tamponamento artificial do vazio", também uma expressão da Adriana que acho muito afiada.

ANDRÉ: Outra referência interessante para pensarmos em tudo isso é o livro *A rosa mais vermelha desabrocha: o amor nos tempos do capitalismo tardio ou por que as pessoas se apaixonam tão raramente hoje em dia*[75]. A Liv Strömquist elabora sobre o status da sexualidade serial no nosso tempo e essa supervalorização da desejabilidade, esse imperativo segundo o qual o valor de cada um de nós é mensurado de acordo com a quantidade de pessoas dispostas a transar conosco de graça. Isso conversa bastante com o que a socióloga Eva Illouz[76] escreve sobre como o controle que os homens exerciam antigamente na sociedade foi transferido para o sexo e para a sexualidade, já que as mulheres passaram a ocupar lugares que antes não ocupavam. Se, muito tempo atrás, estar apaixonado era um motivo de orgulho, hoje o distanciamento emocional e a inacessibilidade tornaram-se um jeito eficiente de reafirmar poder pessoal.

A mentalidade tecnoneoliberal pressupõe que você pode (ou tem que) ser desejado por muitos. É a construção de uma arena em que vamos ter que performar certo distanciamento emocional se queremos vencer nesse jogo. E como isso vai se manifestar no nosso dia a dia? Numa sexualidade que é baseada em julgamentos muito rápidos e em uma dinâmica de competição. A internet torna-se um pequeno tribunal expresso, que funciona na velocidade dos 280 caracteres e vídeos de menos de 1 minuto. Os aplicativos de relacionamentos são construídos nessa premissa de avaliação instantânea: esquerda ou direita, gostei ou não gostei, merece ou não a minha nude. Isso volta no que você estava falando lá no comecinho sobre uma racionalização excessiva. São métodos calculistas que atrapalham o surgimento e a manutenção das relações. Até porque, muitas vezes, grande parte das pessoas está usando essa ferramenta como fonte de entretenimento, e não necessariamente quer criar laços verdadeiros.

LUCAS: Me parece que isso tudo também nos impede de fantasiar. O lance do conto de fadas, a cafonice do romantismo, tudo isso, realmente, ficou muito em baixa nos últimos anos. No século 21 em geral. Só que a fantasia amorosa tem uma função psíquica importante de fazer um trabalho de tentar segurar a inconstância e a instabilidade do desejo. Porque o desejo é muito impermanente, eu posso querer ou amar alguém hoje, mas amanhã, por algum motivo, já não estou mais muito a fim. Isso complica muito a nossa vida, sem falar na vida do outro. Então, a fantasia amarra essas pontas soltas do nosso desejo e fazemos esse pacto juntos. Isso é muito prático e muito útil para os dois lados. Existe uma praticidade em criar uma narrativa romântica na nossa cabeça, um conjunto de justificativas de por que esse outro é um sujeito perfeito, ou quase perfeito, para nós. E, aí, essa fábula mais ou menos delirante nos ajuda a navegar no âmbito social, na vida, porque é um "problema" a menos para ocupar a nossa cabeça.

ANDRÉ: Parece que essas fantasias ficaram mais frágeis. Quantas pessoas a gente vai escutar falando que pararam de seguir alguém depois de um post ou uma foto? Ou que encerraram uma conversa por causa de uma nude que não estava tão boa. Perdemos o intervalo de tempo em que me abro de alguma forma para a diferença e para a alteridade que existe no outro. Se não é igual ao que eu esperava, está fora, emparedado, bloqueado.

LUCAS: Por isso a gente pode pensar que tem muito do Imaginário aí mesmo. E isso não é necessariamente ruim. É Imaginário porque vem dar um sentido à vida, ao caos do Real, do absurdo, da existência. As religiões fazem isso, por exemplo. Quando a gente diz: "Peraí, a vida não tem sentido, mas vai ter sentido se a gente amar Deus, se a gente amar uns aos outros". Isso nos dá um relativo sossego para continuar vivendo com mais tranquilidade, sabendo o que a gente tem que fazer para ser feliz. A vida sem amor é uma vida sem sentido. Essa afirmação é meio curiosa porque, ao mesmo tempo que ela nos conforta, também parece que nos obriga a amar. E isso tem muito a ver com o que você falou antes, do quanto a gente consegue cuidar de um bebê que nasce desamparado e carente, e, se você não conseguir amar e desejar aquele bebê, é possível que ele nem sobreviva. Quando a gente diz que o amor é Imaginário, não quer dizer que ele é falso ou que não exista, quer dizer que ele é uma estratégia imaginária para dar conta da falta. Uma tentativa de bater de frente com o Real da separação, da perda e da morte, que, apesar de todos os nossos esforços, são inevitáveis, acontecem e vão acontecer.

Nietzsche[77] diz que o amor é o estado no qual as pessoas têm mais probabilidades de ver as coisas tais como elas não são. Só que ver as coisas como elas são o tempo todo é insuportável. Então, se o amor cega porque exclui um pouco do Real, o amor também nos salva porque exclui um pouco do Real.

ANDRÉ: Perfeito. E se a gente, nesse estado, vê as pessoas como elas *não* são, o que vamos buscar ou projetar é um tipo de compatibilidade. Uma lógica que geralmente limita bastante quem é desejável e quem não é. Quem é digno da minha paixão e quem não é.

É um pouco o que Amia Srinivasan, filósofa e professora da Universidade de Oxford, elabora no livro *O direito ao sexo*[78]. Ela fala do discurso disciplinador na cultura quando se fala em desejo, do tipo "eu tenho que sentir atração por esse ou aquele tipo de pessoa". No final das contas, isso também pode ser um mecanismo defensivo do Eu, como se ninguém (ou quase ninguém) estivesse à minha altura. Poderíamos permitir que a outra pessoa na nossa frente fosse mais desejável se não estivéssemos tão apegados a esses valores e ideais prontos que vêm da cultura.

Há um caso, por exemplo, no livro da Amia, de um sujeito gay casado que descreve seu parceiro como um homem gordo. Segundo o relato, eles têm uma vida sexual satisfatória, mas o homem diz que precisa constantemente autorizar o marido a se sentir sexy e tentar silenciar as vozes que o habitam que dizem que um corpo gordo não é sexy. Mas o corpo gordo também goza, o corpo não normativo também é erótico. É difícil recondicionarmos um desejo que está sendo politizado, domado, há séculos, mas podemos e devemos interrogar essas convenções. Assim, nosso desejo pode ficar menos achatado. É também uma forma de se reencontrar com a diferença e, quem sabe, restituir a nossa possibilidade de fazer algum tipo de laço.

LUCAS: Verdade. Sabemos como a idealização é necessária mas também traiçoeira no apaixonamento. A gente entra nessas corridas para achar a pessoa certa. Só que isso também é social e culturalmente construído, como você estava falando. E também é muito narcísico.

A gente parte de um referencial nosso do que é certo ou atraente e quer que o outro não seja nada diferente disso. Atropelamos a diferença e, aí, não tem encontro, porque não tem nenhum espaço para o desencontro. Perdemos, inclusive, a surpresa do prazer de descobrir que existem coisas no outro de que a gente vai gostar e que a gente não sabia que poderia gostar. E o pior é quando insistimos para o outro mudar, e aí, quando ele muda, subitamente perdemos o encanto. A gente fala sempre da idealização como algo a se evitar — essa idealização do Eu, do Outro, de qualquer coisa, até da psicanálise. Mas eu me pergunto também se desmistificar demais a paixão, se isso não compromete o apaixonamento. Existe paixão sem idealização? Creio que a gente tem que perder mesmo um pouco a razão quando se apaixona.

A idealização mais clássica do amor romântico também passa pela promessa de uma solução para a vida inteira. Só que a vida inteira é muita coisa! Eu sinto que a gente entende isso melhor hoje em dia e não compra mais tanto essa ideia do felizes-para-sempre. Não só porque a gente vive mais e tem mais opções, mas porque a gente vive muitas vidas dentro de uma mesma vida, e muda muito; então, esse amor para a vida inteira ficou mais improvável. As pessoas casam menos, e muito mais tarde. E o quanto cabe nessa fantasia amorosa você saber que pode se interessar por um terceiro indivíduo ou saber que até está apaixonado por esse segundo, mas pode flertar com o terceiro ou ficar com ele – o que pode ser uma traição ou não, dependendo muito do nível de hipocrisia ou conservadorismo de cada um. Só que essa narrativa de apaixonamento que você conta para si mesmo e para o seu par garante muita coisa também, te ajuda a navegar um pouco mais nos seus desejos, nas suas expectativas.

ANDRÉ: É. E isso necessariamente vai passar pelos embates e debates sobre monogamia, poliamor e não mono. Alguns analistas têm realizado discussões muito interessantes sobre como a monogamia é tão fundamental para a psicanálise quanto o gênero. E se a gente quiser andar com psicanálise, a gente vai ter que trabalhar nessas duas frentes. Por exemplo, a Brigitte Vasallo, escritora e ativista, faz perguntas muito poderosas, como "o exclusivo vai mesmo nos trazer a felicidade?"[79]. Ela também faz um estudo muito curioso sobre a monogamia que tem se disfarçado de poliamor. Um discurso neoliberal que vem vendendo laços divertidos, alegres, modernos, livres, sem dor, orientados pela acumulação, por uma liberdade individualista radical e muito descuidada, que, às vezes, acaba remontando às mesmas opressões às quais, teoricamente, se opõe. Até porque, quando a gente fala de amor livre, existe uma grande confusão, porque muita gente pensa que o amor livre não pode ser encontrado numa relação de exclusividade. Só que a liberdade é justamente poder decidir o que fazer com o meu desejo, dependendo do momento e das circunstâncias.

Muitas vezes, esse enunciado sobre um relacionamento aberto mascara exatamente essa posição antipaixão, que é uma posição que vai cultivando um certo cinismo em nós. Algo que termina num desprezo pelo outro e, inclusive, num desprezo pelo amor. "Ah, não, eu só estou aqui para conseguir me satisfazer", como se aceitássemos a morte de Eros, nos entregando de vez ao império do gozo. E a vida passa a ser isso.

Pra não ficarmos só numa *bad vibe* aqui, sugiro resgatarmos a "Trilogia do amor" da bell hooks, em especial o *Tudo sobre o amor*[80]. É muito bonito quando ela fala do amor como potência, e de como uma sociedade amorosa é uma sociedade mais interessante para se viver. Só que o amor não está dado, o amor é uma construção cotidiana. O amor só vai se tornar realidade se a gente lembrar que o amor é uma ação, o que significa que a gente precisa conseguir praticar o amor, qualquer que seja nossa definição do que é amor. Assumir mesmo uma responsabilidade, um comprometimento com essa ação e com esse aprendizado. Porque, afinal, do momento em que a gente acorda ao momento em que a gente dorme, também está aprendendo e reaprendendo a amar. A gente está numa cultura que valorizou muito o amor como fantasia, mas pouco a arte de amar e a arte de aprender a amar. Eu acho que a gente pode se transformar bastante com essa ética mais amorosa.

LUCAS: É isso, André. E tentar não rebater o pavor da dependência emocional com uma ideia de independência radical. Ou conter a loucura do apaixonamento com uma tentativa absoluta de racionalização.

ANDRÉ: Acho que a gente pode deixar aqui. E seguir pensando...

LUCAS: E se apaixonando?

ANDRÉ: Aí é você que me diz.

Ø6 No limite do TESÃO

O que dá forma e contorno para a nossa energia sexual? Hormônios, imagens, estímulos sensoriais, aspectos psicológicos e um grande mistério que a psicanálise vai alocar pelos arredores daquilo que nomeamos desejo.

O mundo de hoje transborda de pornografia, trocas de nudes, corpos sarados, suplementos e procedimentos estéticos, aplicativos facilitadores de encontros e uma indústria de conteúdo adulto que ganha as massas e sai da obscuridade. Mas, apesar de todo esse excesso, o tesão ainda permanece um assunto, em parte, isolado, proibido, mascarado e até desimplicado. Tudo é sobre sexo, mas não estamos necessariamente transando tanto assim — essa parece ser a curiosa tônica do nosso tempo.

Habitamos um mundo pós-liberação sexual, um progresso em movimento desde os anos 1960, no qual métodos contraceptivos ajudaram a emancipar o prazer sexual para além da função reprodutiva; e onde pessoas LGBTQIAP+, em diversas culturas, passaram a explorar sua sexualidade com menos vergonha e pudor. Nas últimas décadas, passamos por movimentos intensos de valorização do bem-estar, o que resultou numa preocupação ainda maior com a aparência, com a força e o desempenho do corpo. Ao mesmo tempo, movimentos sociais foram desafiando a cultura e o mercado a expandir as noções do que é bonito, expandindo a gama de corpos percebidos como atraentes. Ao menos em tese.

Nos últimos anos, no entanto, pesquisas[81] em diferentes lugares do mundo vêm apontando que jovens e adultos estão fazendo menos sexo que as gerações passadas. As hipóteses são muitas, pois os fatores envolvidos são múltiplos, e é esse enigma que nos propusemos a investigar neste capítulo: o que está acontecendo com a nossa libido?

Em primeiro lugar, uma hipótese pertinente no campo psicanalítico é que, se a neurose do início do século 20 era principalmente sobre a repressão da libido, a do século 21 talvez seja sobre o imperativo do gozo. O exercício da sexualidade não é um direito conquistado e exercido por todos de forma igualitária, mas é evidente que o mercado e a indústria cultural trouxeram a sexualidade para o cerne do consumo, e que avançamos muito na liberdade para falar e habitar o universo do sexo.

No entanto, em um mundo dominado pelo imperativo *sex sells*, é no mínimo irônico que estejamos nos desinteressando pelo sexo em si. Talvez porque as coisas tenham mesmo ficado muito serializadas e automatizadas; uma espécie de deserotização da sexualidade, como se ela se resumisse apenas à possibilidade de um orgasmo conveniente a qualquer hora. Qual é a influência da tecnologia nesse tema? Já que nos conectamos tanto virtual e imageticamente, será que o encontro dos corpos perdeu a relevância? O jogo da sedução perdeu a graça para os jogos on-line do videogame? Ou é a cultura do cansaço compulsivo e os impasses da saúde mental que estão tirando a nossa disposição para essa atividade que deveria ser, acima de tudo, sobre prazer e não performance?

Quando lançamos esse episódio do podcast, muitos ouvintes comentaram sobre a urgência do assunto. Um seguidor resumiu da seguinte forma: "Parceiro sexual, no meu caso, é artigo de luxo". Isso até soa negativo, mas também é positivo; porque significa escassez, porém também há desejabilidade. Para outros ouvintes, o episódio ajudou a levantar algumas questões: "Afinal, estou transando o bastante? Existe o bastante?". Ou mesmo: "Estou conseguindo falar sobre o exercício da minha sexualidade?".

É importante não sermos levados pela lógica do desempenho e acreditar que a quantidade de atividade sexual é um equivalente à satisfação sexual. Para isso, o melhor que podemos fazer é escutar o que nossas fantasias mais secretas têm a dizer (aquelas que ainda não foram parar nas nossas redes sociais).

* * *

ANDRÉ: Nunca antes na história se consumiu tanta pornografia, até porque a gente nunca teve tanto acesso a material pornográfico.

Segundo a plataforma PornHub[82], o Brasil está entre os dez países que mais consomem pornografia no mundo. Cerca de 22 milhões de brasileiros assumem consumir esse tipo de conteúdo[83] e 1 em cada 4 brasileiros assume assistir a esse tipo de conteúdo durante as horas de trabalho[84]. Além disso, a gente vive uma verdadeira explosão no mercado de produtos eróticos, especialmente vibradores e sugadores de clitóris, que vêm atingindo recordes de aumento de vendas desde a pandemia[85].

LUCAS: Curiosamente, existem muitos indícios de que a gente anda transando menos. São muitos estudos que mostram como, há alguns anos, estamos praticando menos relações sexuais, com menor frequência, com mais rapidez, iniciando a vida sexual mais tarde ou até perdendo completamente o interesse por sexo, um fenômeno inédito especialmente entre os mais jovens.

ANDRÉ: Segundo um estudo[86], o número de jovens dos Estados Unidos de 18 a 29 anos que declararam não ter feito sexo nos últimos doze meses quase dobrou entre 2008 e 2018. Daí são muitos os termos que tentam dar conta desse contexto: apagão sexual, miséria afetiva, recessão da sexualidade, para citar alguns. É o que a socióloga Eva Illouz chamou de "a era da intimidade fria"[87]. É impressionante que, mesmo com tantos discursos de libertação sexual desde a segunda metade do século passado, a prática em si venha tomando caminhos que ninguém esperava.

LUCAS: Sim... Caminhos intermediados por aplicativos, por uma socialização instrumentalizada, hiperconveniência, gadgets para tudo e para todos. Como será que tudo isso afeta a nossa subjetividade na relação com o desejo sexual, a libido, o gozo? Ainda que se fale, pense e se consuma tanto conteúdo sobre o sexo, o que está acontecendo com o nosso prazer erótico? Bom, acho que não há tema mais psicanalítico do que esse, né?

ANDRÉ: Começando pelo começo, dá para retomarmos um dos textos mais importantes do Freud, *Três ensaios sobre a teoria da sexualidade*[88]. É um texto bem ousado, principalmente para 1905, em que Freud propõe que a pulsão sexual não só contribui para a formação dos sintomas, mas que "é a única fonte energética constante da neurose e a mais importante de todas". Lucas, fazendo uma psicanálise meio selvagem aqui: você acha que é tudo sobre sexo?

LUCAS: Não! Mas este capítulo é.

ANDRÉ: Certo! (risos) Há uma análise do Contardo Calligaris[89] que diz que não foi Freud que decidiu que o sexo estaria no centro da indagação psicanalítica do inconsciente, foi o cristianismo dos primeiros séculos que fez com que o sexo formasse o núcleo do reprimido. Freud foi, como dizem muitos dos seus críticos, pansexualista. Nessa direção, eu acho interessante como a psicanálise nos ajudou a expandir o jeito como entendemos a sexualidade. Para começar já com polêmica, a sexualidade está presente em nós desde a infância. Se a gente pensa no bebê kleiniano, a sexualidade já está lá. É impressionante que, mais de um século depois, a gente ainda bata nessa tecla de que as crianças são puras e imaculadas e que a sexualidade é só aquilo que conseguimos lembrar.

> ✕
>
> A psicanalista austríaca **Melanie Klein**, uma das principais autoras e pensadoras da história da psicanálise, investigou profundamente o misterioso desenvolvimento infantil. Ela nos mostra como a sexualidade pré-edípica norteia o caminho para o reconhecimento e a integração das figuras parentais no complexo de Édipo, quando são reconhecidos como objetos totais no lugar dos objetos parciais.

LUCAS: Foi bom você já trazer *Três ensaios* e essa questão da sexualidade infantil. Gosto muito de um vídeo do Christian Dunker, no seu canal "Falando nisso" no YouTube, que se chama *Sexualidade na infância*[90]. É um ótimo conteúdo para pensar sobre o desafio da educação sexual e como as repressões e fantasias que criamos sobre a sexualidade infantil precisam ser endereçadas de alguma forma, ou se tornam traumas bem difíceis de se atravessar na vida adulta.

ANDRÉ: Então, se o nosso inconsciente é povoado pela sexualidade infantil, inclusive na idade adulta, temos que pensar sobre como o discurso da moral e dos bons costumes, do "protejam as crianças", acaba também sendo violento quando condena a criança a uma série de repressões que vão levar muitos anos (ou uma vida) para serem desenroladas. Uma coisa é pensar em como ajudar as crianças no seu desenvolvimento psíquico, defendendo-as de violência sexual e abusos; outra coisa é tentar negar completamente que a sexualidade faz parte do desenvolvimento infantil, ainda mais considerando o excesso de conteúdo sexual que povoa a cultura nos dias de hoje.

Se a gente vai para uma discussão de gênero e estudos queer, o quão violenta pode se tornar essa repressão? Inclusive pensando em pais que deixam de ser afetuosos com seus filhos por medo de incentivarem uma sexualidade não normativa. Nesse sentido, o texto *Quem defende a criança queer?*[91] do filósofo Paul Preciado é fundamental para nos provocar. A meu ver, a gente deveria abrir mais esse assunto, trazer a sexualidade para dentro da educação, porque, se os cuidadores abrem mão desse cuidado, é a internet, a pornografia e a publicidade que vão educar... E a gente que lide com os efeitos que isso terá lá na frente.

LUCAS: Pois é, André. Eu queria voltar para a questão ideológica do cristianismo e pensar nessa realidade paradoxal de que parece que o sexo está mais presente, ao mesmo tempo que não está mais tão presente. Será que existe hoje uma des-repressão do sexo e por isso ele também passa a acontecer menos, pois se torna menos proibido e interessante? Podemos fazer algumas especulações aqui sobre esse fenômeno.

Vemos hoje esses movimentos de assexuais ou arromânticos, que muitos vão apontar como um tipo de "anormalidade", ou como sintoma, mas não podemos inferir nada disso sem escutar sobre o sofrimento desses sujeitos. Não podemos também ser caretas e moralistas e afirmar que todo mundo deveria fazer sexo desse ou daquele jeito, ou com uma determinada frequência. Isso não existe. A sexualidade é plástica, singular, e vai representar sim um pouco do tempo que a gente vive, mas, no fim, cada um faz o que quiser (ou o que conseguir) com a sua própria sexualidade, desde que respeite os limites do outro.

Eu fico pensando se essa baixa na libido se trata de uma renúncia pulsional, mas me parece que não. Talvez seja um esvaziamento, como se estivéssemos gastando muito, gastando demais com outras coisas além do sexo, já que a neurose do século 21 é marcada por um imperativo do gozo. O gozo é sobre livre usufruto: "Eu vou gozar disso, vou fazer uso disso". Hoje, a gente goza de vários direitos, inclusive do direito de gozar. Só que um gozo que é sem limites não dá espaço para o desejo, porque o desejo nasce da falta e da castração, que impõe limites. Você não pode gozar infinitamente, ainda que a cultura esteja tentando nos convencer disso. Dessa forma, tudo isso me parece ser uma grande crise do desejo.

ANDRÉ: Concordo. Dá pra juntar nessa sua fala as pressões pela intensidade, pelo controle e pelo espetáculo. Quantos analisandos chegam na clínica com essa queixa a respeito da sua performance? "Eu não consigo ser ou fazer do jeito que tinha que ser, no número de vezes que tinha que ser, como eu vejo nos filmes pornôs".

Para complicar, como sentenciou Lacan, o desejo é flutuante. A gente não só não sabe exatamente o que deseja, mas vai, necessariamente, ficar pulando de galho em galho. E por convivermos com tantos objetos externos que prometem nos dar esse gozo, de forma tão intensa e contínua, parece que a gente vai se afastando da nossa "sexualidade individual". Daí é ladeira abaixo: nos entupimos de trabalho, de consumo, do que tiver pela frente para jamais termos que enfrentar esse "monstro". E, aí, o sujeito se frustra, se apaga, se deprime. Em contrapartida, vêm os excessos de masturbação, traições, sexo virtual, brinquedos sexuais e pornografia para dar uma compensada.

LUCAS: Investigando mais sobre a pornografia, vale lembrar que, na sua origem, na sua definição etimológica, pornografia (de *pornographus*) significa, literalmente, "escrito sobre a prostituição". É uma descrição da vida e dos hábitos das prostitutas e dos seus clientes. De forma, inclusive, a desvincular o erótico do afetivo, porque isso ajuda a não evocar objetos incestuosos. Seja nos livros mais antigos, nos filmes ou nas plataformas de streaming, a pornografia sempre foi prioritariamente comandada pelos homens para os homens, pelo menos até pouco tempo atrás. Hoje, felizmente, existem outros nichos e algumas atualizações dessa realidade. Inclusive, as brasileiras estão entre as maiores consumidoras de pornografia no mundo, uma estimativa de 33% das brasileiras[92], em comparação com a média global feminina, que é de 25%.

Indo mais longe, as imagens provocativas de seminudez estão em todos os lugares. Você não consegue mais abrir uma aba de busca nas redes sociais sem ser invadido por tais conteúdos: imagens de corpos supostamente perfeitos, em que você, obviamente, clica. Por que não clicar? E, aí, ficamos reféns desse interesse para sempre. Por mais que esse interesse não seja contínuo e ininterrupto em nossa vida e em nossa rotina, o algoritmo faz com que ele tenha que ser. A gente sabe que essas imagens nos iludem e que a pornografia mente. Mente sobre o prazer, sobre corpos, sobre consentimento. E a gente sabe da mentira, mas isso faz diferença para o nosso psiquismo?

A pornografia poderia ser um estímulo a mais para o desejo, mas há muitas teses de que ela vem empobrecendo nosso desejo, que já não anda lá muito bem. É como se fosse uma hiperestimulação que causa dessensibilização. Os centros de recompensa do cérebro perdem sua capacidade de excitação. Há diversos estudos científicos[93] que provam como a pornografia agrava a inibição e o isolamento social, sem falar no complexo de inferioridade consigo mesmo e com o outro.

ANDRÉ: Essa palavra, "inibição", é uma chave para a nossa análise, porque, quando a gente pensa no sujeito adicto em pornografia, acredito que o que está inibido é sua capacidade de trilhar a fantasia erótica com imagens internas. Quando estou viciado em consumir uma fantasia já montada e idealizada, isso também a empobrece dentro de mim, porque eu não consigo mais criar esse processo sozinho.

Obviamente, a masturbação e o autoerotismo são importantes para a investigação sexual do sujeito a respeito de si mesmo, mas é difícil não relacionar esse alto consumo de pornografia com o culto da conveniência que a gente vive, segundo o qual tudo tem que ser muito rápido, fácil, sem tempo a perder, inclusive o gozo sexual. Mas como fica o outro nessa história? Parece mais prático se resolver sozinho mesmo.

LUCAS: Concordo que a ideia aqui não é demonizar a pornografia, mas perceber como ela está moldando e talvez reduzindo a nossa sexualidade ao invés de expandi-la. A pergunta é: o que ela anda fazendo com a sua economia libidinal?

Afinal, a pornografia está estimulando a fantasia erótica? Sim e não, né? Talvez seja um estímulo tão direto e visceral que não incentiva a nossa capacidade de acessar imagens ou criar histórias que não estão efetivamente ali. Quais são as narrativas que entram em cena? Quais são as imagens internas? As memórias e projeções, por exemplo. Há muitas formas de se chegar lá. Para a psicanálise, a fantasia erótica nos salva do Real, mas também pode nos aprisionar no Imaginário. Será que a sua fantasia é a sua própria fantasia? Ou é uma fantasia que você está comprando do outro, da cultura, do seu grupo de amigos? A gente tem que conseguir deixar alguma coisa para o espectro imaginativo desse Imaginário. Só que, quando pensamos nesse caminho maníaco de infinitas abas de um navegador, da eficácia dos sites pornôs, de como está pronto para consumo, parece que tudo nos leva a querer gozar rápido, ou gozar muitas vezes, mas curtir pouco.

E, aqui, um parêntese etimológico sobre *curtir*. Desculpa, Mark Zuckerberg, mas *curtir* não é dar um *like*. *Curtir* vem de apreciar, de aproveitar, de suportar uma certa passagem do tempo, de inclusive aguentar não encerrar a brincadeira na hora. É algo que foi *curtido* pelo tempo. Tem uma coisa tão temporal aí, de acúmulo de tensão, de acúmulo de tesão, uma lógica na qual liberar a tensão não é só chegar ao orgasmo, mas sentir e se entregar a um percurso de prazer e exploração do prazer.

ANDRÉ: Muito bom isso que você falou. Me faz lembrar de uma pesquisa[94] do Sexy Hot, em que os entrevistados respondiam a seguinte pergunta: "Por que assistir pornô?". Entre as respostas mais frequentes, uma delas é "ver e aprender situações e posições" — que é o que a gente estava falando sobre a pornografia ser também investigação e descoberta. Mas outras justificativas entre as mais mencionadas são: "sentir prazer livre e individual", "válvula de escape em caso de desilusão, solidão ou carência". E isso vai pra área do instantâneo mesmo. Há outra cilada aí, que é deslocar, através dessas imagens e desse empobrecimento da fantasia, a sexualidade inteira para o prazer genital, deserogenizando o corpo como um todo.

LUCAS: Perfeito. Isso resgata as premissas básicas da psicanálise: as pulsões são parciais, a sexualidade não é só sexo, e o sexo não é só genital.

ANDRÉ: Exato. As zonas erógenas são áreas do corpo que estabelecem elos libidinais pelos laços sociais com o outro, gerando um modelo de fantasia para aquele sujeito. Elas vão desenhar os caminhos de prazer e desprazer em um corpo. A sexualidade é muito mais complexa do que penetrar ou ser penetrado; também está no tocar, sugar, cheirar, beijar, olhar, falar, escutar, acariciar, segurar, soltar, prender, liberar e tudo o mais que o ser humano puder imaginar.

LUCAS: Nesse sentido, me parece que tanto a pornografia quanto os aplicativos, as redes sociais, OnlyFans etc., todos esses produtos e serviços poderiam ser ótimas preliminares, mas acabam operando muitas vezes como fins em si mesmos. Parece que morre ali. Certamente esses aparatos ajudaram muita gente a encontrar novas formas de prazer, principalmente durante a pandemia, mas também foi a desculpa perfeita para esses comportamentos assumirem uma função sexual sem contato nenhum, uma sexualidade *touchless*.

ANDRÉ: E altamente performática. O Théo Lerner, sexólogo que atua no Hospital das Clínicas da USP, tem uma fala interessante sobre como os relacionamentos passaram a ser conduzidos como um tipo de videogame: baixa tolerância à frustração, troca frequente de parceiros e foco exclusivo no objetivo final, "vencer o jogo", a sexualidade genital[95]. Vai tudo virando uma forma de entretenimento, frequentemente guiada pela ética da competição. Uma oposição muito curiosa de que, quando o sexo é tão fácil de obter, o desejo por fazer sexo também diminui ou se torna muito mais exigente.

LUCAS: Sim. Eu estava vendo uma matéria da *Vice*[96] com a seguinte hipótese: a coisa mais sexy que pode existir hoje é você não estar nas redes sociais. Estar off-line, não exposto, se tornou extremamente atraente. Primeiro, porque transmite uma autoconfiança de não precisar se colocar na vitrine, à venda no mercado. E, segundo, significa que a gente vai ter que "se ver" para "se ver", e conversar para conversar, e se conhecer para achar que se conhece. Porque hoje, antes de topar sair com alguém, a gente vai fuçar a vida dessa pessoa digitalmente e o mistério ficou muito escasso. Só que o mistério é o ingrediente secreto para o desejo.

Existe sempre uma tendência também de a gente querer investigar motivos para não querer sair, transar ou namorar com alguém. No ambiente on-line, isso fica muito fácil porque, por mais que as imagens estejam todas muito bem selecionadas e editadas, vai ter uma de que você não gostou muito, ou uma parte daquele corpo de que você não gostou tanto. E isso é o suficiente. Pronto, você já larga o produto na prateleira e segue pelo corredor em busca de alguém mais perfeito. Muito chato, né? E assim seguimos atrás de alguém cada vez mais inexistente ou inatingível. Aquele *crush* que tem não sei quantos mil seguidores e que provavelmente nunca vai dar bola para você. Com essas metas inatingíveis, não tem outra saída a não ser a gente se encaminhar para o **dating burnout**.

> ✕
>
> Geralmente ligada ao excesso de trabalho e cansaço, a Síndrome do **Burnout** tem sido relacionada, também, aos aplicativos de encontros. Muitos sujeitos digitais se queixam de uma fadiga das interações como trocas de mensagens, vídeos, nudes, que, muitas vezes, acabam em sumiços, *ghosting*, mensagens não respondidas, discrepâncias entre imagens digitais e encontros não virtuais. No lugar de facilitar os encontros, essas tecnologias vão promovendo um acúmulo de frustração e ansiedade para muitos. Daí o sujeito se esgota e ainda experimenta uma dificuldade crescente de distinguir o que são relações ou apenas conexões digitais.

ANDRÉ: Podemos abrir aí dois dos problemas que me parecem os mais graves sobre os aplicativos de relacionamentos e as tecnologias de escolha. Um é essa saturação do ideal: corpo perfeito, carreira ideal, gosta de pets, viaja, é interessante. Parece que transar virou uma entrevista de emprego. E claro que a decepção será muito grande, porque obviamente a pessoa não é aquele ideal que foi saturado. Ou, ainda, é exatamente o que você imaginava e aí também não sobrou nada para desbravar, então descarta. *Thank you, next.*

O outro problema é essa ênfase na visualidade. A gente sabe que ver e ser visto é parte fundamental de como a gente se relaciona e se atrai pelo outro. Mas, nessa lógica de tecnologia de escolhas, a visualidade se tornou, praticamente, a única porta de entrada. Sem visualidade, não tem nada. *Manda foto, manda vídeo, manda nude.* É aí que voltamos para o que a socióloga Eva Illouz chamou de intimidades frias. Ela foi uma das primeiras acadêmicas a estudar redes e aplicativos de relacionamento, considerando o impacto das gigantes da tecnologia e das práticas neoliberais nas relações sociais e no amor. Eva fala da sociedade do capitalismo emocional e das emoções como commodities. Não é à toa que muita gente vai chamar o Tinder e o Grindr de supermercados do sexo. Rápido, fácil e altamente intercambiável, encaminhando-se para relacionamentos esvaziados, transacionais, narcísicos demais e povoados por imagens muito enganosas do Eu. No fim, sabemos que tudo que entra nessa chave do desempenho excessivo do Eu acaba, como você falou, em sentimentos de cansaço e solidão.

LUCAS: E no fracasso, né? Numa sensação de que a performance não está funcionando. Você falou de solidão, daí fico pensando no fenômeno das *sex dolls*, aquelas bonecas com finalidade sexual que acabam se tornando parceiras imaginárias. Será que caberia a gente falar para alguém que se relaciona íntima e profundamente com um boneco que se trata de um objeto e não um sujeito? É uma objetificação de um sujeito ou uma subjetificação de um objeto? Ao mesmo tempo que parece meio assustador, dá até uma esperança de que ainda há alguma coisa viva e pulsante nessa cena.

ANDRÉ: Interessante... Só tem que pensar se não existe aí uma relação muito perigosa com a superobjetificação do outro, especialmente do corpo feminino. A gente sabe que os conteúdos mais assistidos em plataformas de pornografia são vídeos que trazem um teor de agressão e estupro, o que é lamentável e preocupante. Como a psicanalista e doula Mariana Stock nos disse na conversa desse episódio: "Nunca foi ensinado às mulheres os desejos de querer, só o direito de agradar".

LUCAS: Sim, a Mariana fala sobre a diferença entre saber e experimentar no campo da sexualidade. Ao mesmo tempo que nunca se estudou tanto sobre o corpo feminino, com descobertas que nos surpreendem por serem tão recentes, ainda existem muitas mulheres que se sentem distantes da liberdade de experimentar a própria sexualidade, justamente por estarem presas a esse lugar de "ter que dar prazer". E aí vem também um alerta sobre o fato de que nunca se vendeu tanto vibrador e sugador de clitóris, o que a princípio é algo que deve ser visto com otimismo. Por outro lado, quando a gente associa toda a sexualidade diretamente a um brinquedo erótico também estamos diminuindo tudo para o campo do genital, como já falamos. E isso é limitante, porque a sexualidade precisa circular pelo corpo.

É interessante pensar em tudo isso, porque o prazer feminino está aí não só pelo aspecto de um direito conquistado, mas nessa virada do sexo como uma questão de saúde, a noção de bem-estar sexual, o autoconhecimento erótico — tendências que cresceram tanto nos últimos anos com vários desdobramentos mercadológicos e midiáticos. Isso tem a ver com derrubar preconceitos milenares, sair de um lugar de ignorância com o próprio corpo, de obscuridade da sexualidade feminina, de aprisionamento e de baixa autonomia sobre o seu próprio prazer. Esses são temas muito controversos, mas que precisamos abordar. A última pesquisa da USP, por exemplo, diz que 1 em cada 5 brasileiras nunca experimentou se masturbar[97].

ANDRÉ: Ou mesmo que 79% das mulheres já fingiram ter orgasmos durante as relações sexuais[98]. É legítimo e necessário, portanto, esse movimento de exploração do prazer. São rituais de descoberta que ajudam muitas mulheres a viverem uma nova fase de autorreconhecimento. No entanto, temos que sempre ficar atentos quando o mercado se apropria de alguma coisa, quando caímos nesse lugar de que, para destravar a sexualidade individual, a gente precisa de algum tipo de aparelho ou produto.

Primeiro, por gerar essa tensão do prazer programado, de que o orgasmo tem que ser possível de ser atingido em qualquer hora, esse orgasmo *smart*. No fim, quem pode pagar por isso? Quem pode ter acesso a esses aparelhos e experiências da sexualidade *on-the-go*? Segundo, quando tudo está tão absolutamente mediado por acessórios e recursos externos, é como se a gente se desinvestisse e desacreditasse no nosso próprio potencial de encontrar prazer. Do tipo, só consigo gozar se tiver isso ou aquilo, uma câmera ou um OnlyFans, mediações obrigatórias. Terceiro, vale fazermos uma provocação sobre a semiótica desses novos aparelhos, vibradores, sugadores, *sex toys* de uma forma geral. É tudo bem *clean*, zen, tons pastéis, ou naquelas cores mais saturadas que parecem brinquedo de criança. Tudo bem arredondado, cantos aparados, como se a sexualidade precisasse ser só diversão, fofura, superlimpa, asséptica. Como se a sexualidade não tivesse elementos negativos envolvidos nela.

Para fechar, a psicanalista Joyce McDougall[99] tem um argumento de que a descoberta da sexualidade só rivaliza, em qualidade traumática, com a precoce descoberta da autoridade e a revelação da inevitabilidade da morte. Algumas pessoas nem sequer aceitam a universalidade desses traumas e todos nós os negamos, nos mais profundos recessos das nossas mentes. Não é à toa que, no mundo dos sonhos, somos todos mágicos, bissexuais e imortais. A sexualidade é sempre traumática. Quando entendemos isso, a gente também passa a respeitar o valor do trauma. O traumático é necessário. Escutamos na clínica, por exemplo, sobre pais que querem proteger muito os seus filhos e não querem que eles tenham traumas. Esses seres humanos não vão ser viáveis para a convivência em grupo, porque a cultura e a sociedade sempre traumatizam.

Há muita coisa relacionada ao sexo que talvez estejamos tentando controlar ou higienizar, como sempre fizemos, mas agora com outros recursos. É o trabalho do Foucault[100], da história da sexualidade e todas as formas, discursos e sistemas de repressão do corpo. É nesse embate que a gente (ainda) está. Controle e descontrole, o que pode e o que não pode. Porque uma coisa é combater o assédio, outra é tentar imaginar uma sexualidade sem nenhuma objetificação. Não dá. A sexualidade passa por fazer do outro objeto do meu desejo e fazer de mim o objeto de desejo do outro. Sem isso não há sexualidade. Mas há, no contemporâneo, uma tendência a acreditar que podemos tentar tirar completamente todo o jogo de poderes da cena[101].

Nos limites do consentimento, toda versão de sexualidade é legítima e ninguém deveria ter a arrogância de autorizar ou desautorizar o prazer de ninguém. Poderíamos, na verdade, encontrar mais espaços para afrouxar o Eu, encontrar-nos com a alteridade do outro, descobrir-nos, descobrir o outro, ir mais longe nessa pesquisa. E nos levar menos a sério também, deixar-nos menos posicionados nesse lugar de ser *o ideal* ou de transar só com *o ideal*. Talvez esse seja um caminho para uma sexualidade um pouco mais livre e que reacenda novos interesses.

LUCAS: Muito bom esse bloco final, acho que podemos deixar por aqui.

ANDRÉ: Combinado, vamos seguir pensando...

LUCAS: E pesquisando.

07 Eu, VOCÊ e mais ninguém?

No Valentine's Day de fevereiro de 2022, a apresentadora e chef de cozinha Bela Gil fez um post que repercutiu bastante. Segundo o breve texto publicado no seu Instagram, ela e João Paulo Demasi, com quem foi casada por quase vinte anos, viviam um relacionamento aberto. "Desde sempre desacreditei nas mono(culturas)!", sentenciou. O conteúdo impulsionou o falatório nas redes e surgiram diversos comentários na mídia a respeito da relação do casal. De um lado, "frilas de Supereu" empilharam julgamentos e até agressões, acusando a apresentadora de ferir a moral, as supostas leis de Deus e de promover libertinagem disfarçada de liberdade. De outro, vieram elogios à coragem de "se assumir", incluindo colocações dúbias do tipo "eu não concordo, mas respeito".

De acordo com o Google Brasil, buscas com o termo "não monogâmico" tiveram uma alta de mais de 250% entre 2018 e 2022[102]. Em contrapartida, a busca por "dia dos namorados" tem diminuído consideravelmente. O que vemos pairando na cultura é um certo fascínio pela expansão da gramática relacional, incorporando expressões como "amores livres", "relações abertas" e outras formas de adotar ou apenas flertar com a ideia de não monogamia. A temática passou a povoar conversas e pautas não só de canais mais alternativos, mas também dos veículos de notícias da grande massa. Os conteúdos têm abordagens diversas, de glossários que tentam elaborar e definir os novos formatos de relação, até histórias sensacionalistas, no melhor estilo *clickbait*, com chamadas do tipo "após 'casar' com nove mulheres, modelo brasileiro ganha destaque nas redes sociais".

O interesse por essa discussão revela que estamos em um campo semântico em amplo movimento, permanentemente disputado e ressignificado por diferentes forças ideológicas nas últimas décadas, como analisa o cientista social Antonio Cerdeira Pilão em *Infinitos amores: um estudo antropológico sobre o poliamor*[103]. E mesmo que você talvez já tenha uma opinião supostamente definida sobre o assunto, essa é uma questão que continua (e continuará) nos atravessando, muitas vezes sem contexto ou claquete. Uma série, um episódio de podcast, um post, um bate-papo com amigos, a descrição na bio de um *crush* no app de relacionamentos. E então um casal que você conhece experimenta um novo formato não monogâmico. Dá certo, não dá, separam, você leva pra análise, leva para o parceiro ou parceira. E aí, será que tentamos? Como fazer? Como fazer do nosso jeito?

Enquanto isso, a psicanálise vai nos relembrando como a vida é feita de histórias de buscas (e desvios) nas tentativas de entendimento e domínio do nosso desejo; sempre flutuante, instável, complicado. Envolver-se emocionalmente ou mesmo "só" sexualmente com o outro (ou com muitos outros) é uma forma de aumentar as chances de sentirmos amor e prazer, mas é também colocar algumas coisas em risco. É abrir as possibilidades para a insegurança, o ciúme, a inveja, a culpa, a traição, os segredos e as mentiras.

Em teoria, o pacto monogâmico nos poupa de muitas crises, com a ilusão de segurança oferecida por uma norma amplamente difundida. Mas e se a norma for deixando de ser a norma? Para muitos, refletir sobre a não monogamia tem sido, sobretudo, compreender que o sistema monogâmico não é um fenômeno exatamente natural, mas sim uma prática aprendida. E que tomamos como exemplo os modelos de relacionamento que encontramos na família, na sociedade, na cultura (dos mais bem-sucedidos aos mais fracassados), mas podemos, no ritmo e na coragem de cada um, questionar tais concepções, furar os sentidos e expandir a nossa moral. Como diz o psicanalista inglês Adam Philips, "nem todo mundo acredita em monogamia, mas (quase) todos vivem como se acreditassem"[104].

No coração dessa infinidade de sentimentos e interrogações, pulsa o que a escritora e ativista Brigitte Vasallo resume em sua obra *O desafio poliamoroso: por uma nova política dos afetos*[105], a partir de uma pergunta afiada: a promessa de exclusividade nos trará mesmo a felicidade? Segundo a autora, a monogamia se afirma como uma rua sem saída, um "infelizmente inevitável" que nos diz que temos apenas uma escolha: "ou ela, ou eu; ou comigo, ou contra mim".

Considerar relações não monogâmicas é recusar esse impasse, é negar a sentença de vida ou morte. Não por acaso, no prefácio da edição brasileira dessa mesma publicação, a psicóloga e mestra em psicologia social Geni Núñez propõe uma relação interessante entre a suposta inevitabilidade do sistema monogâmico e o lema da ditadura militar: "Brasil, ame-o ou deixe-o". É a monogamia como um modo de organização social e mental que exige um obediente alinhamento às normas, alavancada por um discurso de progresso e embalada como um produto de felicidade suprema. Mas, cada vez mais, sabemos que o mundo real não é bem assim.

Novos pensadores e pensadoras do contemporâneo, como Vasallo e Núñes, fazem parte desse movimento que nos convida a questionar o sistema que promete que a entidade "casal-padrão" é o ingresso VIP para acessar espaços e contextos sociais tão nobres e seletos. E que a instituição casamento não precisa ser um passo fundamental e inegociável em direção às nossas melhores versões. "Solteiro? Deu algo errado?!... Solteira? Pior ainda!" O espetáculo monogâmico distribui e retira privilégios e, articulado ao modo de produção capitalista, racista, patriarcal e heterocentrado, promove inúmeras violências contra os corpos que fogem às suas predeterminações.

O fato é que ainda há muito a se escutar e discutir sobre o tema. Como alertou uma das ouvintes desse episódio do podcast, o oposto do sistema monogâmico não deveria ser um mero arranjo relacional. Até porque muitos modelos vão apenas replicar valores monogâmicos, como algumas concepções de "relação aberta" que seguem colocando o casal no topo da hierarquia afetiva e incentivam uma sexualidade serializada que acaba consumindo outros corpos sem qualquer compromisso com o cuidado. A própria acumulação de parceiros pode terminar consolidando uma liberdade individualista, irresponsável e, por vezes, baseada nas mesmas opressões às quais teoricamente se oporia. Em resumo, é a "monogamia disfarçada de poliamor", um discurso que promete laços mais divertidos, modernos, livres, sem qualquer dor, mas que esconde e perpetua uma falta de sensibilidade. São novas relações não monogâmicas baseadas apenas na maximização do capital sexual e na mercantilização dos corpos.

Mas, então, como praticar o exercício de amar e se deixar ser amado em uma cultura que prioriza a aceleração do gozo, a descartabilidade e a competitividade? Que desafios existem na formação dos vínculos sexuais e amorosos e nos combinados que sustentam e protegem tais vínculos? Será que o desejo pode se embrenhar em algum lugar que não é nem monogâmico nem poligâmico, mas uma terceira via secreta?

O que está em jogo é uma nova política dos afetos na qual se possam fazer escolhas mais conscientes, autônomas, éticas e humanizadas, independente do modelo de relação em que você está ou desejaria estar. É pensar a respeito do que a monogamia e a não monogamia têm a nos ensinar sobre amor, ciúmes e posse; o que nos estimula a pensar na potência dos vínculos que estabelecemos. Além, é claro, de nos convocar a bancar, cada vez mais, o nosso desejo.

Por tudo isso, "Eu, você e mais ninguém?" é essa interrogação, um convite para expandir os conceitos e deslizar os sentidos.

✳ ✳ ✳

ANDRÉ: O que significa namorar, casar ou ter um relacionamento a dois nos dias de hoje? Que tipo de compromisso amoroso está ganhando força ou, talvez, perdendo a relevância?

LUCAS: Se, até pouco tempo atrás, a exclusividade sexual ou afetiva era a principal característica de uma relação, o que será que configura hoje um pacto de namoro ou casamento diante de tantos novos formatos de relacionamento?

ANDRÉ: Segundo o IBGE, os brasileiros estão se casando menos e ficando menos tempo casados[106.] O número de divórcios no país segue batendo recordes, e, de acordo com outra pesquisa do IBGE, o tempo médio entre a data do casamento e a data do divórcio era de cerca de 16 anos em 2010; em 2021, caiu para 13,6 anos[107]. Acompanhamos hoje, em alguns contextos sociais, um estímulo e até certa pressão para não casarmos ou para experimentarmos relacionamentos abertos, poliamorosos e outros modelos não monogâmicos.

LUCAS: Para complicar, tudo indica que a gente está vivendo numa época em que o Eu vem sendo bastante cultuado e idealizado. Será que ficou mais difícil abrir espaço para o outro e para o amor? Ou será que o amor mudou? Virou o quê?

Este capítulo propõe uma reflexão sobre o que acontece na nossa relação com o resto do mundo quando embarcamos num relacionamento. Para isso, vale retomarmos um pouco da história e da função do que a gente conhece por monogamia. Apesar de a monogamia ser o tipo de arranjo-padrão hoje em dia na maioria das culturas ocidentais, ela não existe desde sempre. É uma invenção humana. Dá para dizer que é uma invenção religiosa, mas a religião também é uma invenção humana.

Como um tipo normativo de estrutura familiar, a monogamia surgiu para acompanhar as mudanças socioeconômicas, ou seja, está atravessada pela história do capital, como uma forma de controlar a reprodução e assegurar o legado dos bens materiais. É sobre promover a filiação e controlar a ordem, e o progresso, nas questões de herança e hereditariedade. E, antes disso, podemos até pensar naquele modelo da tribo, do mito do pai da horda primitiva, que o Freud detalhou muito bem no texto *Totem e tabu*[108]. Também dá para ver no *Game of Thrones*, né?

ANDRÉ: Começamos bem.

LUCAS: Pois é. A monogamia acabou sendo uma estratégia social de evolução na história do ser humano. Mas, há algum tempo, andamos nos questionando mais e mais se essa estratégia ainda se faz necessária. Ou, ainda, *para quem* ela é necessária?

ANDRÉ: O que vem sendo mais tensionado hoje é se o casamento e até o amor romântico continuam sendo instituições que dão conta das nossas subjetividades. É curioso pensar que parece que não há um novo modelo para colocar no lugar, e é aí que se instala uma crise. O amor romântico é um tipo de amor que foi inventado lá no século 17, e nos foi enfiado goela abaixo, principalmente dos anos 1940 para cá, por muitas indústrias culturais, entre elas Hollywood. O que eu acredito é que as pessoas, ou pelo menos algumas pessoas, estão agora tentando ser um pouco mais criativas nas formas como estabelecem esses pactos; já que os conceitos de "felizes para sempre" e "príncipe e princesa" não estão mais colando muito.

Essa desconstrução não é simples, e isso aparece muito na clínica. Ainda mais considerando que a gente é bombardeado por imagens, filmes, músicas, propagandas, séries, memes, o que mais vier, sobre o *crush* perfeito, "casamento às cegas", *"you are the one"*. São objetos culturais que insistem na ideia de "eu e você, você e eu", e nada mais existe.

O que está em crise, no final das contas, é o modelo do banquete de Platão, que é essa história tão antiga de duas metades se encontrando e virando uma só. Os deuses colocando a gente nessa sacanagem de tentar achar a nossa metade e, a partir daí, nada mais importa. Alma gêmea. É curioso, porque a gente escuta e lê isso até hoje. Como se, com a formação do casal, você não fosse mais sentir desejo ou interesse por outra pessoa. O que cabe nessa cena é construir uma família, viajar, consumir, casais inteligentes enriquecem juntos. São várias alegorias que a gente vai enfiando nessa história e anabolizando as expectativas de que esse relacionamento tem que dar conta de muita coisa, de uma estrutura familiar, comunitária, social, religiosa. Como se o amor romântico — e monogâmico — tivesse que dar conta de tudo na nossa vida.

LUCAS: Sim. E dar conta também de controlar a sexualidade humana, principalmente a das mulheres. Porque, quando a gente pensa na monogamia, com certeza existe aí uma forma de tentar manter o patriarcado. É uma tentativa muito bem-sucedida de controlar a sexualidade feminina, mas também não funciona muito bem. Funciona muito mal, na verdade. Um *tweet* da socióloga Marília Moschkovich, de uns anos atrás, ficou bem famoso dizendo simplesmente: "a monogamia mata". Pensando que 70% dos feminicídios acontecem porque envolvem algum caso de traição ou suspeita de traição e que hoje procriação não tem mais uma relação tão direta com o exercício da sexualidade — para muita gente esses domínios já estão bem diferenciados —, a ideia de monogamia vai se conectando cada vez mais ao controle da sexualidade feminina. Também vale lembrar que o Brasil bateu recorde de feminicídios em 2022[109].

Um outro fator para pensar nesse tema é que homens gays parecem menos adeptos à monogamia. É comum eles permitirem que os homens com quem se relacionam também se relacionem com outros homens. A monogamia heterossexual está vinculada à heteronormatividade, um tanto compulsória. E, para a mulher, a gente sabe que, até muito pouco tempo atrás, ela era colocada exclusivamente em dois lugares: ou para casar ou para transar. Sendo que, geralmente, as para transar já eram mulheres marginalizadas na sociedade ou que viriam a ser marginalizadas, justamente porque tinham uma conduta sexual mais libertária. A mulher casada que transa com vários homens ou com várias pessoas representa ainda o ápice do escândalo, não cabe na sociedade.

ANDRÉ: E, aí, tem um século de quebradeira nessa história, em que a monogamia, a família, os novos lugares da mulher, tudo isso não é mais o que garante a sobrevivência da espécie. Revolução sexual, pílula anticoncepcional, terapia hormonal, os movimentos feministas e LGBTQIAP+, subculturas alternativas, tudo isso dissociou radicalmente sexo de procriação. Estamos criando um espaço para questionar a relação monogâmica como regra universal, assim como estamos questionando a norma universal do amor heterossexual. Até porque, como diz Brigitte Vasallo, grandes sistemas andam juntos e, nesse sentido, não dá para derrubar a monogamia sem implodir, por exemplo, os binarismos de gênero.

Também achei curioso você falar de *Totem e tabu* no começo, porque fala justamente dessa interdição do incesto. É isso que funda a civilização: não transar com seus familiares. Aí, a gente vai ver pensadores como Judith Butler[110] e Paul Preciado, nessa interseção entre questões de gênero e questões queer, nos provocando a entender que, talvez, exista uma interdição ainda mais profunda, que é a interdição à homoafetividade, esse trauma do gênero, abrindo espaço para procurar rearranjos, frestas na norma, subversão, fissuras. É nesse lugar que a gente está.

LUCAS: Sim, em alguns cantos da cultura. Mas, em geral, o lugar que a gente está é esse contexto ocidental católico, cristão ou judaico, no qual tudo que não for a monogamia heterossexual ainda é tido como algo pecaminoso. O que é curioso, porque podemos também pensar, como disse o Christian Dunker, que "o casamento é uma espécie de perversão consentida"[111]. Afinal, estamos entregando ao outro um grande poder sobre o uso e abuso do nosso corpo e dos nossos desejos. Na linha: "Como assim, você agora manda no meu desejo? Então, em contrapartida, eu também vou mandar no seu".

ANDRÉ: Bom, então vamos começar a definir e separar algumas coisas. Como pensar nesse glossário das relações, Lucas?

LUCAS: Bom, do lado oposto à monogamia, está tudo que cabe na não monogamia. A poligamia, por exemplo, enquanto sistema comum em várias culturas, mas não na nossa, em que existe o direito legal do homem de se casar com mais de uma mulher. Esse é um tipo de estrutura socialmente aceita em países como Arábia Saudita, Somália ou Marrocos. A poligenia é a relação de um homem com duas ou mais mulheres, e a poliandria, a relação de uma mulher com dois ou mais homens.

Outro termo importante para destrincharmos, em oposição à monogamia, é o poliamor, que autoriza a coexistência de relacionamentos múltiplos e significativos. É um movimento em defesa de relacionamentos sexuais e afetivos mais livres, com várias pessoas simultaneamente; puxando a discussão para a importância de questões como consentimento, transparência nas relações e também para uma fluidez maior de gênero e de orientação sexual. Dá até para pensar no poliamor como uma manifestação da emergência da bissexualidade na cultura, porque tem a ver com conciliar relações amorosas com experiências sexuais de uma forma mais ampla, na onda desse crepúsculo da heteronormatividade, desse "dois" pensado como homem e mulher.

ANDRÉ: A psicanalista e escritora Regina Navarro Lins está bem debruçada sobre essas questões e tem uma fala de que gosto bastante: "Depois de todas as revoluções que a gente vem listando, amar virou um verbo mais plural"[112]. Estamos abrindo esse significante e as possibilidades de viver e explorar essa noção do amor romântico, tentando conciliar relações amorosas e afetivas com experiências sexuais mais livres. Acho interessante essa visão de uma tentativa de conciliação.

LUCAS: Me lembra algo que os adeptos, estudiosos e teóricos do poliamor falam: dos formatos/acordos geométricos associando-os com letras do alfabeto. Por exemplo: tem o "v", no qual há três pessoas e dois vínculos naquela relação. Ou um "N", em que você encontra quatro pessoas com diferentes formações de vínculos. Ou um "T", no qual se percebem diferentes níveis de intensidade e distâncias entre cada um dos sujeitos nessa relação. E tem o tempo também, como fator a ser considerado. Um lance pode durar duas semanas ou dois meses, ou mudar, ou durar uma noite, criando esse abecedário de diferentes formas de se conectar com as pessoas para além do um-e-um exclusivo e para sempre enquanto dure.

ANDRÉ: É instigante essa imagem que você trouxe, porque parece um abecedário do entrelaçamento, como se a gente estivesse tentando criar novos vocabulários e articulações para o ato de amar, adicionando novos campos semânticos à nossa gramática relacional. Acho importante também falar que bancar uma relação não monogâmica não é algo simples. É enfrentar paradigmas e construções muito arraigadas na cultura e nos valores familiares. A Brigitte Vasallo[113] fala inclusive do quão desafiador é imaginar novas possibilidades em um mundo que está estruturado para a célula casal. Esse casal que, de certa forma, parece também ser o último e único refúgio contra um mundo radicalmente individualista e obscenamente hostil. Ela diz que "acabar com esse vínculo sexo-afetivo (único, exclusivo e hierárquico) sem abrir outras perspectivas comunitárias é também expor-se a uma solidão que é real em um mundo igualmente real, neste território de desamparo que habitamos, de indiferença generalizada em relação ao destino de seus semelhantes". No fim, isso nos convida a pensar em uma pergunta fundamental: afinal, o que é uma relação? Que construção eu quero ou consigo estabelecer com o outro?

LUCAS: Exato. E já que a permissividade dos modelos de poliamor talvez assuste alguns — dando a impressão de que se trata de uma grande orgia anárquica —, há uma outra configuração um pouco mais amigável e difundida também, que é a ideia de "relacionamento aberto".

Desembaraçando essa expressão, podemos pensar que o relacionamento monogâmico também pode ser aberto, no sentido de que ele possa sustentar uma abertura, um respiro, para que o meu desejo e o desejo do outro circulem para além dessa relação. Creio que a gente tem cada vez mais dificuldade (e com razão) de ficar naquele sufocamento da cobrança, de tentar chegar a uma disponibilidade absoluta, de si e do outro, porque essa é a grande cilada do amor romântico enquanto um produto que estamos adquirindo. "Aberto" e "fechado" são termos que a gente usa para falar de relacionamentos, mas a gente pode olhar para eles com mais cuidado, pois não precisam dizer exatamente poliamoroso ou monogâmico.

Vale a pena também chamar a atenção para um ponto que acompanha a proposta de uma relação aberta, que é essa imagem de parecer uma pessoa mais evoluída, de não ser um sujeito possessivo, alguém que consegue performar um tipo de desapego muito radical. Há até um aspecto espiritual nisso; não religioso, mas espiritual. Como se o religioso garantisse a boa moral e o espiritual garantisse uma alma que é desprendida e transcendental, que você vai conseguir transcender o seu incômodo, o seu ciúme, a sua inveja, a sua insegurança, tudo. A proposta vira um problema se a gente pensa que tudo é "apenas" uma questão de mindset, uma questão de autocontrole, de que você vai conseguir ser a melhor versão de si mesmo, e essa versão não vai sentir nenhum sofrimento, vai conseguir lidar com uma relação sem passar por nenhuma crise, nenhuma discussão, nenhum momento de ciúmes. Aí já vira uma pressão social para ser um sujeito moderno ou pós-moderno. Líquido, né? Obrigado, Bauman[114].

Esse sujeito pode ser muito interessante, potente e feliz. Mas também me parece importante não ficarmos muito identificados com essa vontade de ser uma pessoa bacana, progressista, desconstruída, não conservadora, a qualquer custo. E continuarmos atravessados e presos a um discurso, mas pelo seu inverso.

O que não dá para fazer é jogar para baixo do tapete alguns afetos que são importantes e que são constituintes nossos, que fazem parte da nossa estrutura psíquica. E que vêm de casa, da infância, da filogenia, da relação que os nossos pais tinham ou têm, que vêm do nosso Édipo. Porque não importa quanto post de Instagram sobre não monogamia a gente leia e compartilhe, o nosso **complexo de Édipo** está incrustado lá nas entranhas da nossa mente, do nosso inconsciente. Então, a gente vai ter que se haver com isso.

ANDRÉ: Eu concordo, pois cada relação vai convocar um novo tipo de acordo. É relação a relação, desejo a desejo. É o modo como o desejo está implicado naquela junção, seja de dois, três, quatro, ou uma rede afetiva. É interessante o que você trouxe, porque essa questão chega muito tensionada na clínica. Quantos analisandos não chegam a essa questão de "eu deveria ter um relacionamento aberto?"... Nosso trabalho é também devolver a pergunta com: "Mas peraí, você quer um relacionamento aberto?". É conseguir investigar o que está depositado nesses significantes "aberto" e "fechado". Quer exclusividade, para quê? Quer pegar geral, para quê? Está tentando garantir ou evitar o quê? Temos que abrir essas expectativas que estão colocadas, para que a gente consiga, no final, fazer alguma separação entre intimidade e ilusão de controle.

Até porque, em muitos casos, todo o discurso de "quero uma relação não mono" é, na verdade, uma forma de tentar burlar a castração.

✕

Resumindo um dos conceitos mais centrais da psicanálise: no início da vida, toda criança se identifica com a figura da mãe/cuidador, sem separação. É uma espécie de saco de dormir de prazer no qual não falta nada. Quem destrói esse sonho é a passagem pelo **Édipo**. A criança descobre que não é fonte absoluta de prazer do outro. Mesmo apenas em fantasia, a ideia de incesto é traumática na estruturação psíquica.

Essa é a castração simbólica que faz com que o sujeito se saiba limitado, sujeito à lei e submetido à cultura. A partir daqui, vai sempre faltar algo para a fantasia da completude narcísica. A tragédia do Édipo faz a instauração do desejo. É a interdição que nos livra de sermos apenas um alvo do amor parental pelo resto da vida; é a prova de que estamos sempre envolvidos em amor, morte/destruição e culpa.

O que vai de encontro às relações ditas não monogâmicas que, na verdade, são cooptadas por uma lógica individualista e consumista. E daí o poliamor se torna uma "monogamia com mais pessoas".

LUCAS: Para aprofundar essa discussão com um bom embasamento teórico, de quem pesquisa e escreve sobre amor e relacionamentos, vou trazer aqui a contribuição da nossa querida colega psicanalista Ana Suy[115]. Para ela, essa questão dos números no relacionamento funciona mais ou menos assim: numa relação a "dois", a gente teria duas pessoas tentando fazer "um", porque esse é o empuxo que a gente tem nesse campo, de desaparecer subjetivamente no outro. Mas a tensão entre "um" e "dois", na verdade, deveria ser sempre "três", porque precisa haver um intervalo, um espaço entre as duas pessoas. O poliamor pode ser uma forma de ampliar esse terceiro entre o um e o outro. Pode-se pensar, a princípio, nesse ampliar como um tipo de afastamento, mas ampliar também pode significar uma aproximação.

O "terceiro" enquanto uma terceira pessoa, ou como um terceiro simbólico, pode mesmo gerar um conflito e um drama para as relações. Mas tudo isso é sobre a gente não ter o nosso desejo rigorosamente realizado pelo outro o tempo todo, e isso é bastante saudável. A constituição familiar mais tradicional que existe, de mãe, pai e criança, já extrapola em muito a dinâmica de "dois", porque uma hora, a mãe dessa criança não vai estar dando amor, atenção e prazer para ela, a menos que seja uma mãe psicotizante. Uma hora, essa mãe vai estar dando isso para outra pessoa, ou mesmo para ela própria, vai sair para trabalhar, deixar a criança aos cuidados de alguém, ser feliz de outra forma para além da função materna.

Há um termo importante que é a ideia da "compersão", que seria o sentimento de ficar feliz pelo fato de o outro estar realizando o seu desejo com outra pessoa. Ficar inspirado ou até excitado com isso: "Olha como é interessante esse meu parceiro ou parceira, que consegue realizar seus desejos, mesmo que neste momento não seja comigo". André, você acha que é possível sentir essa tal de compersão ou isso é utópico demais?

ANDRÉ: Acho possível, mas vai dar um trabalho hercúleo para chegar lá. A análise vai ajudar, porque não é um sentimento "puro", tem aspectos mais primitivos que vamos precisar elaborar para não recalcar e explodir depois. Isso está muito ligado a, por exemplo, entender que o outro não vai ser tudo, o outro não vai ter tudo. E muito menos você vai ser tudo para o outro. Tem que faltar alguma coisa, vamos sempre perder alguma coisa. E o amor, qualquer que seja o arranjo, também é sobre saber perder.

LUCAS: Sim, e o desejo fala tanto, né? Tem a questão da indestrutibilidade e da dialética do desejo. Você não vai conseguir destruir o desejo, e você pode muito bem desejar e não desejar uma coisa ao mesmo tempo. Isso é perfeitamente natural, humano, neurótico. Então, sempre vai existir algum conflito psíquico, isso é constitutivo do sujeito. Você pode estar desejando duas pessoas ao mesmo tempo ou desejando uma pessoa proibida, desejando não a desejar. São conflitos de Id com Supereu e de Id com Id mesmo.

No senso comum, quando a gente fala de desejo, pensamos geralmente em desejar algo. Ter um alvo, uma meta, um lugar. Eu desejo conhecer tal cidade, ou adquirir esse objeto, ou ter a ilusão de possuir tal pessoa. Mas, para a psicanálise, o desejo é um fim em si mesmo, é autofágico. Como argumenta o filósofo Kojève, o desejo busca mais desejo. Então ele não vai se fixar em um único objeto. Isso posto, vamos ter que abrir mão de algumas demandas específicas para poder deslizar com esse desejo de um jeito mais ou menos livre e desimpedido. É a ideia de *wanderlust*, que o psicanalista Bruce Fink[116] traz a respeito do desejo, como uma sede por continuar vagando.

ANDRÉ: É boa essa imagem que você traz sobre o desejo que vai vagando, porque também podemos refletir sobre como o mercado se apropriou disso de forma um tanto nociva. Me vem a imagem do dedo na tela do celular deslizando no aplicativo de relacionamento. Esse encaixe quase perfeito que parece que aconteceu entre interesse afetivo/sexual e a lógica do consumo. De novo, o amor não é nem deveria ser um objeto a ser consumido, mas está difícil de entendermos essa distinção. No fim do dia, esses recursos são tecnologias de escolha, comparação e idealização. Com isso, não quero dizer "saiam dos aplicativos!", mas acho importante a gente se perguntar se, quando a gente está ali naquela errância incessante, aos tropeços, se estamos dispostos a encarar também o que não está na vitrine, o que não está sendo exposto ou dito, o que é misterioso naquele outro, o que é estranho naquele outro, inclusive para esse próprio outro que se apresenta ali como se soubesse exatamente quem é e o que tem a oferecer.

Quando as coisas caem na lógica do consumo, é muito fácil querermos trocar de produto, antes mesmo de terminar de pagar o parcelamento. É um problema de escala também. São tantas opções à venda que deve haver alguém "mais perfeito" para mim, para minhas exigências enquanto consumidor. E aí, no lugar de lidar com a realidade, corremos o sério risco de ficarmos presos no fantasma do ideal.

LUCAS: Que cilada!

ANDRÉ: É essa febre do novo, esse culto da novidade, né?

LUCAS: Sim, é sobre o novo, mas também o novo como chance de atualizar o antigo. Realizar um desejo que é anterior. Como diz aquela frase, que a internet geralmente associa ao poeta Paul Valéry, "o que há de melhor numa coisa nova é aquilo que satisfaz um desejo antigo". Por exemplo, com você eu tenho *isso*, faço sexo *assim*, digo "eu te amo" desse jeito, mas aí surge uma outra pessoa que parece satisfazer desejos que eu nem sabia que tinha, que estavam ainda mais escondidos ou reprimidos. É curioso, né? Porque não tem fim mesmo.

ANDRÉ: Aí deu jogo. E é um jogo que está bem além do suposto match, da compatibilidade tecnologicamente perfeita, porque talvez o desejo esteja exatamente no incompatível.

LUCAS: No que está oculto, no que você não sabia que você gostava ou queria.

ANDRÉ: Precisamente, o que nos leva às aulas iniciais de psicanálise: não sabemos tudo sobre nós mesmos, porque nossa psique é cindida em Eu/Ego, Supereu/Superego, e Isso/Id. Simplificando, existe essa porção inconsciente, esse estranho que nos habita. Se a gente não sabe tudo sobre si, é óbvio que não sabemos tudo sobre o outro. É exatamente a impossibilidade da transparência absoluta que mantém viva a relação. Se fica muito translúcido, muito cristalino, perde a graça. O apaixonamento requer um mistério. Ninguém quer, necessariamente, dormir com o inimigo, mas, se a gente der sorte numa relação, acho que vai estar sempre dormindo com um estranho.

LUCAS: Esse é o estranho que pode estar fazendo falta em uma relação a dois, e um terceiro pode vir para despertar o estranho em mim, o estranho no outro, e reacender uma relação que ficou morna.

ANDRÉ: Mas e o ciúme, hein?

LUCAS: Quando se abre a conversa para relações não monogâmicas, sempre vem essa pergunta, né? "Mas e o ciúme?" Só que vale lembrar que a monogamia por si só não evita o ciúme e não garante exclusividade para o nosso inconsciente. Não precisamos recorrer a pesquisas científicas para saber que existem tantas e tantas pessoas tendo relações monogâmicas baseadas em traições, reais ou imaginárias, e em dinâmicas de ciúmes que envolvem bastante sofrimento e violência. Ciúme é sinônimo de amor? Existe amor sem ciúme?

O ciúme vai fazer parte de alguns pacotes, em algumas relações, com mais ou menos intensidade. De algum jeito, vamos ter que saber lidar com isso; e lidar não é exatamente tentar destruir ou dizer que não existe. Tem esse perfil de sujeito, bem contemporâneo, que alega ser mais desconstruído que a média, e afirma que o ciúme é uma construção social. Usa isso inclusive como pretexto para ser um sujeito desafetado emocionalmente. Eu discordo, porque um animal enciumado é capaz de matar outro animal numa disputa. Ou mesmo os nossos animais de estimação, que dão shows de ciúme interessantíssimos na relação com os humanos. E mesmo que o ciúme fosse uma construção social, não é porque é uma construção que a gente vai necessariamente conseguir abrir mão disso.

Ninguém quer ficar numa posição subjetiva de desvalor, mas a gente tem que saber suportar essa posição um pouco também, sem sucumbir completamente por causa disso. É aquela história de saber ocupar para também conseguir desocupar. Porque é muito interessante reconhecer que um terceiro tem alguma coisa que eu não tenho e que, de repente, eu gostaria de ter. Isso não vai me destruir, não vai tirar um pedaço meu. É poder reconhecer que isso desperta a atenção da minha parceira ou do meu parceiro. Ou que desperta a minha atenção mesmo, às vezes até mais do que do meu par.

É por isso que o ciúme freudiano[117] no estágio 3, que é aquele delirante e paranoico, tem tanto a ver com a homossexualidade. É a velha e boa teoria que liga a psicose paranoide com a homossexualidade, porque você está nesse momento tão enfeitiçado pelo seu rival, pelo seu concorrente, que não deixa de ser um tipo de apaixonamento, uma idealização descabida. E há o ciúme projetivo também, que é quando você não reconhece e admite a sua própria vontade de ficar com um terceiro e aí projeta isso na sua dupla, como se fosse um desejo da sua parceira ou parceiro.

ANDRÉ: Quanto material para análise nessas cenas, né? O ciúme é espinhoso, porque ele é um cutucão na nossa ferida narcísica. "Como assim eu não sou uma fonte absoluta de prazer, admiração, amor?" Quando alguém acredita que está acima de qualquer incômodo de ciúmes, precisamos escutar com atenção, porque é possível que haja uma repressão tão intensa aí que, quando isso emergir, as consequências sejam imprevisíveis.

No fim, é preciso um certo combinado sobre o que configura uma traição. Porque pode ser algo tão simples quanto assistir sozinho a um episódio da série que os dois assistem religiosamente juntos. Há uma pesquisa sobre expectativas em relação à fidelidade que diz que 70% das pessoas não discutem com os parceiros o que se considera uma traição naquela relação[118]. Afinal, baixar um aplicativo de encontro ou trocar umas mensagens de flerte com uma pessoa anônima... Pode ou não pode?

Eu estava lendo uma pesquisa cujo título é "O pecado da infidelidade"[119], que é de um site de relacionamentos extraconjugais. Dos brasileiros que estão nessa plataforma, 83% afirmam procurar satisfação sexual em casos extraconjugais ou fora dos seus casamentos. Ao mesmo tempo, mais de 70% dos entrevistados acreditam que a religião deveria seguir ensinando para as pessoas que sexo é apenas para procriação. Então, olha que interessante! A psicanálise arqueou sobrancelhas há mais de cem anos, examinando como a sexualidade vai muito além do genital e está presente na gente desde a infância, mas ainda estamos nessa sombra do pecado. Apesar de alguns discursos libertários, o Brasil ainda é um país profundamente conservador?

LUCAS: É, me parece que o mais difícil é encararmos que não temos controle total do nosso desejo, nem do outro. E, nesses combinados com o outro, com a família, com a Igreja, sempre vai haver alguns desalinhamentos, e esses combinados vão ter que ser atualizados em algum momento. E isso dá trabalho. O que seria uma fidelidade total e absoluta? Seria ser fiel ao seu desejo? Ao pacto? Ao gozo? Há tanta coisa em jogo, não é tão simples assim. A gente pode, talvez, escolher um pouco onde trair mais e onde trair menos, mas talvez alguma traição sempre exista, nem que seja na nossa cabeça. Podemos olhar com bastante suspeita para essas falas imaculadas de "eu nunca traí", porque isso pode nos trazer uma certa redenção também.

ANDRÉ: Muito bom, Lucas... Vamos deixar aqui?

Ø8 Melhores
AMIGOS

Fulano começou a segui-lo. Você nem sabe quem é, mas segue de volta. Tem aquele outro, com quem você nunca interagiu e nem sabe onde mora, mas que adora comentar nos seus posts. Há também os que ficam na zona cinzenta entre *crush* e amizade, mas nunca aprofundaram muito nenhuma conexão. São centenas ou milhares de seguidores, e a vida pessoal e íntima vai sendo compartilhada e exibida, supervalorizada ou banalizada. O que tudo isso significa para o campo das amizades? Quais afetos entram mais em cena... E quais andam um tanto escassos, em vista dessa exagerada digitalização das relações?

Pesquisas recentes indicam uma suposta recessão das amizades ou uma espécie de atrofiamento social. Tudo isso apesar (e talvez por causa) do expansivo número de pontos de contato que o sujeito contemporâneo vem estabelecendo com tantos outros indivíduos ao longo do dia e ao longo da sua vida. O fato é que habitamos uma época em que existe mais interesse pela intimidade do outro no espaço midiático, ao mesmo tempo que experimentamos um déficit de intimidade para além das telas. Como concluiu um estudo dos anos 1980 com jovens adultos, a separação física era o motivo mais comum para o fim das amizades[120], e talvez essa continue sendo uma grande verdade do *homo socius*.

A tese atual é de que o transbordamento de conexões contrasta com laços sociais mais rotos. É um número incalculável de conhecidos, desconhecidos, colegas, fãs, amigos de amigos... E, no meio disso tudo, também está esse grupo tão peculiar: os amigos. E, no meio dos amigos, os melhores amigos.

Uma pesquisa nos Estados Unidos apontou que o número de pessoas que dizem ter um melhor amigo caiu de 75% para 59% nos últimos trinta anos[121]. O fenômeno parece ser ainda mais crítico para o gênero masculino, no qual 1 em cada 5 homens solteiros afirma não ter nenhuma amizade próxima. Enquanto isso, uma pesquisa realizada em 2023 com 2.500 brasileiros concluiu que 28% das pessoas afirmam ter no máximo um amigo próximo[122]. Segundo sociólogos e psicólogos que investigam relações de amizade, esse fenômeno contribui para a formação de indivíduos com dificuldade de se expressar emocionalmente e, consequentemente, para uma sociedade mais violenta.

Quando publicamos esse episódio sobre amizade, foram muitas as mensagens que recebemos sobre quão sensível é esse tema. Amizades superficiais, transacionais demais, lógica do desempenho, relações tóxicas, *ghosting*... Há uma vasta gramática relacional que, para muitos, tem corroído as amizades no contemporâneo. As dúvidas passam por "o que é um amigo?", "como definir quem é amigo de verdade?" e até mesmo "tudo bem uma amizade simplesmente acabar?". O encerramento de uma amizade é especialmente dolorido, como bem detalha a psicóloga Irene S. Levine[123] em seu livro sobre BFFs (*best friends forever*). Sim, precisamos ter mais conversas e conteúdos que nos ajudem a refletir sobre o impacto das amizades em nossas vidas.

Muitos pensadores na história articularam sobre a função da amizade, e é sempre útil retomarmos um pouco dessas bases. O filósofo Cícero destacava a necessidade da reciprocidade nos vínculos. O controverso Nietzsche tinha uma visão bastante cética, afirmando que o mais comum é a gente chamar de amigo quem nem amigo é. A feminista Simone de Beauvoir ressaltava a importância da liberdade como condição inegociável em uma relação de amizade, um canal de troca e convívio que pode ser, inclusive, bem menos possessivo que o amor romântico.

E a psicanálise? O que ela tem a contribuir nessa reflexão sobre a importância dos amigos (e dos melhores amigos) na nossa vida, na nossa saúde mental e plenitude emocional? Seria a amizade um campo seguro e compreensivo para descobrirmos e expressarmos a nossa própria identidade? E até nos autoconhecermos melhor? Sim, sabemos que amizade não é sinônimo de terapia, mas com certeza é bem terapêutico. Por isso, a proposta deste capítulo é pensar e repensar sobre os lugares da amizade, das novas às antigas. E também levantar algumas hipóteses de como a amplificação das redes vem afetando as relações com nossos amigos.

* * *

LUCAS: Intimidade, cumplicidade, escuta, presença, empatia. Peraí, você está conseguindo entregar *tudo* isso para *todos* os seus amigos? Será que ficou mais difícil manter as amizades hoje em dia? E fazer novos amigos ficou mais fácil? Ou não necessariamente?

ANDRÉ: De acordo com alguns estudos, metade dos brasileiros se sentem sozinhos[124], um número acima da média mundial. Mesmo antes da pandemia, o nosso senso de proximidade e comunidade já não ia muito bem e parece que o problema, ou o vazio, só aumentou. Segundo uma pesquisa organizada pela Associação Brasileira de Psiquiatria, 1 em cada 5 brasileiros tem menos amigos do que antes da pandemia[125]. A economista inglesa Noreena Hertz[126] chama o nosso tempo do "século da solidão", que é inclusive o título de sua obra. Mas por que esse sentimento é tão intenso justamente quando se vive com tantos recursos de conexão?

LUCAS: Muitos de nós já ouvimos falar do número de Dunbar[127], um índice criado pelo antropólogo e psicólogo evolucionista Robin Dunbar que tenta quantificar o número de amigos que a gente pode ter em um certo momento da vida. Seria uma espécie de limite cognitivo que a gente tem para conseguir dar conta de relações mais ou menos estáveis. Antes, as pesquisas indicavam camadas sucessivas de 15 bons amigos, 50 amigos e 150 contatos significativos. Mas será que, no ritmo atual da vida, esses números ainda se sustentam?

ANDRÉ: O que será que está por trás disso? Seria uma questão de falta de confiança generalizada? Em uma pesquisa da Ipsos, que apresentou a pergunta "você confia no próximo?", o Brasil aparece em último lugar entre 30 países pesquisados[128]. Apenas 11% responderam que sim, bem abaixo da média global de 30%. Confiança me parece um atributo bem importante, né? E o que mais? Lucas, conta pra mim quem é seu melhor amigo e o que você acha dele?

LUCAS: Olha, André, vou começar abrindo o jogo e dizendo que eu gosto muito desse assunto, porque amigos são muito importantes na minha vida. E quero confessar também como é bom ter você como melhor amigo. Criar, trocar e trabalhar com aquele de quem a gente também é amigo, admira e com quem tem afinidade é um privilégio muito grande. Então, quero lhe agradecer por essa parceria intelectual. É uma prova de que a amizade pode ser muito potente como uma forma de expandir o nosso repertório, enriquecer nosso simbólico, aprender com o outro, descobrir coisas novas.

ANDRÉ: Que legal começarmos como uma manifestação de afeto! Eu também agradeço muito pela nossa amizade e por conseguirmos elaborar ideias e sentimentos juntos. Esse me parece ser mesmo um dos grandes benefícios e maravilhas das amizades. Eu estava lendo o pequeno conto da Clarice Lispector chamado "Uma amizade sincera"[129], o que me faz pensar que a gente tem aqui uma amizade muito sincera. O conto fala sobre como a amizade é matéria de salvação e também uma forma de sair da solidão que todo espírito tem no corpo. Com a perda da escritora Lygia Fagundes Telles, circulou um vídeo muito bonito dela[130] contando da amizade que ela tinha com a Clarice, de quando elas estavam em uma conferência de literatura que se revelou uma grande chatice, daí elas saíram e foram para um bar.

Essa amizade das duas era muito interessante e nos fala exatamente desse exercício de elaboração com os amigos, que, na minha opinião, é um dos maiores presentes ou amparos da vida. Sem os amigos é mais difícil estar vivo. Quantas vezes os amigos não fazem aquele frila de analista e nos dizem umas coisas que a gente não está escutando sobre nós mesmos. Um dos trechos favoritos da Clarice, para mim, é: "Eu disse a uma amiga: 'A vida sempre superexigiu de mim'. A amiga disse: 'Mas lembre-se de que você também superexige da vida'". E Clarice respondeu: "Sim".

LUCAS: Pois é. E como todos já sabem, a gente gosta de trazer algumas *bad vibes* aqui para nossa discussão. Então, este capítulo, apesar de ter essa introdução afetuosa e esse título mais fofinho, também vai ter muita pedrada.

Um bom ponto de partida é pensarmos como a amizade é um tipo de escolha objetal. O Nietzsche articulou uma tese de que basicamente todas as amizades são por interesse[131]. Essa afirmação parece dura e triste, mas a amizade por interesse não é em si uma coisa ruim, porque existem interesses e interesses. Você pode se interessar não só pelo dinheiro ou status que aquela pessoa pode lhe emprestar, mas pela sensibilidade, inteligência, pelo bom humor, até pelo tipo de carinho que o outro disponibiliza. A questão é quais interesses estão em jogo naquela relação.

Então, o segredo está em escutar o que as pessoas têm a dizer sobre o assunto amizade, para além daquilo que está mais óbvio no discurso, que é o companheirismo, a cumplicidade, a troca, o apoio e tudo o mais. Precisamos nos questionar também que outros interesses estão implicados nesse vínculo, mas que estão mais reprimidos, no subconsciente, e que a gente tem até dificuldade ou vergonha de reconhecer; mas que podem estar orbitando ali no nosso núcleo neurótico.

Por exemplo, você pode querer ter sempre um amigo por perto porque tem dificuldade de ficar sozinho ou gosta de ter ao redor aqueles amigos que ficam só te bajulando, alimentando o seu Eu, o que configura um tipo mais narcísico de amizade. Achei legal que os ouvintes do nosso podcast trouxeram um pouco dessa complexidade nas respostas da breve pesquisa que fizemos sobre o tema. Teve alguém que falou assim: "Amigo não é só para nos admirar, mas serve também para avisar quando você faz merda, para dar aquela real que ninguém te dá". Em alguns aspectos, um bom amigo pode até se aproximar da função de um bom terapeuta, com suas devidas limitações. E isso aparece muito na clínica. O analisando que diz: "Eu estava falando com um amigo, e ele me fez uma pergunta, uma provocação, que me fez pensar e agora quero trazer isso aqui para análise". Então, assim como um analista, um amigo pode nos ajudar a olhar mais para dentro, pode despertar e também acolher a nossa angústia, nos ajudar a contornar essa angústia. Um ouvinte respondeu que o amigo serve para "sustentar a doideira um do outro". Isso é muito bom, porque é também sobre suportar diferenças, e isso é a base da alteridade.

ANDRÉ: Sim, talvez o amigo e a amiga verdadeiros estejam na sua vida exatamente para lhe dizer o que você não quer ou não está conseguindo perceber. Mas, na amizade, fazemos isso com delicadeza e cuidado. Isso leva a gente para uma conversa muito boa sobre empatia. Empatia é uma palavra que foi um tanto banalizada nos últimos anos, talvez usada até demais, e eu me questiono se a gente consegue discutir os melhores significados dela.

De forma geral, o primeiro nível de entendimento da empatia é essa capacidade imaginária de se colocar no lugar do outro. É afirmar "eu sei o que você está sentindo, eu sei o que você está passando". Só que esse movimento também pode ser um pouco problemático, porque ocupar o lugar do outro também é expulsar o outro do seu lugar. E aí, não existe outro, só existe você. É interpretar a vivência do outro como se fosse sua e, de certa forma, ignorar as diferenças. E isso é retirar a alteridade de cena e, consequentemente, comprometer a amizade.

O professor Dunker[132] tem uma visão de que gosto bastante: a empatia começa quando eu reconheço que o outro não é um ponto de vista, o outro tem um corpo, o outro tem um estrangeiro dentro dele, um inconsciente, os seus próprios demônios, coisas que não sabe (ou que não sabe que sabe), o outro é um sujeito desencarnado, como a gente. Um sujeito que carrega um monte de incertezas. A empatia verdadeira é exatamente esse lugar em que a gente permite que o estranho dentro de nós se comunique com o estranho dentro do outro. Não é a gente se amarrar nesses sentidos fechados de que a gente é igual, pensa igual, faz tudo igual. Muito pelo contrário.

LUCAS: Exatamente! A amizade nos permite muitas coisas benéficas ao nosso crescimento. De um lado, podemos expandir a noção idealizada de família e suprir algumas necessidades que a família ou que o amor romântico não conseguem cobrir. Há muito casal que não é amigo, muitos irmãos que não são amigos, então, a gente vai ter que buscar amizade nos amigos mesmo. E tudo bem.

Inclusive, a amizade muitas vezes entra em um lugar de disputa e rivalidade com a família e com os amores, gerando brigas e ciúmes, como se o sujeito não fosse capaz de dar apoio e atenção para todo mundo. Culturalmente, é como se os amigos devessem ficar abaixo da família ou do parceiro/parceira, numa ordem hierárquica, porque família e casamento são instituições superiores, mais elevadas, com laços de sangue, ou supostamente eternos. Ainda assim, há tantos casais, mais do que nunca, que se juntam e se separam, enquanto amigos continuam por tempos mais longos. Nesse sentido, a amizade vem para complementar muitas coisas que a gente não consegue ter com outras relações, até porque os casais, muitas vezes, não suportam períodos de distanciamento, porque a paixão esfria. Há amigos dos quais a gente passa muito tempo longe e, quando reencontra, parece que volta tudo de novo.

ANDRÉ: Concordo totalmente. A Brigitte Vasallo[133] vai dizer que uma das formas de enxergar a não monogamia é exatamente a gente começar a desconstruir a hierarquia das relações. É tirar o conceito de casal do topo da pirâmide e pensar um pouco mais em redes de afeto compostas por pessoas que, sobretudo, conhecem e respeitam umas à outras, o que tem tudo a ver com a noção de amizade. A fidelidade, para essa autora, está ligada a uma noção de lealdade de forma mais ampla e à consciência de que não podemos viver sozinhos. É reconhecer que a gente é ridiculamente pequeno e infinitamente vulnerável e tem uma necessidade muito grande de conseguir estabelecer alianças duradouras. Assim, a fidelidade vai se referir à criação de espaços seguros, zonas mais livres de risco, e que, de certa maneira, estão protegidas por uma ética do cuidado e uma intenção de compromisso. Podemos transportar e enxergar essa visão mais expandida de fidelidade no vínculo da amizade.

LUCAS: Eu concordo, mas também acredito que devemos evitar a tendência à hiperidealização. Por mais que a gente esteja aqui, evidentemente, enaltecendo o poder da amizade, também vale pensarmos sobre amizades menos idealizadas. Até porque essa pressão pode estar dificultando que a gente faça amigos ou sustente essas relações. Primeiro, uma amizade não precisa ser para o *tempo todo*. O seu amigo ou amiga também não precisa ser *para tudo*. Essas totalizações não deveriam combinar com a amizade, é preciso caber também a incompletude do laço. As pessoas têm limitações no que elas podem e desejam oferecer, e isso não quer dizer que o outro não goste o suficiente da gente.

Nesse sentido, as amizades podem ser até mais maleáveis e mais tranquilas do que o ideal que criamos para "aquele grande amor da vida". Você pode diluir, inclusive, um pouco dos seus desejos e das suas demandas entre vários amigos. Tem aquele com quem você mais se diverte. Tem o outro que dá os melhores conselhos quando o assunto é trabalho. Tem um terceiro que é para quem você liga no caso de uma emergência, ou quando está doente, ou se precisar de dinheiro emprestado. Tem ainda aquele que parece ser o único com quem você pode conversar sobre um assunto muito específico. Isso me parece um pouco mais justo com o que cada um, enquanto sujeito, pode entregar; em vez do que geralmente fazemos com nosso parceiro/parceira ou pai/mãe, em quem a gente já projeta um combo inteiro de expectativas.

ANDRÉ: É muito bom isso que você traz, e me remete ao que o psicanalista Wilfred Bion nos faz pensar sobre saturação e como, muitas vezes, vamos saturando os ideais. Pensando de novo na questão da monogamia, a gente faz uma aposta muito alta em que uma única pessoa vai conseguir sustentar muitas coisas para a gente: presença, carinho, diálogo, sexo, parceria financeira, planos, sonhos... E às vezes até o lugar de melhor amigo. Para as amizades, fica até mais fácil dessaturar essa expectativa. Não é porque o outro não está comigo em todas as situações que não é uma amizade verdadeira. Até porque, no fim, só conseguimos construir relações sólidas se conseguirmos também sustentar o lugar de estar sozinhos. No entanto, parece que hoje ficou difícil sustentar esse lugar individual em um contexto no qual não há vazio algum, já que vamos entupindo todos nossos vazios com migalhas de companhias virtuais, superficiais, efêmeras. Se a solidão existencial é uma parte constituinte do sujeito, não dá pra tirar de cena esse silêncio e essa necessidade de recolhimento para que se consiga, inclusive, sustentar as amizades durante um movimento de socialização.

Quando perguntamos para as pessoas sobre o papel dos amigos, muita gente fala de uma função de compartilhar momentos, de "estar lá", de escutar o melhor e o pior em nós. Dá para escutar que tem uma dimensão muito forte do amigo

> ✕
>
> Uma das peças centrais de uma clínica atravessada pelo pensamento do psicanalista britânico **Wilfred Bion** é sobre o analista ser capaz de não saturar o sentido de suas interpretações. Elas devem abrir novas possibilidades em vez de oferecer um significado único para a experiência. Devem ter uma potencialidade semântica mais ampla, como pecinhas de "lego" polivalentes, de múltiplas possibilidades de encaixe, facilitando a elaboração do tema pelo paciente, sem determiná-lo ou fechá-lo num sentido estrito demais.

como companheiro, mas também como testemunha. Existe algo de profundamente humano aqui, de buscar uma construção de sentido junto com alguém. Ter alguém com quem contar para, literalmente, contar sobre os seus feitos, os seus passos, as suas dúvidas. O amigo vai virando um tipo de testemunha da nossa vida e traz pelo menos uma ilusão de que a gente não vai ser esquecido.

LUCAS: Para contribuir nessa conversa, eu queria trazer uma ideia do Alexandre Patrício, que é psicanalista e professor universitário, e que fala que a amizade se constitui na dinâmica de respeito às diferenças. Meu amigo pode não ter a mesma opinião que eu, não gostar das mesmas coisas que eu, mas a maturidade da amizade faz a gente lidar com essa diferença e nos ajuda a suportar ideias que desafiam o nosso próprio narcisismo. E isso por escolha própria. É um encontro em que ambos podem, ao mesmo tempo, se encontrar, se identificar, se diferenciar e se transformar. Assim como o brincar na criança, é algo feito naturalmente, porque ela deseja, diferente de uma obrigação; o vínculo de amizade também pode ser um exercício mais livre, que parte de uma escolha não submetida a nenhuma exigência profissional ou social.

ANDRÉ: É muito bom esse resgate winnicottiano que o Alexandre traz, associando amizade ao brincar na primeira infância. Nos lembra dessas dinâmicas que parecem bobas, mas pelas quais a gente precisa passar para conseguir sentir alegria e espontaneidade no encontro, para reconhecer o outro como outro e não como um acessório do meu próprio Eu. Afinal, acessar o outro constantemente, como uma muleta, de forma subjugada, não vai fazer uma sustentação saudável do vínculo. Por isso dá para supormos que esse falatório das redes, essa conexão ininterrupta não está necessariamente nos aproximando uns dos outros. Existe uma diferença entre conexão e intimidade. Do contrário, a gente vai aceitando essas próteses, essas *fake* relações, entende?

LUCAS: É uma equação realmente estranha essa que temos hoje, segundo a qual temos mais conexões, mais amigos potenciais e, mesmo assim, mais solidão[134]. Lembro que, lá no fim dos anos 2000, quando pesquisávamos sobre comportamento jovem — e que, naquele tempo, chamávamos de comportamento dos *millennials* —, o que os jovens diziam era que não existia mais diferença entre um amigo real e um amigo virtual. Para esses jovens, "todos eram amigos igualmente". E isso era algo novo, uma espécie de manifesto da cultura jovem digital. A gente mesmo falava e escutava isso com muita empolgação, pois existia um entusiasmo bastante legítimo de que, com a internet, poderíamos ter *mais* amigos, pelo mundo todo. Tinha um espírito positivo nesse sentido, inclusive de termos mais confiança com pessoas estranhas, um alargamento da socialização. Esse era o frenesi do início das redes sociais.

O que a gente começou a descobrir, no entanto, é que essa hiperconexão provoca alguns efeitos colaterais nas nossas relações, e o mais inesperado é o próprio sentimento de solidão, que cresceu tanto nos últimos anos. Uma solidão bem do senso comum mesmo, a sensação de sofrimento pela ausência do outro, ou um tipo de esfacelamento da presença do outro — como se as interações ficassem tão pulverizadas, intangíveis, pictorizadas — que vem essa sensação de "solidão, mesmo na multidão". Parte do problema é que as redes sociais (ou, ainda, mídias sociais) nos injetaram na veia uma demanda que diz: "amigos, eu quero mais". Você pode ter mil seguidores, você quer mais. Você pode ter 50 mil seguidores, você quer mais. Por quê? Porque mais seguidores significa, possivelmente, mais poder de influência e mais dinheiro. E a gente pode ficar aqui tentando relembrar e reforçar que seguidor é uma coisa e amigo é outra, mas até que ponto será que isso ainda é verdade?

Se as redes sociais surgiram, inicialmente, tanto para conectar amigos como para proporcionar novas conexões, não podemos ser ingênuos de achar que essas instâncias não vão se sobrepor e que o seguidor, na sua natureza, não vai canibalizar o amigo, a ponto de não conseguirmos mais diferenciar amigo de seguidor. E aí, dá para se atrapalhar bastante. Não que a gente deva desistir de tentar diferenciar uma coisa da outra, mas, com certeza, essa diferença não é mais a mesma de um tempo atrás.

ANDRÉ: Eu fico pensando em como as relações estão embaralhadas, em como as redes vão nos confundindo. Alguma coisa meio danosa se infiltrou nos vínculos mais importantes quando a gente resolveu misturar todos os círculos sociais. Quando colocamos no mesmo ambiente o nosso chefe, a nossa mãe, o *crush*, a melhor amiga da infância, aquela pessoa que você conheceu numa festa, a celebridade que você admira, enfim, essa grande mistureba de vínculos fracos e fortes. Isso pode estar, de alguma forma, corroendo e deturpando a natureza das relações. Voltando à pesquisa que fizemos, eu adorei uma resposta assim: "Assistir *stories* não é amizade". Há várias interpretações possíveis dessa fala, mas penso, sobretudo, em como nossos vínculos vão sendo atravessados por uma certa legitimação algorítmica. Um contexto que nos propõe uma pergunta: você vai deixar um algoritmo determinar quem é mais ou menos importante?

Levando em conta a tirania da conveniência em que vivemos hoje, vai se instaurando uma mentalidade de que aquilo que é difícil ou dá muito trabalho tem que ser eliminado, como se não tivéssemos tempo ou energia para o que vai dar muito trabalho. Só que as relações exigem esforço, algumas concessões, e aí entramos numa cilada de que, se a amizade não está conveniente, ela talvez não caiba mais na nossa vida, afinal temos sempre tantos outros amigos em potencial, a poucos emojis de distância. Aqui vale retomar a discussão da socióloga Eva Illouz[135], que fala de como andamos pautando as nossas escolhas relacionais em um sistema de julgamentos muito rápidos. Gostei ou não gostei. O julgamento rápido também nos leva a um pensamento de que "todo mundo é muito raso, por isso não estou fazendo amigos". Será que é por aí? Quanto tempo você está investindo para realmente tentar conhecer ou reconhecer o outro na sua singularidade?

É curioso também esse fenômeno do *unfollow spree*. Esse momento em que você resolve dar vários *unfollows* de uma vez, parar de seguir, fazer uma limpa nas suas conexões que aparentemente não fazem mais sentido ou nunca fizeram. Olha que sintoma interessante do nosso tempo esse prazer ou até um certo gozo em cortar grandes quantidades de conexões. Um alívio em eliminar *fake* relações. Juntando com o que eu estava falando antes, talvez esteja fácil demais pautar as relações nesses julgamentos rápidos: essa pessoa serve ou não serve. Nas respostas à nossa pesquisa, alguém disse assim: "Nossa, agora que eu parei para pensar, acho que na verdade só tenho dois amigos". Então, você tem sei lá quantas conexões, mas a quantidade de amigos é tão menor que você não consegue não cair na cilada de comparar esses números e se sentir esquisito.

LUCAS: Isso me leva a outro ponto, que é como essas amizades ou pseudoamizades, tão atravessadas pelo digital, podem facilmente caminhar para um contexto tecnoneoliberal de individualismo, comparação e competitividade. Alguém falou na pesquisa que as mídias sociais atrapalham porque provocam inveja, ciúmes e atraem pessoas interesseiras. Eu acho o seguinte: há pessoas que se preocupam com você e outras que só querem saber o que você está fazendo, com quem tem andado, onde tem ido, o que tem consumido, quase de um jeito como a gente cria relações com celebridades ou pessoas que a gente segue nas redes por alguma curiosidade ou admiração específica, mas que, convenhamos, não são nossos amigos. Mesmo que ambos se sigam, que curtam os conteúdos um do outro, podemos estar mais no terreno da fofoca — que é ficar avaliando, medindo e até julgando a vida do outro — do que da amizade.

A prova disso é que, às vezes, a gente também se vê torcendo contra o outro, para que aquela pessoa se dê mal em algum sentido. Claro, vale lembrar que a amizade, como outros afetos e outras trocas interpessoais, é marcada por ambivalências, e esse empuxo ao hiperindividualismo está aí para todo mundo. A noção de que o Eu precisa se empenhar para competir e triunfar é um comportamento social muito automático. Aí a gente entra nesse modo de disputa com pessoas próximas que a gente respeita, gosta, admira; e é pior ainda quando existe uma identificação, porque, quando a gente é parecido, o Eu fica ainda mais ameaçado. É aquela diferença que perturba ainda mais porque é um detalhezinho que vai, talvez, fazer o outro brilhar mais do que eu. E, aí, o amigo vira um rival.

É o dilema da mimetização entre as pessoas. Se os seus amigos te copiam em alguma coisa, você fica feliz de tê-los inspirado ou com raiva do que lhe "roubaram"? É muito engraçado que tanta gente queira ser influenciador, mas parece que ninguém quer influenciar, pois tendemos a ficar indignados quando essas pessoas começam a se parecer com a gente. Só que esse é um pensamento de escassez, pautado pela lógica do capital, de que não há espaço para todo mundo.

ANDRÉ: Tudo isso com certeza vai empobrecendo os nossos vínculos. Vamos nos protegendo nos castelos dos nossos narcisismos, que, na verdade, se tornam cativeiros. Interagimos todos os dias, mas sem conseguir mais falar sobre qualquer coisa mais densa ou profunda. Você manda um meme dizendo "amiga, é sobre isso"... Mas, quando a gente consegue se interrogar e perguntar "é sobre isso mesmo?", "o que é isso?". Estamos rindo uns com os outros, mas em que momento conseguimos aprofundar esses vínculos? Algo importante está faltando nas relações, algum tipo de compartilhamento para além do *feed* ou do *for you*, e que as pessoas estão tendo muita dificuldade de cultivar.

LUCAS: Será que a gente está com menos tempo e disposição para cultivar as amizades como elas merecem? Tem algo sobre essa indisponibilidade que também aparece muito nos memes: "Desculpa que nunca respondi, não é porque eu não gosto de você". Surgem essas demandas de amizade, quase como se todo mundo tivesse meio em dívida, meio atrasado, meio "saudades, vamos marcar?". Parece que há uma certa cobrança no ar, o que é uma vibe péssima para as relações. E, ainda assim, a gente quer mesmo mais amigos? Um ouvinte confessou o seguinte na pesquisa: "Amigos novos até são bem-vindos, mas eu mal dou conta de dar atenção aos que já tenho".

ANDRÉ: O melhor exemplo disso é essa tentativa quase delirante de sustentar vínculos através de canais como o WhatsApp, em um excesso de interações simultâneas que disputam nossa atenção. Dessa forma, nem aprendemos a suportar a ausência do outro — que a gente nunca encontra — nem experimentamos a intimidade de estar mesmo junto do outro. Existe aqui uma certa deserotização das relações, um contexto em que a gente vai trocando o risco do desejo pela certeza do gozo, e se acomodando com alguma coisa que não tenha a capacidade de nos desestabilizar. Como é que isso chega à clínica? "Ai, eu tô muito cansado, sem energia social, então a gente ficou jogando videogame on-line." Ou "eu acabei trocando nudes, me resolvi por ali mesmo, a gente nunca se encontrou de fato". Essas modalidades tiram todo o incômodo de Eros da cena. A gente vai eliminando o outro, coisificando demais o outro, e vai percebendo menos a alteridade. Se o outro é roubado da sua alteridade, passa a ser só mais um objeto a ser consumido, quando e do jeito que me for conveniente.

LUCAS: Bom, mas vamos pensar um pouco sobre o que fazer para lidar melhor com essas questões que atravessam as nossas amizades?

ANDRÉ: Com certeza. Também precisamos de algumas *good vibes* nesse sentido.

LUCAS: É sabido que, após o período da pandemia, muitas pessoas tiveram dificuldade de se readaptar à rotina da interação social. É como se o cenário virtual já tivesse preparado o terreno, e o distanciamento social forçado veio como um catalisador dessa tendência de comportamento. Nesse sentido, me parece essencial fazermos reinvestimentos libidinais que retomem o rumo de uma socialização mais física, presencial e privada. Relembrar quais são os nossos interesses pelos outros para além dos seus conteúdos e embarcar numa desvirtualização das interações.

Achei bem pertinente uma resposta da pesquisa: "Redes sociais são sobre conexão com distantes e superficialidade com os mais próximos, o que pode vir a comprometer o vínculo se ficar só ali". É uma proximidade precária, porque a gente pode acompanhar e seguir, mas não participar, e isso confunde nossos níveis de intimidade. E ainda tem a terrível neurose de que, se você não posta nada, ninguém lembra de você. Ou, ainda, o modo vigilante em que entramos quando alguém não responde nossas mensagens, mas fica postando e "falando para todos" o tempo inteiro.

Existe aí também um problema de convocação ao desempenho, esse hábito de ficar dando e tirando estrelinhas do outro, do quanto alguém está performando ou falhando enquanto amigo. Tem até uma narrativa de culpa em reconhecer que algumas amizades chegam ao fim. Mas isso não precisa ser visto como um fracasso, não é como se a gente tivesse que ser sempre muito bem-sucedido em tudo, certo? Rolou enquanto rolou. Alguém na pesquisa falou assim: "Eu ando sentindo que posso decepcionar ou ser decepcionado, então prefiro ficar meio de canto". Isso é triste, porque é como se a gente precisasse sempre arrasar socialmente para sair de casa. É esquecer que sempre vai ter algum tipo de desencontro, um desalinhamento, uma frustração, uma quebra de expectativas. Faz parte do pacote.

ANDRÉ: Precisamente. Não dá para colocar as amizades nessa chave do desempenho e temos que lembrar que a transitoriedade é parte da vida. Não vai dar para carregar todos os amigos a vida toda. E, daí, a gente pode confiar mais na mágica do reencontro, entregar para o tempo mesmo. E, sim, as próprias redes podem nos ajudar a não perder totalmente o contato com os outros. Podemos usá-las para tentar criar algum senso de comunidade, trocas nas quais possamos falar e mostrar mais o que temos sentido, aprofundar temas, ter discussões mais acaloradas. Mas eu não recomendaria ficar arranjando briga no Twitter ou na caixa de comentários. É melhor evitar esses espaços em momentos de reações inflamadas ou solidões agravadas. Nesses dias, é melhor pegar o telefone e fazer uma chamada ou ir encontrar, chegar perto, inserir a corporeidade na cena.

LUCAS: É sentir na pele que essa busca ativa pelo outro também é uma forma de cuidado de si. A amizade tem uma essência revolucionária, como vai argumentar o psicanalista Luiz Ricardo de Oliveira em *O sentido da amizade em Ferenczi*[136]. É uma noção de cuidado de si, baseada no Foucault, que tem muito a ver com a amizade, porque trata-se de uma relação de autonomia, não de submissão, na qual a gente pode, inclusive, sair um pouco do encapsulamento narcísico e das neuroses familiares. A amizade é, em sua origem, esse espaço em que a criança consegue inaugurar a sua emancipação simbólica, de pensamento e fala, para além do núcleo familiar.

ANDRÉ: Isso me faz pensar em como a gente precisa aprender a não desistir tão fácil do outro. As pessoas podem ser complexas, difíceis, ter suas limitações e seus próprios problemas, mas precisamos praticar essas saídas do nosso narcisismo, o que, ironicamente, é para o nosso próprio bem. É sobre a viscosidade da libido, né? Essa matéria psíquica escorregadia, transmorfa. E eu penso na amizade dessa forma. Ela se molda, retorna, escorre por entre os dedos, mas pode seguir lá, entre nós. Uma matéria altamente mutável e que faz a vida valer um pouquinho mais a pena.

LUCAS: Para finalizar, gosto daquele enunciado do poeta francês Rimbaud que diz assim: "Eu é um outro". Isso é muito lacaniano, porque não é "Eu *sou* um outro". Essa expressão é genial, porque questiona essa supremacia do Eu e subverte a posição dominante que o sujeito ocupa na frase. Eu colocaria a amizade como uma grande referência do que pode ser um combate ao individualismo, apesar de a amizade ser um tipo de espelhamento que também nos ensina a ser nós mesmos.

ANDRÉ: Então vamos ficar por aqui. Seguir pensando e sentindo o que fazer com essas relações. Vamos?

LUCAS: Pode contar comigo pra isso.

09 **SOLIDÃO** gay

Quem diria que um episódio (ou um capítulo) sobre solidão poderia fazer tantas pessoas se sentirem menos sozinhas? Para nossa surpresa, recebemos muitos retornos de como o conceito de "Solidão gay" circulou bastante em algumas rodas e até furou algumas bolhas sociais. "Ouvindo atentamente em posição fetal", "essas questões para nós, homens pretos, são ainda mais esmagadoras", e "precisamos de mais conversas assim!".

Primeiro, a provocação mexeu com alguns homens gays que nos contaram que levaram esse tema para conversas profundas e inéditas com seus *crushes*, namorados, amigos e, obviamente, seus analistas. Em um segundo nível, nos chamou atenção o fato de que muitas pessoas LGBTQIAP+ nos pediram para expandir o recorte às demais letras da nossa sigla, abordando a solidão também de lésbicas, bissexuais e transidentidades.

Para começar, um aviso: de nenhuma forma, pretendemos nessa reflexão abarcar todas as diferenças ou subjetividades que compõem esse recorte demográfico. Apesar de algumas vezes até parecer, nenhum homem gay que habita o mesmo espaço-tempo é igual ao outro. Além de tantos outros traços identitários que os atravessam para além do gênero e da sexualidade (como raça, classe social, idade), acreditamos na singularidade radical, como bem determina a psicanálise. Ou seja, cada um tem suas histórias, suas experiências e suas questões. Cada um com seus desejos, seus pesares e seus complexos.

No entanto, é possível, e talvez necessário, identificarmos e elaborarmos a respeito de movimentos que, nos dias atuais, estão influenciando os homens gays em termos culturais e comportamentais. São fenômenos e retratos que não servem para "normalizar o patológico", muito menos para "patologizar o normal", mas sim para abrir algumas portas e frestas de reflexão. E, quem sabe, criar algumas conexões menos frágeis que um simples *follow back* ou um emoji de biscoito nos aplicativos de pegação.

O que descobrimos em nossas pesquisas e escutas clínicas é que há muitos homens gays hoje que sentem que nunca vão encontrar um parceiro ou redes afetivas, convencidos de que ninguém mais está a fim de se envolver. Ou que tudo virou uma grande arena, uma disputa implacável e altamente competitiva. Ou que há um profundo sentimento de solidão mesmo quando se está dentro de um relacionamento homoafetivo. Já outros se queixam que anda difícil ter amigos com quem possam realmente contar, uma rede de apoio para suporte emocional. Sobram contatinhos e seguidores no vale do arco-íris, mas também uma estranha sensação de isolamento e um certo medo do futuro.

Sim, sempre vai faltar algo nas relações, e é difícil lidar com essa falta. Curiosamente, no entanto, é exatamente nos tempos mais conectados da história que a solidão tem sido apontada como uma das principais razões de adoecimento psíquico, um fenômeno que é ainda mais crônico entre gays e as outras identidades não heterossexuais. Quadros de depressão afetam 10% dos adultos brasileiros, segundo o IBGE[137], número que sobe para 25% em um recorte LGBTQIAP+, segundo o *Inquérito Nacional de Saúde LGBT+*[138]. Além disso, segundo uma pesquisa da UCLA[139] com mais de 10 mil homens em 20 países, 36% dos homens gays passaram a se sentir mais solitários depois da pandemia, apesar dos bilhões(!) de fotos íntimas que são enviadas a cada ano em aplicativos como o Grindr. Para muitos, ser gay nos anos 2020 é viver no tempo mais conectado da história e, mesmo assim, se sentir profundamente sozinho.

Podemos pensar também como a solidão é da ordem do transgeracional — um conteúdo psíquico que vem sendo transmitido ao longo do tempo em uma comunidade que foi gravemente atingida pela epidemia de aids/HIV nos anos 1980 e 1990. Com um número incontável de sujeitos abandonados à própria sorte, há uma solidão enorme entre aqueles que tiveram sua memória e história negadas. É uma solidão que ainda assombra muitos portadores do HIV na atualidade, sujeitos que afirmam ter dificuldade de cultivar vínculos em uma sociedade na qual a sorofobia é uma realidade inegável.

Se, para a psicanálise, a saúde mental é um reflexo de como o sujeito viveu e vive a sua sexualidade, para um recorte LGBTQIAP+, precisamos reconhecer que esse assunto é especificamente mais sensível. Descobrir e compreender a própria sexualidade vai ser sempre um processo individual que se faz, no fim das contas, sozinho. Para complicar, em um mundo que parte do pressuposto de que somos heterossexuais (ou "normais", como ainda pensa a maioria), esse caminho tem tudo para ser ainda mais solitário. Reconhecer-se homossexual e viver, por qualquer tempo que seja, dentro do armário é a primeira grande experiência de solidão gay. Depois de sair, o quanto será que a gente consegue neutralizar e superar aquela experiência inicial? Sem dúvida, ela é traumática em muitos níveis.

É por isso que, enquanto homens gays, precisamos tanto de espaços e canais para abrir o jogo, olhar para essas faltas e feridas, buscar e oferecer acolhimento uns aos outros. É a construção e a manutenção da tal comunidade gay. "Mas se eu não pertenço à comunidade, este capítulo é pra mim?" Acreditamos que sim. Quando lançamos os dois episódios sobre "Solidão gay", alguns ouvintes não gays até se questionaram sobre a relevância desse tema para suas vidas. Depois de se abrirem para essa escuta, alguns se surpreenderam com a importância dessas questões.

Por isso, este capítulo vem como um convite para pensarmos o que poderia ser diferente para termos uma vida mais prazerosa, potente, plena e feliz. E até mais alegre, honrando o significado originário do significante em inglês *gay*.

* * *

LUCAS: Será que estamos diante de uma espécie de epidemia de solidão gay? Apesar de tantos direitos conquistados e avanços sociais e culturais, surgem novos impasses na vida do homem gay. Esse é um sujeito que está vivendo mais e, muitas vezes, chegando aos 40, 50, 60 ou 70 anos sem um parceiro e sem filhos, sem a constituição de uma extensão familiar. Isso, em si, não é um problema. Não precisamos acreditar que só seremos felizes e realizados se necessariamente vivermos com um marido e filhos. Mas aí também vamos ter que nos haver com as probabilidades de solidão que podem (e vão) aparecer nos diferentes estilos de vida.

É bom reforçar que a psicanálise deve preservar a sua posição progressista com relação à sexualidade. Ela nasceu assim e não deve se perder desse rumo. A famosa carta de Freud para a mãe de um homossexual[140], em 1935, é um reforço desse posicionamento. No entanto, nos *Três ensaios sobre a teoria da sexualidade*, ele descreve as homossexualidades na categoria de invertidos, dentro de um capítulo de "aberrações sexuais". Apesar das muitas contradições da obra freudiana sobre homossexualidades, a heterossexualidade assume o lugar de referência de saúde psíquica e suposta produtora de alteridade, enquanto para a homossexualidade sobra só a fixação, o narcisismo e a perversão. Em resumo, há muitas questões LGBTQIAP+ em conflito com o que pode ser uma concepção de psicanálise contemporânea e atualizada — a complexa e controversa discussão entre lacanianos e **butlerianos**.

> **Judith Butler** é uma filósofa e teórica política cujas principais contribuições estão no campo dos estudos de gênero e da teoria queer. Ela critica a tendência da psicanálise lacaniana de reforçar uma divisão rígida entre masculino e feminino, ignorando as experiências de pessoas transgênero, não binárias e queer. Butler defende a ideia de que as identidades de gênero não devem ser reduzidas a uma lógica binária, mas sim entendidas como uma ampla variedade de possibilidades e experiências.

ANDRÉ: Penso que é um aprofundamento extremamente relevante quando consideramos como as homossexualidades têm um histórico controverso na psicanálise, para não falar em hostilidade teórica, como o Lucas Bulamah analisa muito bem no *História de uma regra não escrita: a proscrição da homossexualidade masculina no movimento psicanalítico*[141].

Por que isso é um problema? Porque, frequentemente, as homossexualidades — e sujeitos LGBTQIAP+ como um todo — foram patologizadas. E daí grande parte dos psicanalistas, bem como a sociedade normativa, seguem reduzindo essas subjetividades ao lugar de "desvio", aberração, um vasto espectro de cidadãos *quase* psiquicamente saudáveis. Vale lembrar que, por muito tempo, sociedades de psicanálise não permitiam que pessoas LGBTQIAP+ fizessem parte dessas instituições; que apenas em 1953 a homossexualidade saiu do DSM; que faz apenas trinta anos que a Organização Mundial de Saúde retirou a homossexualidade da lista de doenças[142], ou seja, que não é um quadro para ser tratado e curado. É disso que o Paul Preciado está falando e contra isso que está protestando em *Eu sou o monstro que vos fala: relatório para uma academia de psicanalistas*[143].

O que importa para nós é como esse caldo psicossocial produz, nas instituições e nas clínicas, uma preocupação muito maior em "descobrir" a origem das homossexualidades do que com a escuta do sofrimento de sujeitos tão constantemente marginalizados da família, do campo social, das identificações e das próprias relações amorosas.

Diagnostic and Statistical Manual (DSM), ou Manual Diagnóstico e Estatístico de Transtornos Mentais. Esse documento foi criado pela Associação Americana de Psiquiatria (APA) para padronizar os critérios diagnósticos das desordens que afetam a mente e as emoções. É uma referência utilizada em grande escala no mundo, com grande influência sobre a Classificação Internacional de Transtornos Mentais da Organização Mundial de Saúde (OMS).

LUCAS: Com certeza. Começando do básico, há pelo menos, na psicanálise, o entendimento de que a bissexualidade é estrutural de qualquer ser humano. A homossexualidade potencial de cada um vai, portanto, encontrar diferentes destinos. Pode ser exercida, recalcada ou sublimada. Na prática, não dá para evitarmos a questão do narcisismo, considerando que elegemos um objeto de desejo identificado com o nosso próprio gênero. O narcisismo não é um problema em si, até porque todo mundo precisa de uma dose de narcisismo. A discussão é sempre sobre a medida. Como fazer esse equilíbrio de investimento no Eu e investimento no outro? E mais: seria a escolha objetal homossexual uma forma indireta de também investir em si mesmo?

Os estudos de Freud sobre homossexualidade[144] foram de grande contribuição para desenvolver o seu conceito de narcisismo. Apesar de nunca ter pensado na homossexualidade como uma doença, ele considerou que essa orientação sexual poderia estar vinculada a uma espécie de narcisismo exacerbado. Tomar a si mesmo como um modelo de objeto sexual pode ser também uma forma de aproximar-se do ideal de Eu. Por exemplo, um homem que deseja um outro homem que ele gostaria de ser. Ou que ele acha que deveria ser.

O psicanalista francês André Green[145] fala dessa modalidade de desejo que é o "Desejo do Um" — um desejo pelo objeto que se transforma no desejo pelo Eu, como uma forma muitas vezes defensiva para não lidar com a dificuldade que é amar um outro e lidar com essa diferença basal. Essa é a defesa narcisista de um sujeito que talvez tenha uma ferida muito precoce, ainda em carne viva, e que tem que se haver com isso a cada contato com o novo objeto. Esse pode ser um mecanismo muito sofisticado de fazer um recolhimento e uma dessensibilização para se autoproteger. Essa defesa, inclusive, pode impedir que aconteçam algumas relações objetais mais potentes e até mais prazerosas. E daí, talvez... venha uma solidão?

ANDRÉ: Pegando o gancho da ferida em carne viva, há uma hipótese teórica de que, quando a gente está falando de LGBTQIAP+, existe um grande trauma do abandono que é fundante. Abandono da família, do Estado, da Igreja e da cultura. É sobre não ser aceito em casa, não ter leis efetivas que o protejam, não se sentir seguro no espaço público, não se ver representado nos produtos culturais.

Essa falta de integração da população LGBTQIAP+ com a sociedade (e é claro que as letras dessa sigla vão experimentar esse mal-estar de formas distintas) faz com que os traumas mais primitivos sejam revividos o tempo todo. Tem aqueles gays que vão construir uma vida inteira em cima de denunciar esse abandono, através de articulação social e política. Outros vão tentar se vingar desse abandono, remontando a cena, como se estivessem dando o troco pelo bullying que sofreram na escola ou pelas surras que receberam do pai que nunca aceitou o filho afeminado. A compensação pela rejeição também pode aparecer por meio de uma necessidade insaciável de atenção e admiração de pessoas estranhas, numa hipervalorização da autoimagem, algo que é elevado às últimas consequências nas mídias sociais.

Voltando à psicanálise, a questão é: o que fazer com essas experiências traumáticas? Como vamos conseguir articular o passado para não ficarmos vivendo uma espécie de fracasso subjetivo e social? Até porque essa pressão toda vai desembocar em altas taxas de sofrimento psíquico, depressão e até suicídio entre homens gays.

LUCAS: Você falou de abandono, e tem esse mantra cultural vigente que parece letra da Taylor Swift (musa de muitos gays), que diz: "abandone antes de ser abandonado". É uma tentativa de antecipar o corte para se precaver de uma futura perda do laço. Uma espécie de desertificação dos vínculos que, paradoxalmente, serve para nos protegermos do grande deserto. E isso forma uma couraça, uma armadura psíquica muito espessa, como uma forma de estar e transitar no mundo. No mundo gay, é ainda mais conveniente ficar encapsulado pelo narcisismo como forma de se fechar para as relações objetais que, como bem sabemos, vão em algum momento provocar algum tipo de sofrimento.

Parado num lugar meio sem amar e sem sofrer, corremos o risco de entrar em um arranjo melancólico, o que faz muito sentido quando pensamos que Freud se referia à melancolia como uma neurose narcísica. Melancolia não é sofrer por um amor não correspondido, mas sim ficar preso em si mesmo, impossibilitado de amar.

É um lugar sofrido e bastante ensimesmado, identificado demais com o Eu ideal. É o "Eu filho" preso enquanto objeto fálico da mãe, que toma a si mesmo como objeto, coloca a si mesmo (ou uma cópia de si) como objeto de desejo. O que nos leva a pensar sobre a história da "bicha-padrão", um arquétipo atual que faz uma dobradinha do homossexual com a homogeneidade, em um espelhamento ainda mais gritante, já que se trata de contemplar a própria imagem projetada no outro. Aí não estamos mais falando de uma relação, está mais para delírio, né? O que nos faz pensar de novo em uma estrutura de neurose narcísica, quase uma psicose.

Cadê a diferença com o outro? Como a gente vai lidar com a alteridade do outro, que é o que sempre nos faz questionar sobre o nosso lugar? Porque eu só vou me questionar sobre o meu lugar a partir de uma referência do lugar do outro. Mas, se a gente é parecido demais, se está colado demais, simplesmente se perde em si mesmo — e de si mesmo. Sem falar que ficamos mais submetidos ao que Freud chamou de narcisismo das pequenas diferenças[146], a rivalidade que se dá quando nos comparamos com nossos semelhantes, e que faz com que a mínima diferença se torne um abismo gigantesco. Nesse sentido, qual é o lugar que você ocupa na comunidade gay? O que faz você *ser você* no meio desses gays que são todos meio parecidos ou meio diferentes?

ANDRÉ: No segundo episódio do podcast que fizemos sobre "Solidão gay", o psicanalista e pesquisador Rafael Cavalheiro trouxe uma elaboração muito boa sobre o que você está falando e o que tudo isso produz no corpo. Para ele, chama atenção como as subjetividades e as relações entre gays vão sendo centradas na fantasia de um corpo ideal e suplementado, um corpo que é supostamente mais desejado. Corpos muitos parecidos entre si, vale sublinhar. O Rafael retoma o clássico *Introdução ao narcisismo*[147] do Freud para pensar em como a solidão gay talvez seja também consequência de uma suplementação narcísica, de um corpo suplementado de fora para dentro. Ou até de fora para fora, já que um corpo padronizado supostamente produz desejo e pertencimento, mas concretamente tem gerado mais uma grande insatisfação e sentimentos de inadequação. É uma lógica tão imaginária, tão centrada no olhar, que o sentir sai de cena, produzindo ainda ruptura, afastamento, homonormatividade e, claro, solidão.

LUCAS: Me chama atenção essa noção de "narcisismo descorporificado". Como se a construção de um corpo pautada no olhar, sem interiorização, gerasse apenas corpos capazes de autoerotismo e sem capacidade de lidar com a diferença. Ele propõe uma inversão da frase do Freud sobre narcisismo das pequenas diferenças para um narcisismo das grandes indiferenças, sujeitos que vão se tornando radicalmente indiferentes ao outro que habita a mesma comunidade.

ANDRÉ: E onde tudo isso vai se encontrar, se cristalizar e desembocar? Na política de normalidade própria que a "comunidade" gay foi construindo ao longo do tempo, a "homonormatividade", conforme propôs a professora de análise social e estudos da cultura Lisa Duggan. Nesse imaginário gay que, de forma geral, é superpovoado por homens brancos, de classe média, monogâmicos e ansiosos por desfrutar as vantagens que lhes foram negadas no passado, amparados por um discurso de "vamos nos higienizar para normalizar". É interessante pensarmos inclusive que, historicamente, toda vez que topamos com uma ética discreta e fora do meio, parte dos gays conseguiram usufruir de direitos, mas, quando escancaramos os elementos menos limpinhos das nossas culturas, somos novamente perseguidos. É um tempo em que não cabe a diferença, inclusive porque todo mundo tem de ser muito bom em tudo. Personalidades ou "eus" tão aspiracionais que merecem ser marketizados, vendidos ou exaltados.

LUCAS: E seguidos. Eu li esses dias num perfil do Tinder algo muito interessante: "O feio busca o bonito. O bonito busca o lindo. O lindo busca o maravilhoso. E o maravilhoso busca mais seguidores no Instagram".

ANDRÉ: (risos). Que frase! Eu diria que os padrões são um dos maiores problemas que a gente tem nessa comunidade. Como diz uma amiga que é profunda conhecedora das teorias feministas, tudo que as mulheres levaram 2 mil anos para desconstruir foi visceralmente incorporado pelos homens gays em menos de um século. Eu tenho pensado que o que orienta essa lógica é a santíssima trindade dos padrões gays: a beleza, o masculino e o sucesso. Vamos desempacotar um pouco de cada um.

Começando pela beleza, tem um artigo que viralizou, cujo título é a fala de um dos entrevistados: "Me disseram que eu era feio demais para ser gay"[148]. Diversas fundações e organizações têm investigado a hipótese de que os homens gays tendem a sofrer muito mais com problemas relacionados à imagem corporal. Todos precisamos de um pouco de narcisismo, sem isso a gente não consegue entender que é um corpo, que é um sujeito e que é um sujeito olhado por outros. Mas, quando estamos muito fixados na imagem corporal, isso nos faz regredir bastante a um estágio infantil.

Há aquela frase que adoram falar no Twitter, de que tiraram a adolescência dos gays, então os gays vão viver eternamente adolescentes ou viver como adolescentes com contas bancárias. Essa fala é engraçada, mas também problemática. Porque, de novo, faz com que o gay se identifique muito com a busca por um corpo perfeito, eternamente jovem e, em muitos casos, muito musculoso. Um imperativo de que, se você é gay, tem que parecer um modelo de cuecas da Calvin Klein. E aí a indústria farmacopornográfica, como diz o Paul Preciado em *Testo junkie*[149], vai explorar esse público-alvo tão manipulável.

Não podemos esquecer de um produto cultural que os gays consumiram amplamente nos anos 2000: o ideal do metrossexual, do homem que se cuida, que consegue se aperfeiçoar, se otimizar sozinho. E aí eu acho legal revisitarmos teorias feministas para que possamos aprender algumas coisas com quem vem lutando contra padrões opressores há muito tempo. Naomi Wolf, em *O mito da beleza*[150], diz que uma cultura centrada na magreza feminina não é uma cultura obcecada pela beleza, mas pela obediência. A dieta é um sedativo político dos mais potentes na história das mulheres. Uma população silenciosamente louca é uma população controlável, além de literalmente enfraquecida. Então, esse fetiche do corpo sarado do homem gay é também uma forma de controle e dominação. Um jeito de manter esse grupo dentro de uma caixinha de sofrimento e autogratificação que, inclusive, impede que essas pessoas exerçam plenamente os direitos, as identidades, os amores, as subjetividades. E, aí, tem que manter em estado de pergunta o título do livro do Pedro Ambra, *O que é um homem?*[151]. E, nesse caso, "O que é um homem gay?".

O segundo ponto dessa santíssima trindade que eu quero elaborar é o masculino, que vive uma crise notória. Há essa regra dita — às vezes, não dita — e que povoa o Grindr, Tinder, Hornet etc., de sujeitos que bradam "não curto afeminados". É quase uma repressão dupla: se existe a clássica interdição "homem não chora", o gay também "não pode dar pinta". É uma mistura de homofobia, machismo e até misoginia, tudo bem internalizado, que vai remontando tantas opressões que estamos tentando quebrar. Esse mito do viril.

LUCAS: Eu gosto muito de abrir um significante que é frequentemente usado nessa conversa que é o "gay afetado". Para mim, diz muito de uma desafetação que paira no ar. É muito curioso que essa expressão tenha virado algo tão pejorativo para uma parte dos gays, porque é então como se o gay a ser enaltecido fosse o desafetado. Existe aí um ideal de Eu que enaltece um homem que não tenha nada de feminino, porque esse é o homem que muitos acreditam que deveriam ser, mas que não são porque, afinal, são gays.

ANDRÉ: Você falou das histórias de homens gays maciçamente identificados com suas mães, mas também penso no contraponto. Também tenho me perguntado sobre o que a identificação maciça com o masculino produz, esse caminho de tentar trazer o objeto inteiro para dentro, inclusive com suas opressões. Até porque uma identificação que seja pura imitação vai comprometer a subjetividade.

Apesar das "desconstruções", a aposta em um masculino precário me parece ainda ser o código dominante. É o masculino dos *incels*, dos *red pills*, dos homens que agridem mulheres e ainda as proíbem judicialmente de falar sobre os ocorridos. Os gays não estão imunes a esses códigos, pelo contrário, muitos deram apenas novas roupagens a eles. Como isso chega à clínica? Contido, apartado, num tremendo esforço psíquico para conter a violência. E a lógica do shade não dá conta, não dá vazão. Escutamos muito sobre como os gays podem ser autoritários uns com os outros, julgando e debochando dos próprios gays, reconhecendo-se muitas vezes como vítimas, mas também como agressores.

De que tipo de masculinidade estamos falando? Daquela que insiste na violência como linguagem e que tem dificuldade de colocar afetos, sentimentos e emoções em palavras. De uma comunicação empobrecida, precária, ligada à dificuldade que muitos homens têm de se comunicar, algo que aquele documentário chamado *O silêncio dos homens*[152] elabora muito bem. De um mito da virilidade que se pensa completo, inquebrável, em que não falta nada, pura certeza, perfeição. *Não deita*, não precisa deitar. É o Davi do Michelangelo, os

---

Shade é um termo inglês que quer dizer "sombra", mas também pode ser usado para descrever uma forma de insulto sutil, sarcástico ou irônico. É geralmente direcionado a alguém de maneira discreta ou indireta. E radicalmente ambígua. É uma provocação escondida nas sombras, que se faz através de sentidos deslocados. O *shade* não é só um convite ao ataque, mas também algo que se faz entre aqueles que têm alguma proximidade e familiaridade, um recurso de intimidade.

desenhos do Tom of Finland, o Max Steel da Mattel. São esses influenciadores gays que parecem imbatíveis e irretocáveis, apesar de tantos retoques. E a gente vai ter que derrubar isso, vai ter que aceitar a dúvida, a vulnerabilidade, a transformação do sujeito masculino coletivo e individual. Esse é um percurso para a gente começar, quem sabe, a dinamitar a masculinidade normativa.

Para completar, um terceiro ponto da tríade que estamos discutindo também merece aprofundamentos: a superidentificação com os códigos de sucesso. Claro que a gente está vivendo uma cultura do desempenho[153], na qual todo mundo está bem investido. O ideal de otimização absoluta. Isso é algo que também escutamos como uma via de compensação. A extrema competência, a dedicação sobre-humana e o acúmulo de capital para balancear um suposto negativo de ser gay. É aquele papo de governador gay e não gay governador. Parece uma diferença sutil, mas tem muita coisa aí. É o que o professor da Universidade de Nova York, Kenji Yoshino[154], chama de "*covering*", ou seja, o ato de minimizar a importância de uma identidade discriminada e priorizar a conquista do lugar de sucesso do sujeito em um contexto social.

Eu estou com o filósofo Paul Preciado no sentido de que tudo isso acaba virando uma perseguição pornográfica do sucesso, uma corrida maluca na qual vamos reproduzindo inúmeras imagens superidealizadas, muito irreais, de "eus" anabolizados e perigosamente indiferentes ao outro. E aí vai ficando apertado para o sujeito, porque é um narcisismo estreito demais, profundamente afetado pelos custos psíquicos de sustentar identidades tão bonitas, tão masculinas e tão bem-sucedidas.

LUCAS: Nessa conversa sobre sucesso, fracasso e voltando ao tema da solidão, dá para se questionar: quem mais vai caber aí nesse lugar tão exaltado?

ANDRÉ: Sim. Um contraponto a essa hiperaposta no sucesso está no ensaio do escritor e acadêmico Jack Halberstam[155] sobre a arte do fracasso queer. No texto, o autor argumenta que o fracasso pode ser produtivo, uma forma de criticar o capitalismo e a heteronormatividade, desafiando convenções atuais como o individualismo e o conformismo. Ele retoma a "baixa cultura", os objetos culturais tão frequentemente rebaixados por parte da academia como indignos da nobreza da tradição e da beleza, como uma forma de resgate do inesperado e do subversivo. Nessa linha, o fracasso às vezes oferece maneiras mais criativas, cooperativas e surpreendentes de estar no mundo, mesmo quando nos força a enfrentar o lado sombrio da vida, do amor e da libido.

LUCAS: Voltando à questão dos relacionamentos e da sexualidade, é interessante pensar sobre essa noção de sucesso versus fracasso. Seria a solidão realmente um sinônimo de fracasso? O modelo heterossexual monogâmico seria um sinônimo de sucesso?

Podemos pensar que há um dilema muito antigo e bem típico do masculino que funciona como uma espécie de eixo com duas pontas: de um lado, falamos de amor, da ética do cuidado, do compromisso com o outro e, na outra ponta, podemos pensar mais na objetificação radical, na promiscuidade, na putaria.

O problema nunca foi e nunca vai ser a putaria, pelo menos não para a psicanálise, que não está aqui para condenar moralmente o sujeito. Enquanto psicanalistas, não vamos pregar aqui que o gay ou qualquer ser humano precisa ter comportamentos nobres e virtuosos. Não faremos um discurso hipócrita baseado na noção tradicional da família cristã brasileira; estaríamos cometendo um grande equívoco teórico e ético, e também um desserviço à sociedade. A imoralidade não se dá pelo exercício livre da sexualidade e da realização das nossas fantasias. A indecência não é fazer sexo oral, sexo anal, não é transar com três ou mais pessoas ao mesmo tempo, mas sim a duplicidade, a falsidade e a covardia com a própria ética do desejo. A não assunção do desejo. Seja o desejo de transar, de amar, de casar; o desejo de ficar com muitos em uma noite ou com um só pelo resto da vida.

É muito importante, ainda mais num momento cultural como o que a gente vive hoje, que não se entre numa onda de culpabilização normativa do gay que vive a sua sexualidade de uma forma, muitas vezes, mais desimpedida que o hétero. Se os gays já tiveram (e ainda têm) que lutar para conquistar os seus espaços, que ainda são muito precários em relação ao homem heterossexual, por que agora ele teria que se submeter aos princípios morais e conservadores que pregam, por exemplo, a monogamia? Ou mesmo topar o imperativo social de que um homem com mais de 50 anos tem mais é que ficar em casa assistindo televisão...?! Ou mesmo topar a ideia de que, se você não tem filhos, você é um sujeito egoísta, com uma vida incompleta...?! Em contrapartida, não é raro encontrar gays que vivem um relacionamento a dois com várias características da heteronormatividade. Será que não poderíamos reinventar algumas dessas convenções?

Há um dilema aqui que, de novo, não é exclusivo do homem gay, mas que é muito característico do homem, em geral: como é a vida para um sujeito que se realiza sexualmente, mas nunca amorosamente? Ou: o que acontece quando o cuidado/carinho vem mais para atrapalhar as relações ao invés de ajudar a construir laços? É um grande embate entre romance e sexo. E com a *gaymificação* dos encontros, nesses jogos vorazes, isso pode se tornar um verdadeiro show de horror, com muitos feridos no meio do caminho. Há aquela história bem famosa que rolou esses tempos, uma espécie de fábula do Grindr, de um sujeito ativo que combinou com cinco passivos ao mesmo tempo para irem à casa dele, no mesmo endereço, mesmo horário, e, no fim, ele só deixou subir o primeiro que chegou. Essa cena bem caricata nos lança uma boa pergunta: como podemos agir com alguma responsabilidade com o outro quando estamos tão ensimesmados e intoxicados de narcisismo?

É difícil mesmo sair da hipercompetitividade e encarar sua responsabilidade como sujeito dentro de uma suposta comunidade. A tecnologia nos ensinou a ficarmos cada vez mais implacáveis uns com os outros (e com a gente mesmo também). Isso está nos isolando e talvez azedando um pouco o desejo, fazendo com que a gente se sinta meio como um cartão de crédito: ou usado ou rejeitado.

O *éthos* hoje parece afirmar que tudo bem a gente desumanizar as relações e mantê-las cada vez mais transacionais. Se sexualidade, para o homem gay em geral, é muito direta e "sem rodeios", a operacionalização do comportamento sexual pode ser ainda mais brutal. Será que ainda cabe uma sexualidade menos serializada e sintética, diante de contextos e recursos tão *smart*, automatizados, pragmáticos, supostamente completos em si mesmos...? A promessa de satisfação sexual parece tão perfeita que, para alguns ou muitos gays, o que sobra é um grande vazio.

Em *O direito ao sexo*, a filósofa Amia Srinivasan afirma que o aplicativo "Grindr faz uso de marcadores de identidade bastante grosseiros que só aprofundam os sulcos discriminatórios pelos quais os desejos sexuais já se movem"[156]. Nesse sentido, o aplicativo absorveu o que há de pior no estado atual da sexualidade e institucionalizou esses requisitos como fatores inegociáveis em nossas telas.

ANDRÉ: Sobre esse ponto da Srinivasan, vale retomarmos uma pesquisa da ONG Time Well Spent com 200 mil usuários de iPhone do mundo todo na qual 77% dos usuários do Grindr se disseram arrependidos depois de usar o aplicativo[157]. Esse número é maior do que os arrependimentos, por exemplo, dos usuários do jogo Candy Crush. Como você muito bem disse, não dá para demonizar o uso dos aplicativos. Esse recurso tecnológico exerce hoje um papel importante de conectar e facilitar o acesso a outros homens gays, especialmente em localidades onde ser gay não é tão simples assim. Lugares onde, por exemplo, um sujeito pode ser espancado até a morte porque saiu de casa com as unhas pintadas.

No entanto, devemos refletir sobre como tornar esses ambientes menos tóxicos e menos retraumatizantes. Até porque, se analisarmos a história da internet, quando as pessoas estão mediadas ou protegidas por uma tela, sabemos que elas colocam para fora afetos e posturas que são reprimidos no contexto off-line. É a síndrome do anonimato que autoriza muitos a revelarem seu machismo, racismo e suas posturas opressoras. Tudo muito bem defendido por um discurso de "você não é o meu tipo". "Eu só não curto afeminados, gordos, negros, asiáticos, enfim..." — argumentos frágeis como "é minha opinião, e opinião não se discute". Se a promessa desses aplicativos é gerar conexões, a experiência concreta é muitas vezes nos conectar com as partes mais violentas e opressoras dessa comunidade, com muito pouco espaço para conversas e encontros reparadores.

Um outro ingrediente fundamental dessa energia caótica é o status da sexualidade serial no contemporâneo. Na essência, a lógica é a seguinte: quanto mais gente está disposta a transar com você de graça, maior o seu valor. E a gente foi criando inúmeras formas de ranquear essa desejabilidade. Obviamente, esse não é um jogo exatamente meritocrático de onde todos partem do mesmo ponto. Quem tem o direito de escolher com quem quer se relacionar? Classe, etnia, idade, padrões estéticos, orientações e preferências sexuais... tudo isso aumenta ou diminui seu status no mercado da sexualidade. E também produz um sintoma muito curioso: a performance da indisponibilidade. Como um efeito colateral da lei da oferta e da demanda nas relações, vai ter mais valor quem se mostra mais indisponível, de difícil acesso. Como analisa o sociólogo Richard Miskolci em *Desejos digitais*[158], os aplicativos de relacionamentos vão ampliando esses sintomas e cultivando encontros radicalmente insatisfatórios e em série. Escancara-se um buraco subjetivo que acaba numa solidão insustentável.

Se estamos falando de um sujeito gay que cresce atravessado pelo trauma da homofobia ou homoterrorismo, como define o psicanalista Antonio Quinet em *As homossexualidades na psicanálise*[159], a dinâmica dos aplicativos é um perigoso gatilho para a reincidência do trauma. Fica difícil agir de forma diferente quando há tanto espelhamento. O comportamento destrutivo passa a ser copiado, porque é o jogo que se joga. E a solução não parece estar em apagar e reinstalar os aplicativos compulsivamente, deletando o histórico de conversas como se elas nunca tivessem acontecido.

Talvez devêssemos experimentar práticas para reduzir a violência desses ambientes e elaborar as formas como lidamos com o ritual de aproximação do outro. Porque tem algo desse ritual que, num masculino clássico, é assimilado e transmitido na chave da caça. Um processo de escolher a presa, seduzir, "comer" e descartar. E assim vamos vendo esses sujeitos narcísicos meio perversos, que vão ficando viciados na sedução. Mas e as outras etapas do processo?

Certo, ficou muito fácil demonstrar interesse: você entra no perfil, curte três fotos, reage aos *stories*, enfim, toda essa etiqueta do acasalamento digital. Mas como a gente faz para dizer "não, obrigado"? Como a gente diz que não está mais a fim? Como transcender a lógica comparativa que mascaramos com o discurso de libertação sexual? Como evitar que nos tornemos narcisistas perversos cultivando uma grande arena de objetos dos quais nem estamos tão a fim, mas que também não queremos perder porque, além de *crushes* em potencial, também são nossa audiência...?!

LUCAS: Certo. E não estamos dizendo aqui que os gays são perversos ou que todo mundo hoje virou perverso, mas temos ferramentas digitais hoje que estão nos estimulando a agir como tal. Fazendo você desrespeitar e quebrar a sua própria subjetividade, a princípio neurótica. E também a do outro, claro. Nesse contexto, cada um precisa botar a mão na sua consciência para avaliar como já destratou alguém ou foi destratado, abusou ou foi abusado. Mas vale entender, e até para respirar um pouco mais aliviado, que boa parcela da responsabilidade disso tem a ver com um sistema operacional, com o desenho dessas experiências digitais. Talvez a gente precise se libertar parcialmente desses mecanismos e dessas lógicas, de forma que o sexo não seja tão instrumentalizado como recurso para lidar com a dor, para escancarar a dor, ou até como uma tentativa de eliminar angústias tão primitivas. E, aí, sempre vale recorrer à obra do filósofo Byung-Chul Han[160] para falar sobre dor. Como lidar com tudo isso se, hoje, a dor é vista como um sinal de fraqueza, algo que precisa ser eliminado ou ocultado porque não é compatível com a sociedade do desempenho?

Nesse sentido, talvez seja interessante também defendermos um pouco a solidão. A capacidade de suportar a solidão, sem precisar demonizá-la. Apesar de ser um mal-estar, a solidão não é uma doença, não precisamos ter tanto medo assim. O problema está mais numa solidão que não é reconhecida e não é elaborada. E, quanto mais aumenta esse incômodo, mais agrava-se a montagem da compulsão ou do sexo como adicção. A Joyce McDougall[161] é uma psicanalista neozelandesa que trabalha muito bem essa visão do sexo como uma adicção, uma forma de lidar com uma dor muito profunda. É uma sexualidade fundamentalmente compulsiva e frenética, em que não tratamos o outro nem como pessoa, mas como uma droga mesmo, um objeto inanimado.

Não podemos deixar de falar do *chemsex* enquanto um fenômeno cada vez mais preocupante nas grandes metrópoles brasileiras. Uma configuração problemática na qual o sujeito só consegue fazer sexo quando está sob efeito de drogas. Além do sexo em si virar uma adicção, esse é um comportamento compulsivo que evita o encontro com suas dores e seus buracos psíquicos. São maratonas de horas e dias seguidos com altos riscos para a saúde, sem falar nas probabilidades de dependência, overdose, situações de violência de corpos e mentes que perdem intencionalmente a consciência do que estão fazendo, como uma espécie de autoassédio, autoestupro. Custe o que custar, a solidão está na busca por companhias para usar drogas bastante perigosas, principalmente a metanfetamina. Em 2023, a revista Piauí publicou um corajoso texto do jornalista João Batista Jr. sobre os danos trágicos desse fenômeno[162]. Os relatos nos fazem entender como a associação indiferenciável entre sexo e o consumo de drogas tem criado uma nova geração de gays que não conseguem mais transar sóbrios, muito menos vincular qualquer tipo de envolvimento afetivo com o sexo.

ANDRÉ: Faz bastante sentido. Penso que toda essa dor, angústia e negatividade que você está trazendo são fundamentais se queremos refinar a elaboração sobre subjetividades e laços entre homens gays. Refletindo sobre isso, há a hipótese da existência de um "desejo gay" — ou desejos gays no plural — e o que os constitui. Temos aparatos teóricos e referências, da academia à cultura pop, muito interessantes para nos aprofundarmos no tal desejo gay. "Homofobia internalizada", "epistemologia do armário", "amor de quenga", enfim, dá pra nomear muitos elementos que nos atravessam. Para isso, é preciso conhecermos e reconhecermos as "novas fronteiras da história LGBTI+ no Brasil"[163] e assimilar que esse desejo gay é profundamente afetado por discursos de ódio e conteúdos traumáticos. Estamos transitando no limiar entre prazer, asco, agressividade, desejo e repulsa; e tentando descobrir o que fazer com todos esses afetos e conteúdos psíquicos.

Como argumenta Judith Butler[164], se discursos de ódio podem nos ferir, é porque somos feitos de linguagem; somos constituídos por palavras e, portanto, elas também nos formam e nos deformam. Por que tudo isso importa? Porque os insultos também podem inaugurar a possibilidade de um sujeito agir, encontrar nomeação e uma nova existência pela via do negativo. O melhor exemplo disso é o fato de que termos como "queer", "bicha" e "travesti" foram apropriados e ressignificados, o que não significa que todo sujeito conseguiu se livrar dos resíduos de ódio e discurso violento que foram experimentados nesse caminho.

O que tudo isso tem a ver com desejo gay? É um desejo que está atravessado por muito mais do que "atração sexual e/ou amorosa por pessoas do mesmo gênero". É o que percebemos na obra *Dissidências sexuais, temporalidades queer*[165], do psicanalista Daniel

Kveller, que faz ótimas elaborações sobre essa relação visceral do gay com o masculino, o seu apego apaixonado pelo seu inimigo principal, uma identificação quase louca com a norma, uma mistura de aspiração com repetição de um masculino opressor que pode acabar em violências do sujeito contra si mesmo. Haveria então um gozo masoquista com a incorporação desse padrão — gozo aqui em um sentido lacaniano, de algo que está para além do prazer-desprazer, uma estranha satisfação que não leva em conta os interesses de preservação do Eu.

Como diz o acadêmico e crítico literário Leo Bersani[166], o desejo homossexual masculino é constituído justamente por uma confusão entre apropriação e identificação com o objeto de desejo. Em síntese, é como se a formação da subjetividade gay se constituísse em um triplo movimento de apego apaixonado e renúncia, "quero ser isso" + "quero devorar isso" + "quero destruir isso". E o "isso" é esse masculino que estamos examinando aqui.

LUCAS: Nessa linha de investigação que você propõe a respeito do desejo gay, acho válido reforçar que não há nada especificamente errado em um comportamento sexual sem grandes intimidades. No entanto, creio que a intimidade vai precisar estar em algum lugar na vida desse sujeito, ou a solidão será avassaladora. Pode ser pela interação e participação em grupos de gays que se conectem por outros motivos, pela sublimação da sexualidade, grupos de esportes ou estudos, formas de pertencimento que deem a driblada que precisamos na solidão existencial. Afinal, é tudo sempre só sobre sexo entre homens gays? O que mais existe nesse senso de comunidade que podemos nutrir?

ANDRÉ: E, pensando nos discursos que circulam, o que mais pode orientar e unir nossa comunidade para além da noção de orgulho? Para fechar, o livro do Daniel Kveller faz uma importante reflexão sobre o paradoxo do orgulho. Essa causa que une subjetividades

LGBTQIAP+ também pode impulsionar um otimismo compulsório, que nos uniformiza e nos achata no modelo restrito do "gay feliz". Mas e aí, o que fazemos com as dores e os afetos negativos? Vai ter espaço para eles em nossos grupos e círculos de convívio? Ou só cabe a festa, a beleza, a lacração? Não é sobre negar o orgulho, mas expandir os significados e as possibilidades de existência para além do imperativo ultrapositivo e *happycrático* do orgulho. Não vai dar para enxergarmos as esquinas escuras da nossa subjetividade quando está tudo hiperiluminado por luzes de um arco-íris ofuscante.

10 Sobre dizer
ADEUS

Lançado em dezembro de 2021, esse episódio do *Vibes em análise* marcava um momento em que, depois de meses de vacinação contra a Covid-19, era hora de olhar para a frente e assimilar que a pandemia estava finalmente acabando. Mas e as elaborações das perdas? O luto de tantas mortes, próximas e distantes, que poderiam ter sido evitadas; e que definiu um período tão trágico na história do Brasil, com uma triste marca de mais de 700 mil óbitos[167].

O processo de luto é sempre difícil, porque ficamos em busca de um sentido que nos reconforte. Das grandes questões da vida, o luto é das maiores, mais terríveis e mais libertadoras. E, certamente, a mais inevitável. Todos nós perdemos e vamos perder pessoas e relações, mas o cálculo do neurótico clássico é evitar riscos, driblar prejuízos e privações. Como bem escreveu Clarice Lispector em *A descoberta do mundo*[168], morre-se sem ao menos uma explicação e o pior: vive-se sem ao menos uma explicação.

Há uma hipótese na psicanálise de que hoje em dia ficou ainda mais difícil perder, sobretudo porque habitamos um tempo que nos diz que devemos sempre vencer, conquistar, otimizar, o puro suco do mais-gozar. A regra é clara: seja feliz enquanto dure — e, se der, para sempre. Se a depressão tornou-se uma espécie de "mal do (começo do) século", temos aí uma pista de que muitos sujeitos não estão conseguindo lidar bem com separações. Como escreveu uma das ouvintes desse episódio, "tenho muita dificuldade com o fim de tudo: trabalho, relacionamentos e até o fim de uma expectativa que não pode existir mais por já ter se tornado realidade".

Nesse caldo psicossocial, "Sobre dizer adeus" é uma reflexão sobre a seguinte questão: como despedir-se do que já foi (mas ainda não foi)? Como sair de uma fase e entrar em outra, sem reprimir a dor da separação? Afinal, a vida precisava (e precisa) continuar. Apesar de soar sombrio, este capítulo é também sobre as rotas de saída, resolução e esperança. Na borda da finitude, os rituais de encerramento são de grande ajuda perante eventos e acontecimentos decisivos. Entre términos e traumas, a travessia só será possível através da simbolização — então vamos ter que falar mais sobre isso.

Em sua última entrevista, Freud disse assim: "Os impulsos de morrer e de viver convivem lado a lado dentro de nós. A morte é a companheira do amor. Juntos, eles governam o mundo. [...] Biologicamente, todo ser humano, não importando a intensidade do seu desejo de viver, anseia pelo Nirvana, pelo fim da febre chamada vida, pelo seio de Abraão. O desejo pode ser disfarçado por rodeios. Entretanto, o objetivo final da vida é a própria extinção"[169].

✳ ✳ ✳

LUCAS: Pensar sobre o fim é sempre complicado, porque o fim nos lembra a morte, que é a única certeza da vida e da qual estamos sempre tentando fugir. Se olharmos para a pandemia e para a quantidade de vidas que foram afetadas por essa tragédia, de quantos milhões de lutos estamos falando? De quantos tempos de luto estamos falando? Como fazer esse cálculo?

ANDRÉ: Segundo uma pesquisa da consultoria Cause e do Instituto de Pesquisa Ideia, a palavra que melhor representou o ano de 2021 foi "luto"[170]. Essa parece ter sido uma mudança à força para a nossa cultura. Segundo uma pesquisa mais antiga, 73% dos brasileiros acham que o tema deve ser evitado nas conversas[171]. E mais: 1 em cada 10 ainda acredita que falar sobre a morte atrai morte. Tabu e superstição, tudo junto. O recalque da morte na cultura diz muito sobre a nossa relação com uma das questões mais fundamentais da vida: como lidar com grandes despedidas sobre as quais não temos muito o que fazer a não ser dizer adeus?

LUCAS: Existem alguns aspectos do contemporâneo nessas rupturas com o outro sobre os quais precisamos refletir mais. E é aqui que as tecnologias de comunicação entram em cena: terminar um namoro por WhatsApp, demissões por e-mail, amizades que se encerram com um "bloquear" nas mídias sociais. Por um lado, as tecnologias facilitam as conexões, e também os cortes, mas não necessariamente nos ajudam a lidar melhor com as perdas e os buracos que ficam. Paira no ar uma certa covardia virtual e um silenciamento da subjetividade do outro, que, precisamos lembrar, não é um mero objeto, é sujeito também. Essa tentativa de aceleração dos processos de desligamento e luto vem deixando muitas pontas sem nó.

Para não iniciar pelo fim derradeiro, podemos começar com o "até logo" e depois vamos para o "adeus". Para isso, vale abrirmos um parêntese para falar sobre a expressão em alemão *Fort-Da*[172]. *Fort* é "longe", "ir embora". E *Da* é "ali", "perto". Esse é um termo freudiano empregado com base em uma observação que o psicanalista fez do neto brincando. Quando o menino era deixado sozinho, sem a mãe, ele fazia uma brincadeira com um carretel que arremessava para longe, mas depois puxava para perto. O menino ia fazendo esse movimento e falando essas palavras para esses dois momentos: *Fort* e *Da*. A partir dessa cena, Freud articulou a teoria sobre a alternância entre o sumiço e o ressurgimento de um determinado objeto de amor. Um objeto de que a gente gosta e quer ter sempre por perto. Esse gesto é, no fim das contas, uma grande encenação dessa criança sobre partidas e retornos. Presença e ausência. É também nessa hora que o sujeito se insere na linguagem, porque é pelos significantes que é possível não só constatar a ausência, mas elaborar a falta. Fazer alguma coisa com a falta que não seja apenas chorar como um bebê.

É como aquela brincadeira, quando a criança é muito pequena, em que você se esconde atrás de um móvel ou de um sofá, e ela se impressiona, com um grande sorriso, sempre que você reaparece. Como mágica! Isso acontece porque ela ainda está muito colada no sensorial e na imagem. A internalização da ausência ainda está muito condicionada. O sumiço é muito definitivo e até traumático. Esse vai e volta todo é muito importante para não correlacionar ausência necessariamente com o abandono e fazer esses "até logos" ficarem, aos poucos, menos doloridos. Em algum momento, vai haver um adeus definitivo (sendo o maior deles a morte) e daí vamos precisar ainda mais desse simbólico da linguagem. Por isso, o título deste capítulo é "Sobre dizer adeus". Sobre o que pode ser dito e escutado a respeito de uma história de separação. É sobre a história que se viveu junto, sobre o que vai ficar apesar do que acabou de ir embora. Esse é o consolo e, talvez, o alívio que se tem quando encaramos a perda. A força e o poder das nossas palavras. Há coisas que são muito difíceis de serem ditas, mas por isso mesmo a gente vai ter que conseguir dizer. Quando uma coisa está quase quebrando, pode ser melhor cortar do que deixar quebrar, porque pode quebrar de um jeito muito feio. O corte dá para tentar fazer de um jeito franco e cuidadoso. Como podar uma planta. Pode até nascer um ramo novo.

ANDRÉ: É muito interessante essa cena que você traz. Essa observação do neto do Freud é emblemática porque traz à tona um enigma sobre o trauma e a compulsão à repetição. É por meio desse impasse — dentro e fora, presença e ausência — que se constrói uma das grandes viradas conceituais da história da psicanálise, na qual o aparelho psíquico deixa de ser só sobre o eixo prazer e desprazer, mas também passa a ser pulsão de vida e pulsão de morte. Esse vaivém do carretel fala de alguma coisa dentro de nós que é responsável por fazer ligações, representações, e outra coisa que é o contrário, responsável por desfazer ligações, dissolver agregados. Essa é a dança entre **Eros e Tânatos**. Um

> Estes são conceitos-chave da teoria psicanalítica. **Eros e Tânatos** são termos gregos para vida (ou amor) e morte, respectivamente. Eros representa a busca pela sobrevivência, a propagação da vida, a sexualidade, a fome, a necessidade de satisfação e prazer, nossa capacidade de integração. Já Tânatos representa a agressão, a violência, a destruição. Não é necessariamente um desejo explícito de morte, mas um impulso que vai contra a vida.

esforço para elaborar o fato de que se tem uma mãe, depois não se tem uma mãe. Sem promessa de redenção.

LUCAS: Até porque a função materna não é sinônimo de onipresença. O bebê vai aprendendo isso e tendo que lidar com alternativas. E aí vem a grande pergunta: o que a gente pode colocar no lugar daquilo que deseja, mas não pode ter? Pelo menos, não naquele momento, não o tempo todo. O que a gente vai ser capaz de fazer? E quais estratégias vamos criar para tentar conseguir isso que se deseja?

Acredito que é no registro simbólico que teremos a principal ajuda nessa jornada, porque assim podemos ir fazendo algumas substituições. É reconhecer que o nosso desejo, felizmente, é flutuante, e que o desejo em si é mais caro para nós do que qualquer objeto de desejo ou objeto perdido, até porque, como argumenta Lacan[173], o objeto "sempre esteve perdido". É perceber que, se um dia você está em destroços porque perdeu o emprego, no outro pode olhar bem no fundo para aquele vazio e perceber que não deseja outro emprego como aquele. Na verdade, você quer mesmo é mudar de profissão. E essa é uma grande brecha que se abre na vida. Mas, para isso, vamos ter que encarar de frente essa perda e privação. Obviamente, não dá para fazer sempre uma reparação redondinha de todas as perdas. Com certeza, há perdas que são irreparáveis. Talvez todas sejam de alguma forma, mas algumas são bem mais que outras.

Agora, pensando sobre o adeus, precisamos falar sobre o aperto que é encarar um fim repentino. O desafio de não saber o que fazer diante de uma morte inesperada, um acidente, um mal súbito. Algo que parece não ter nenhum sentido. Ou quando a gente é privado de fazer qualquer tipo de despedida, como aconteceu em tantas histórias na pandemia. Pensando em relacionamentos, é aquele fim abrupto, estranho, violento, um sumiço que vira até assombração. Nossa cabeça vai para lugares bastante autodepreciativos (e de culpa) nessa hora: "O que que eu fiz para merecer isso? Por que estou sendo castigado?". Essa recuperação tende a ser muito difícil. É um luto que pode levar muito tempo ou simplesmente não acontecer, porque é como tentar digerir uma bomba que caiu em cima da nossa cabeça.

ANDRÉ: No oposto radical da empatia, está esse fenômeno do *ghosting*, um sumiço inexplicável, uma indiferença extrema de quem foge e evita qualquer trabalho ou responsabilidade de fazer algum tipo de ritual de despedida, ou dar algum tipo de explicação, um anúncio de que o sujeito vai precisar se retirar da cena. Em *Copo vazio*, livro sobre um grande *ghosting*, Natalia Timerman escreve com precisão: "O descontrole é o que sobra de uma ligação quando o outro age como se ela nunca tivesse existido"[174]. Claro que é difícil aceitarmos a ausência do sentido, mas também existe uma grande libertação em aceitar que essas rupturas nem sempre vão ter sentido ou um motivo muito palpável.

LUCAS: O sentido até ajuda a encurtar o tempo do luto, mas o luto sempre vai levar tempo. Se aquilo era importante para nós, vai levar tempo. Mas está raro encontrar esse tempo e se dar esse tempo, então recorremos aos atalhos. O mundo vai nos empurrar substituições para nos poupar de ter que lidar com o buraco que ficou e para seguirmos ativos na engrenagem de produção e consumo, e não deprimidos. Ótimo, ninguém quer ficar deprimido, chorando pelo leite derramado, mas tem um giro completo que precisa ser feito. Será que você "superou" a perda ou só reprimiu o resto de saudade que ficou?

Muitas vezes, a gente acha que deu a volta inteira, mas foi só a metade ou nem isso; aí acontece alguma coisa depois e a gente vê que não tinha resolvido, não. E que essa travessia é mais longa do que imaginávamos ou do que gostaríamos que fosse. E, como diz Lacan, vamos alcançando a quantidade de verdade que conseguimos suportar, em doses homeopáticas. Então, sim, a gente vai reprimir a dor da perda, ainda mais se não estivermos em processo terapêutico, porque queremos proteger o nosso psiquismo de um mal-estar contínuo e incessante. Mas isso é perigoso porque, lá na frente, pode virar depressão. E, aí, vale retomarmos o clássico texto *Luto e melancolia*[175] de Freud.

Uma observação conceitual importante: melancolia e depressão são diagnósticos que vêm de épocas e contexto diferentes e não são exatamente a mesma coisa, apesar de terem muito em comum, como aponta a autora Maria Rita Kehl na premiada obra *O tempo e o cão*[176]. Desde o Romantismo, o melancólico é aquele que perdeu o seu lugar junto ao outro. É quando ficamos presos, identificados com a sombra do objeto perdido. Já a depressão é um diagnóstico mais situado no contexto psiquiátrico do século 20.

ANDRÉ: Voltando a Freud, a perda de um objeto é consciente e produz um luto, mas na melancolia isso é mais inconsciente. Não se sabe o que se perdeu, qual pedaço foi embora; só fica o buraco que se abre no chão embaixo do sujeito. Uma outra referência importante e atual é o livro do Christian Dunker, *Uma biografia da depressão*[177], trabalho em que o professor faz um estudo muito cuidadoso da evolução desse diagnóstico que foi se encaminhando para um lugar meio "o ovo e a galinha". A gente não sabe mais se os antidepressivos foram criados para tratar a depressão ou se chamamos de depressão tudo que pode e é tratado com antidepressivos. O que sabemos é que os quadros depressivos, desde os anos 1970, foram engolindo cada vez mais o sujeito contemporâneo.

A tarefa central do processo de luto é muito simples e muito complexa. É pegar um pedaço daquele objeto que se foi e trazer esse pedaço para dentro do sujeito. É como se a gente capturasse o objeto perdido em uma foto e, em seguida, rasgasse essa imagem em diversos pedaços. Rasgamos para depois colar, desintegrar para depois reintegrar. E a gente vai reintegrando pedaço por pedaço. E o que sobra, no final, é uma colagem do objeto e do sujeito. Por isso é tão importante ritualizarmos a despedida, porque fazemos uma marcação tanto do desapego como da internalização. Quando não fazemos o luto, ele se prolonga, ou, pior, tentamos trazer o objeto inteiro para dentro, como quem diz "não vou soltar, é meu!". E, aí, vem uma das frases mais famosas da história da psicanálise: "A sombra do objeto recai sobre o próprio ego"[178].

LUCAS: Sim, é aquela identificação tão maciça que o Eu não sabe mais quem é, o sujeito se perde. O luto não é patológico e não deve ser tratado ou eliminado, porque entendemos o motivo, sabemos o que se foi. A saída será um reinvestimento da libido. Mas, quando isso não acontece, a libido fica paralisada e não alcança outros objetos na vida. Por isso temos que fazer essa introjeção de traços do objeto perdido. Essa é uma visão meio totemista do Freud, mas que faz muito sentido para os dias de hoje, com uma promessa de que, bom, aceita-se a perda, mas você vai conquistar alguma coisa para carregar com você, como um suvenir. É esse resto do objeto que é tão interessante.

Ultimamente, têm circulado muitas matérias sobre a teoria das cinco fases do luto[179]: negação, raiva, tristeza, negociação e aceitação; e essa discussão que o David Kessler[180] trouxe sobre a "elaboração do sentido" como um sexto estágio, final e necessário. É o que a gente faz e sempre fez na análise, tentar encontrar novos sentidos para um pesar inexplicável... Mas isso até um certo ponto, né? Principalmente para o neurótico obsessivo.

Relacionando essa busca por sentido com os três registros psíquicos da psicanálise lacaniana, pode-se pensar que o Real é, de fato, violento, absurdo e, por si só, não tem sentido. É como um novo vírus que se espalha pelo mundo — "por que diabos isso aconteceu?". Quando vamos para o Imaginário, existe um sentido, mas é bastante perigoso ficarmos presos em um sentido único e absoluto. Quando conseguimos trazer para o campo simbólico, estamos falando de mais camadas, múltiplos sentidos. O Simbólico nos dá estatura para enxergar a situação por diferentes ângulos. É sobre conseguir participar do desfecho também como sujeito narrador da experiência, e não só como objeto ou vítima do Real. É criar o espaço para atribuir um sentido subjetivo para sua própria história. "Existiu a pandemia, mas qual foi a minha pandemia?" É falar do que fizeram comigo e do que eu fiz com o que fizeram comigo.

Não tem muito como entender o que vem primeiro, se é o desenlace que gera o sentido ou se é o sentido que ajuda a fazer o desenlace. O que a gente sabe é que as emoções precisam de movimento. Enquanto estiverem paralisadas dentro de nós, elas nos paralisam. Alguma coisa que foi vivida — ou nem vivida, mas simplesmente imaginada — há cinco, dez, vinte anos pode estar operando dentro da gente até hoje, reverberando nos nossos atos, pensamentos e afetos, porque essa é a atemporalidade do inconsciente. Como costuma-se dizer, o inconsciente não é o passado, mas o que não passou.

ANDRÉ: Podemos trazer esse raciocínio para um contexto social também, porque, no Brasil, sabemos que há muita coisa que, como você disse, não passou. A simbolização da escravidão, a ditadura militar, uma série de episódios históricos com os quais ainda não lidamos muito bem. E isso não passa, isso retorna. Esse retorno do Real é persistente, e vamos experimentando um círculo vicioso de novos momentos de fratura e mais violência. Um trauma que não passou e se repete, voltando naquela imagem da compulsão à repetição, exatamente porque a gente ainda não conseguiu elaborar.

Em *Saturno nos trópicos*[181], o autor Moacyr Scliar descreve como a melancolia europeia foi trazida para o Brasil exatamente para justificar uma atitude complacente, de isenção e neutralidade. De "não dá para fazer nada", "nem esquerda nem direita", como se desse para resolver tudo de uma vez, apertando um botão, num passe de mágica, como um milagre. São gestos ingênuos, do tipo "vai virar o ano, vai tudo se resolver" ou "é só votar nesse cara que tudo vai passar". Quando esses super-heróis com seus superpoderes nos frustram, até porque idealizamos demais, a gente vai terminar de novo na melancolia. Quando esses super-heróis com seus superpoderes nos frustram, até porque idealizamos demais, a gente vai terminar de novo na melancolia. Isso também pode acontecer quando não se consegue fazer o luto dos nossos ideais ou aceitar que as pessoas que achamos brilhantes e perfeitas são, na verdade, apenas humanos tentando fazer o melhor ou o pior ao mesmo tempo... Nesse sentido, há também um ganho da melancolia, de manter sujeitos adoecidos para que não consigam transformar seu descontentamento em transformação social e mudança real. A melancolia também pode ser uma grande ferramenta de controle e manutenção do status quo. Ou de, pelo menos, fazer muita gente ganhar dinheiro à custa de outras.

LUCAS: Já que você trouxe essa perspectiva histórica e sociocultural, me veio à mente a questão dos ciclos temporais, de como as coisas são cíclicas e se repetem, nunca iguais, mas com algumas semelhanças. É muito difícil a gente começar um ciclo sem encerrar o outro. Em geral, as grandes confusões neuróticas acontecem porque estamos em um determinado lugar, mas ainda estamos também no outro lugar antigo, tentando ocupar dois lugares ao mesmo tempo. O inconsciente faz isso com a gente, tem essa pegada atemporal que nos atormenta. Óbvio que estar em muitos lugares ao mesmo tempo vai nos gerar dúvida e angústia. Eu posso amar uma pessoa com quem me relaciono hoje, mas tinha alguma coisa naquele relacionamento anterior que também era muito especial. Sim, tinha, mas cuidado com a nostalgia. A nostalgia é uma saudade idealizada, que exclui as partes negativas.

O que acho interessante sobre a história dos ciclos é que esses períodos nos posicionam no tempo e nos permitem fazer alguns comparativos. Sim, os comparativos podem ser uma armadilha. Mas, ao mesmo tempo, as distinções nos ajudam a refletir sobre a repetição e os padrões. Como fazer para não fazer algumas coisas exatamente como a gente fez antes? Como se despedir de algum padrão de comportamento que não dá mais para levar adiante? Que já deu, que está gasto, que só nos desgasta. Do que vamos conseguir abrir mão, que repetição vamos atravessar e fazer diferente da próxima vez? Porque a repetição neurótica é uma forma de não dar adeus a algo a que já deveríamos ter dado. Essa é uma pergunta-chave do processo analítico: qual é o seu ganho secundário nisso que você repete, e de que se queixa, mas que continua fazendo? Se você se desapegar disso, vai aparecer o quê? Vai abrir espaço para quê? Eu gosto dessa ideia de que nunca dá para começar tudo de novo, mas ainda dá para decidir como terminar essa fase e planejar como começar a próxima.

ANDRÉ: No limite, é bom lembrar que o fim é um tipo de castração para o sujeito e tem a ver com sair do lugar de Eu todo poderoso. Ou da vítima totalmente lesada. É encarar os limites da nossa existência, das nossas capacidades, do tempo e os limites do outro. É entender que todo mundo é finito, faltoso, incompleto, esburacado. Mas não conseguimos tomar consciência de tudo isso sozinhos.

O luto é um processo profundamente individual, mas que não acontece sem momentos sociais e coletivos de despedida. O problema é que, nos ==tempos tecnonarcísicos do espetáculo 24/7==, a morte também vai virando uma grande performance, como se fosse mais um quadro no infinito show do Eu[182]. Alguém morre e é a gente que viraliza. Paulo Gustavo, Marília Mendonça, MC Kevin... a morte de pessoas públicas parece catalisar um movimento — ou vibe — de transformar a morte em gatilho de engajamento. Entra em cena o Luto Espetáculo.

Compartilhar a dor também pode ser uma forma de elaboração, uma parte indispensável do processo do luto. Mas nestes tempos terrivelmente digitais, nos quais a intimidade vai

---

✕

Como descreve o filósofo Paul Preciado em *Testo junkie*, vivemos em um bordel-laboratório global integrado multimídia no qual o controle dos corpos e dos afetos se realiza sob a forma pop da excitação-frustração. A indústria audiovisual ininterrupta faz com que essa exploração seja perpétua, como manda o capitalismo tardio 24/7 tão bem definido pelo crítico Jonathan Crary.

se tornando uma experiência pública, parece que a performance do luto passa a ser inevitável. Não basta lamentar ou mesmo chorar pelo que ou quem se foi; é preciso postar, hitar, viralizar, dar um show. No Luto Espetáculo, tudo passa a ser sobre como o objeto que se foi me afetou. O que eu achava dele? Minha foto com ela... Para muita gente, tão ou mais importante do que a partida repentina acaba sendo o jeito que essa perda foi sentida, e como a performance dessa perda pode me destacar, para não dizer me beneficiar.

Nessa lógica, tão importante quanto a separação entre Eu e objeto é o povo, os seguidores e inscritos, a audiência ininterrupta e teoricamente infinita que pode acompanhar — ou engajar — o luto. Se na melancolia a perda do objeto produz uma desertificação do Eu, no Luto Espetáculo ela vira uma oportunidade de anabolizar o Eu. Qual é o problema aqui? O luto sempre tem uma dimensão íntima, aquele sofrimento que é só seu, aquilo que circula próximo do que partiu. Mas também tem uma dimensão pública, de reconhecimento daquela perda, do valor de quem morreu e de quem fica. No Luto Espetáculo, dá para a gente questionar se existe algum tipo de simbolização da perda, ou se é só uma forma inconsciente de negar a perda e disfarçá-la de homenagem. O ritual de desligamento vai sendo como um evento social. Morte? Que morte? Aqui, há compartilhamento, engajamento, chuva de likes, caixas de comentários lotadas, novos seguidores, publi, sucesso. E ativa o sininho que é para não perder nada, hein?!

É claro que não podemos entrar numa cilada de ficar julgando o luto alheio e assumindo uma postura de freelancer de Supereu. Cada um está dando conta do luto da forma que pode e consegue, mas tudo isso diz muito sobre como nós, a cultura e a sociedade lidamos com as perdas e despedidas.

LUCAS: É interessante esse seu ponto de vista, pois o fato é que as novas tecnologias estão mudando mesmo as formas como a gente consegue ou não fazer essas despedidas. Há um trecho no *Reinvenção* *da intimidade*, livro do Christian Dunker, que diz o seguinte: "Na vida em formato de videogame, aprendemos muito sobre como deletar pessoas, mas pouco sobre a arte de desistir, despedir e guardar as fotos de recordação com carinho e gratidão"[183]. Pois é, deletar não é dizer adeus. Por mais prático e sem fricções que seja, existem coisas que talvez não devam ser simplificadas. As relações humanas são complexas, por mais que a gente tente reduzir e resumir. Não estamos lidando com máquinas e robôs que possuem um mesmo sistema operacional, onde está todo mundo no mesmo lugar, numa mesma rede. Cada um tem uma cabeça, um corpo, uma história e um inconsciente.

O atravessamento das tecnologias nas relações deixou tudo muito operacional e dual, um radicalismo binário de 0 e 1, liga ou desliga, adiciona ou remove, notifica ou silencia. E, ainda que tudo isso soe bastante estranho e distópico, todo mundo vem se comportando cada vez mais desse jeito, até como forma de se defender e se proteger de todos os outros que estão agindo dessa forma também. Tornou-se uma ética do nosso tempo. Parece que continuamos sendo prioritariamente neuróticos, mas fazendo uso de sistemas cada vez mais perversos, que apagam a subjetividade do outro, reduzindo-o à posição de objeto. Em certo grau, é como se a gente estivesse tão ruim em fazer despedidas e encarar os lutos que achamos melhor não criar vínculo nenhum.

ANDRÉ: É a história do *fake* luto para *fake* relações, como nos disse a grande Maria Homem, psicanalista convidada desse episódio. Elaborando sobre o tema, ela reforçou a importância de colocar o luto, qualquer que seja, em palavras, para que seja menos *fake* e performático. Para ela, é a palavra que recorta e dá uma limitação. Afinal, escolhemos uma palavra e não outra, e poderiam ser tantas outras. "Por que escolhemos falar sobre o fim de uma determinada maneira? Existe sempre uma angústia do recorte, que está na castração da linguagem, da potencialidade de tudo que poderia ser dito.

Mas, no fim, é sobre você se dignar a dizer só estas poucas linhas, estas poucas palavras, nestes pouquíssimos minutos." Essa é inclusive uma bela elaboração sobre o título deste capítulo: qualquer adeus, quando pode ser dito, já é menos louco, já dói menos, já é um caminho, já é alguma posição onde você pode se colocar e então partir para frente.

Essa visão que a Maria Homem traz me faz lembrar muito de uma passagem do seu livro *Lupa da alma*[184] sobre a possível operação de luto na identificação com um traço do objeto perdido. "Pegar um gosto, um gesto, um sorriso, uma mania, um traço que era do outro e que, de agora em diante, será nosso também. Quem sabe o nome? Quem sabe uma tarefa, um sapato, um livro, uma causa, uma missão, afinal, não é assim que as coisas passam de geração para geração? Recebemos a vida e saímos dela pegando traços e carregando as lembranças do que vivemos." Penso que esse é um jeito muito cuidadoso e poético de lidar com essa operação tão visceral e radicalmente humana que é o luto.

LUCAS: Pensando em um final esperançoso para este capítulo, vai dar para superar, sim! Vamos partir dessa crença? Dessa aposta? Eu penso que, quando temos uma resistência muito grande de superar uma perda, de fazer uma despedida, vale um exercício bem honesto conosco mesmos para nos dar crédito por todas as perdas que já tivemos na vida, pelas fases que vivemos e se foram. Não dá para lembrar de tudo, mas a maioria de nós, certa vez, enfrentou o desmame, tirou a fralda, saiu do colo da mãe, foi para a escola. Saiu de casa, foi morar em outro lugar, abriu mão de muitas coisas que eram prazerosas e confortáveis, que eram "tudo" pra gente, em busca de algo novo e incerto. E ficamos assustados e nervosos. O primeiro emprego, o primeiro romance, o primeiro término, os sonhos, os planos que se perderam, ou aos quais tivemos que renunciar. E, aí, vieram outros. Eu gosto de visualizar essa linha do tempo de perdas porque dá uma dimensão de que a gente já viveu e enfrentou várias pequenas ou grandes mortes na vida. E, se não enfrentou, vai enfrentar. E só com essa consciência de que a gente está morrendo é que vai dar para viver.

É como em *Uma questão de vida e morte*[185], livro que o psiquiatra Irving Yalom escreveu junto com sua esposa enquanto ela passava por um câncer terminal. Ela faleceu antes de terminarem a obra. Eles abrem o livro dizendo: "O luto é o preço que pagamos por ter coragem de amar os outros".

ANDRÉ: Como é que é?

LUCAS: O luto é o preço que pagamos por ter coragem de amar os outros.

ANDRÉ: Eu acho que a gente pode deixar aqui.

LUCAS: Eu também.

VIBES
DO MUNDO

A parte final do livro coloca a sociedade e a análise cultural no centro. Trata-se de um conjunto de cinco capítulos com reflexões sobre um cenário mais macro, uma análise de questões estruturais da cultura, da economia, da política, com todas suas normas, leis e todos seus valores em voga — e que devem mesmo ser questionados.

Pessoas mudam e coisas acontecem. Mas, também, coisas acontecem e pessoas mudam. Como humanidade, nós fazemos o ambiente; mas antes, enquanto sujeitos, é o ambiente que nos faz. Quando o mundo nos atravessa com estímulos, lógicas, sistemas e ideologias prontas para capturar nossa subjetividade, pode ser bem difícil (ou impossível) mudarmos a nossa cabeça e os nossos comportamentos por conta própria.

Muitas vezes resistimos às mudanças do nosso tempo, e isso não é algo necessariamente ruim. É o anacronismo que nos salva, um pouco, de sucumbir ao contínuo mal-estar na cultura. Adaptar-se rápido demais pode ser uma grande armadilha se não fizermos uma boa reflexão sobre o que está acontecendo. Se o mundo está de cabeça para baixo, devemos convocar essa mesma loucura para conseguir pertencer?

E assim nos perguntamos: em um tempo tão guiado pelo que compramos, tem como não nos sentirmos consumidos pelo próprio ato de *consumir*? No jogo de espelhos das redes, qual é o custo psíquico da incansável busca por *beleza*? E será que a psicanálise também pode tratar de *política*? E dos mecanismos psíquicos por trás do *racismo*? E, em meio a temas tão densos e complexos, o que a nossa obsessão pelo alívio cômico dos *memes* tem a nos dizer sobre o estado atual das coisas?

O desencaixe com a normatividade é sempre mais sofrido, mas também pode ser uma virtude, pois reflete a capacidade de um sujeito insurgir-se diante do *éthos* da sua época, dos modos de pensar e viver. O mais importante é podermos observar, de longe e de perto, as mudanças do nosso tempo e ver como vamos continuar navegando. Criando novos sentidos e sentindo o que ainda vem por aí.

11
COMPRO,
logo existo?

Era uma vez um tempo em que consumidores também se sentiam consumidos. E esse tempo é agora. Entre desejos e compras por impulso, quanto das nossas relações com o consumo a gente realmente elabora? Considerando o espaço enorme que o consumo ocupa nos nossos dias, é fundamental pensarmos sobre ele. Elaborarmos as coisas que a gente *quer* e *não quer* comprar, aquelas que a gente *tem que* comprar, ou simplesmente *não pode* comprar. Desse modo, muito se fala em consumo consciente e educação financeira, mas e sobre os resíduos e registros psíquicos que o consumo deixa no nosso inconsciente?

Hoje, há no mundo mais de 500 mil marcas de 2 mil categorias de produtos e serviços[186]. Em um tempo tão pautado pelo consumo (e pelo consumismo), o marketing se tornou um dos grandes senhores do sujeito. Um senhor que habita todos nós. No fim, sabemos que fica bem difícil imaginar e conseguir bancar uma existência fora das lógicas do consumo quando as técnicas de persuasão tornaram-se tão invasivas e eficientes.

Em uma matriz lacaniana de pensamento, nosso desejo é impulsionado pelo desejo do outro. Para complicar, o desejo é flutuante, o que significa que trocamos muito frequentemente os objetos que atendem nossos desejos. Resumindo bastante, há algo de profundamente inquieto no desejo e na experiência humana. Só que, ao longo do último século, consolidamos uma lógica de não nos fixarmos em nenhum objeto, pulando cada vez mais rapidamente de um objeto a outro sob a promessa de que a satisfação está no que vem a seguir. Estamos no âmago do gozo consumista. Para complicar, na aceleração dos tempos digitais, é como se um novo objeto nos fosse ofertado a cada segundo. Nossa hipótese é que esse contexto acaba embaralhando um pouco mais o desejo que já é naturalmente difícil de escutar, enxergar e nomear.

Do nosso ponto de vista, trabalhando como pesquisadores de comportamento e cultura há mais de quinze anos, fizemos incontáveis entrevistas e grupos de pesquisa sobre como as pessoas se relacionam com marcas e produtos, e desenvolvemos uma escuta ampla sobre os prazeres e desprazeres do consumo. São muitas camadas de identificações, projeções, sublimações e angústias, que também identificamos em nossa escuta clínica como psicanalistas. Escutar sobre o consumo nos interessa e, frequentemente, nos surpreende bastante. O episódio "Compro, logo existo?" do *Vibes em análise* não foi exceção.

Fazendo um balanço geral de reações, comentários e mensagens que recebemos quando publicamos esse episódio, dá para notar a dificuldade de sustentar uma posição antissupérfluos. Como disse um dos nossos ouvintes, é muito trabalhoso dizer para si mesmo "Eu não preciso disso!". Também temos a impressão de que esse assunto é deixado de lado, como se não desse muito tempo de sequer pensar nos limites entre consumo, consumismo e ser consumido. "Difícil demais de elaborar", "melhor nem falar nisso", ou até mesmo algumas posturas de denúncia e interdição com um subtexto de "vocês não deveriam falar disso!".

"Estou vivendo ou apenas comprando o próximo produto que os influenciadores dizem que eu preciso?" parece ser a grande crise existencial do nosso tempo. Nesse caldo cultural tão espesso, consideramos fundamental fazer uma investigação mais aprofundada sobre o tempo do consumo mediado por telas, tempo em que uma parte tão grande da sociedade gira em torno do botão "comprar".

Como podemos navegar realidades mediadas pela publicidade? É possível distinguir o que queremos do que os algoritmos querem que queiramos? Quem é você sem ter o que tem? E por quanto tempo suportamos não ter aquilo que queremos ter?

Como sentenciou a artista norte-americana Barbara Kruger, em uma das suas obras mais famosas, a gente vive em um tempo de: "Compro, logo existo?". Este capítulo pretende abrir, sem encerrar, algumas elaborações necessárias para essa questão.

✳✳✳

ANDRÉ: O brasileiro consome bastante. É o nono país do mundo que mais gasta com roupas e acessórios, o quinto em número de celulares, o quarto maior mercado de beleza e cuidados e o décimo que mais desperdiça alimentos no planeta[187]. E mesmo durante as pausas e paralisações da pandemia de Covid-19, o consumo não parou. Parece inclusive que muitos de nós compensamos essa suspensão comprando ainda mais.

LUCAS: Ao mesmo tempo, em 2022, o salário médio do trabalhador brasileiro chegou ao menor patamar dos últimos dez anos[188], e atingiu-se o maior índice de inflação desde o lançamento do plano Real. Que a economia brasileira vive no sufoco, todo mundo sabe. Mas, para além de como tudo isso impacta as nossas necessidades materiais, como será que as privações no consumo podem afetar a nossa subjetividade?

Sabemos que existe muito consumismo, compras compulsivas, culpa, arrependimento, buscas incessantes e desesperadas por algum tipo de alívio emocional através do consumo, mas duas perguntas-chave estão na mesa: 1) É necessidade ou desejo?; 2) Consumir nos faz felizes? Há muita coisa que a psicanálise pode articular a respeito do consumo, mas vamos começar pelo básico: o que será que está tão inconsciente na forma como consumimos?

ANDRÉ: O consumo, sabemos, não é só o ato de comprar; é também um processo sociocultural mais complexo. Um processo que começa antes da aquisição de algum bem, está profundamente ligado às relações e condições de produção, até o descarte da mercadoria. Isso quer dizer que o consumidor está inserido em um contexto sociocultural muito mais amplo e que vai muito além das transações financeiras. O consumo não é só um ato individual ou privado, até porque tem consequências públicas, ecológicas, sociais, enfim, implicações em uma série de campos da nossa sociedade e da nossa vida.

LUCAS: Sim, realmente. E, indo pela etimologia do termo no latim, "consumo" vem da noção de gastar, de desgastar, de destruir. E me parece que esses aspectos no "*consumare*" se expandiram ainda mais, ganharam ainda mais sentidos. Porque, como você estava dizendo, não é só sobre consumir e usar alguma coisa até chegar a hora de jogar fora e adquirir outra; é também sobre o desgaste e a destruição dos recursos naturais, do meio ambiente. É ainda sobre como essa força corrosiva igualmente se volta não só contra o planeta, mas também contra nós. Porque há uma hora em que a gente começa a pensar como se não fosse só consumir, mas inclusive ser consumido pelo consumo, como se o consumo fizesse a gente se perder das coisas mais importantes da vida, de nós mesmos e/ou da nossa subjetividade.

A gente vive no tal do capitalismo tardio e, em geral, somos vistos muito mais como consumidores do que como sujeitos com subjetividades próprias. Mesmo as pessoas que estão agora nos lendo, de certa forma, são *consumidoras* do nosso conteúdo. Resta algo de pejorativo nesse revestimento do significante consumidor, como se a nossa faceta de consumidor fosse um ser de segunda classe. E talvez até seja.

Puxando um pouco para a teoria psicanalítica, a relação que me parece mais óbvia é de que o consumo é um alívio imediato, muito alavancado pelo que a psicanálise chama de princípio do prazer[189]. É como se comprar pudesse nos ajudar a lidar com algum vazio; nos fazer esquecer um desprazer, um desgosto, uma carência, uma frustração, uma angústia. Pode até parecer que não tem nada a ver com aquilo que estamos consumindo, mas, de algum jeito, sempre tem. Isso posto, podemos tentar uma reflexão ponderada sobre a nossa relação com o consumo, sem entrar num discurso panfletário ou ingênuo.

ANDRÉ: Com certeza. Até porque colocamos muita coisa na conta do consumo, como se desse para tirar de cena tanto a falta que nos constitui quanto essa dança entre prazer e desprazer que você mencionou. Penso que, de todos os grandes psicanalistas, um dos que mais nos ajuda a pensar e falar sobre consumo seja o Lacan.

Podemos começar com o conceito de demanda, ou seja, um pedido de satisfação que nunca se satisfaz — que é insaciável por natureza. É por causa dessa impossibilidade de satisfação completa que nos colocamos em uma trilha meio repetitiva, na qual entramos pedindo por satisfação e alívio, mas, como estes nunca chegam por completo, pulamos para a próxima demanda.

Para alguns, o consumo é inclusive uma forma de se sentir menos triste; ao mesmo tempo que também acaba sendo uma grande fonte de angústia, porque vem o endividamento, além do confronto com a falta de satisfação. É o que o filósofo francês Gilles Lipovetsky[190] chamou de "felicidade paradoxal", uma aposta que a sociedade fez, principalmente no contemporâneo, no consumo como grande fonte de felicidade. No entanto, o consumo é, paradoxalmente, um ato "desenhado" para não nos deixar satisfeitos — pelo menos não *completamente* satisfeitos.

LUCAS: Essa dupla, consumo e desejo, é mesmo muito famosa. E o desejo é a pedra fundamental para o psiquismo, porque na psicanálise não somos sujeitos do saber, mas sim sujeitos do desejo. Então, é sobre Isso. Em latim, é o tal do *Id*, exatamente onde habita tanto o desejo quanto a indestrutibilidade do desejo. E Isso não vai ter fim. Para a psicanálise, o desejo é um fim em si mesmo, ou seja, o desejo busca mais desejo e não se contenta com a fixação em um único objeto, até porque a falta é o modo de ser do sujeito. Nesse sentido, o objeto que supostamente satisfaria o buraco do desejo nunca é completo.

Da mesma forma, podemos traçar esse paralelo com o consumo. A jornada completa de consumo é muito maior do que consumir alguma coisa e ficar satisfeito. Os produtos não têm um estatuto de completude e, dessa forma, o sujeito contemporâneo continua produzindo e consumindo.

ANDRÉ: Você me fez pensar no conceito de fantasma, outro pedaço muito importante da obra lacaniana — lembrando que, no Brasil, o conceito de *fantasme* tem duas traduções: fantasma e fantasia. O consumo está profundamente ligado ao fantasma, à busca do sujeito de reviver a cena fundamental do desejo, uma cena original que é um pouco fantasmagórica, porque a gente nunca vai conseguir reencená-la. De alguma forma, o consumo nos promete que o produto ou serviço vendido vai reconstruir essa cena. Daí o que nos resta além da compulsão de procurar o objeto ou a experiência que vai destravar a possibilidade de, enfim, reviver a cena mágica tão sonhada? Fui muito longe? (risos).

LUCAS: Eu acho que é por aí mesmo. Você está falando bastante de Lacan, tem o discurso capitalista[191] também, o discurso de um ritmo muito rápido, utilitário, que produz objetos posicionados nessa categoria do *mais de gozar* (inspirado na mais-valia de Marx)[192]. Ou seja, estamos falando de um sistema cultural que promete uma distribuição do **gozo** para todo mundo. Isso tem muito a ver com a forma como as pessoas lidam hoje com as substâncias, especialmente as que entram no lugar de abuso. Tem a ver com o objeto-droga, com precisarem de uma nova dose em um curto período de tempo, ou então uma dose maior para ter o mesmo efeito. E assim tantas pessoas vão consumindo até serem consumidas — tornam-se vítimas do seu comportamento de consumo.

A questão que parece estar no centro dessa discussão é: mas, afinal, é necessidade ou é desejo? Ou é dependência? Ou é um sonho? Vale lembrar que há muito espaço entre desejo e necessidade, mas o mercado faz questão de comprimir esse espaço,

> Simplificando mais um dos grandes conceitos do Lacan, o **gozo** é um tipo estranho de satisfação que não leva em conta os interesses de preservação do Eu. É um prazer com uma boa pitada de destruição, algo que nos faz ir além do bem-estar.

de apertar a nossa cabeça e se aproveitar do fato de que somos seres muito mais complexos, complicados e complexados do que os animais. Dessa forma, essa distância entre necessidade e desejo é marcada justamente pela entrada dos significantes, quando começamos a operar através da linguagem. É *para* isso e *com* isso que precisamos ficar atentos.

ANDRÉ: Exato. O consumo e a própria consolidação da influência da psicologia positiva no contemporâneo estão intimamente conectados às transformações que Christian Dunker e Vladimir Safatle abordaram no *Neoliberalismo como gestão do sofrimento psíquico*[193]. Para eles, o sofrimento no liberalismo e no capitalismo industrial era por privação, por um conflito entre as normas sociais vigentes e os desejos impedidos do sujeito. O sofrimento no neoliberalismo e no capitalismo de consumo, no qual vivemos, passou a ser muito mais pautado por uma dinâmica de gozo. Trata-se de um contexto que não é mais sobre se adequar às normas sociais, mas superar a si mesmo, ultrapassar os próprios limites o tempo todo em nome da performance máxima. Resumindo, o sujeito *deve* se consumir. É como se habitássemos um sistema em que é fundamental conseguir superar as próprias limitações para que se possa atingir — e merecer — algum tipo de satisfação. Ou, no caso, algum tipo de gozo. Gozo, porque tudo isso não traz só prazer, mas também muito sofrimento.

LUCAS: Eu concordo. Se a gente voltar lá para Freud, creio que dá para relacionar o ato do consumo com as diferentes etapas do desenvolvimento sexual. Se a gente pega a primeira fase, que é a fase oral, consumir é colocar para dentro, é absorver. Tem uma relação com a nossa voracidade, com a fome, com a sede, com a possibilidade de introjetar ou incorporar. Afinal, se o leite materno não é só nutritivo, mas também um representante do afeto, o que mais a gente coloca para dentro no nosso psiquismo quando a gente compra e faz uso de alguma coisa? O que está além do que um objeto nos entrega, para além da materialidade e da funcionalidade?

Partindo para a segunda fase: a fase anal também tem muito a ver com o consumo, porque tem tudo a ver com dinheiro, controle... e o controle do dinheiro. Tem a ver com economizar ou gastar demais. É nessa fase que aprendemos a controlar melhor a impulsividade, postergar o prazer, sublimar e, inclusive, que podemos controlar os outros e o mundo com o nosso autocontrole. Podemos ser mais ou menos mesquinhos, avarentos ou generosos, por aí vai.

E tem também a fase fálica. Para a psicanálise, o falo não é somente o órgão genital masculino, mas principalmente um significante simbólico da falta. Por exemplo, nada mais emblemático e literal do que aquela clássica e polêmica propaganda infantil das tesouras do Mickey nos anos 1990, que tinha um jingle publicitário infernal, que grudou na cabeça de todo mundo de tão bom e de tão ruim que era: "Eu tenho, você não tem". Você se lembra?

ANDRÉ: Nossa! Você foi muito longe e agora provavelmente vou passar semanas com essa música na cabeça.

LUCAS: O que podemos pensar aqui? Que a posse, no comparativo social, eleva imaginariamente um sujeito a uma posição superior a outro sujeito — o sujeito que tem e o que não tem. Quanto por cento do nosso consumo não opera nessa chave? Do status pela diferenciação. O que acaba sendo muito contraditório, na medida em que todo mundo passa a ter ou usar a mesma coisa. E, aí, vem essa grande cilada coletiva: precisamos ir em busca de um novo objeto fálico, porque o que eu tenho já não é mais fálico o suficiente.

ANDRÉ: Indo além, daria para completar o jingle com uma terceira frase: "Eu tenho, você não tem. E agora que todo mundo tem?".

Achei muito interessante a relação entre as fases do desenvolvimento infantil e o consumo, Lucas. Quando você falou da fase oral, me fez pensar em como é ingênua a separação que grande parte do mercado faz entre racional e emocional. Como se desse para a gente distinguir ou separar. Ou como se, desde o primeiro momento em que a gente começa a existir, não estivéssemos profundamente implicados nas duas dimensões, ao mesmo tempo. Nunca é só o leite. Um bebê que só é nutrido por nutrientes é um bebê que morre ou que cresce muito desinvestido e, talvez, tenha muito mais dificuldade de navegar a realidade e o mundo.

Voltando ao exemplo que você trouxe, da propaganda das tesouras, penso no *branding* como uma poderosa ferramenta de manipulação e junção dos dois campos, racional e emocional. O *branding* vai infusionando emoções em um produto, em um serviço, para fazer com que as pessoas paguem mais por alguma coisa ou sintam algo a mais. A gente pode gostar de pensar que o mundo está mais evoluído e que a gente não se importa mais com tudo isso, mas estou numa corrente exatamente contrária. Penso que nunca estivemos, como cultura e sociedade, tão envolvidos nessa história ou tão submetidos a essas ferramentas, esses discursos e essas estratégias. Você concorda?

LUCAS: Concordo. Vemos cada vez mais pessoas aprendendo a criar o seu "marketing pessoal", implicadas em "se destacar" e "se vender". Sem falar no embaralhamento de marcas se comportando como pessoas e pessoas se comportando como marcas. Acredito que esse discurso "a geração 'Z' é sustentável, não se importa com marcas" está bem equivocado. É algo que a gente gostaria que fosse verdade, mas não é a realidade.

ANDRÉ: Isso me faz pensar na força desse conceito da "marca pessoal" no nosso tempo. É essa ideia de que temos que nos vender, mostrar nossa essência, encontrar nosso diferencial, influenciar os outros — essa lógica que foi transformando criatividade em capacidade de alcance, de conquistar audiências. A Netflix fez uma série documental sobre Andy Warhol, inspirada em seus diários[194], com produção de Ryan Murphy, que encapsula muito bem essa virada da cultura. A série mostra como Warhol pintava a elite nova-iorquina para que todas aquelas pessoas entrassem para a paisagem cultural, fossem vistas como parte da cultura. É um clichê falar de Andy Warhol como profeta da sociedade da influência e da obsessão pela fama, mas o mais interessante é pensar em como ele escalou esse ideal de "ser uma marca". Aliás, o próprio Andy Warhol é o melhor exemplo disso: tão importantes quanto as obras e as performances em si foram os eventos que ele promovia, os diários que estava escrevendo — o processo de criação da marca Andy Warhol. Processo esse que ele contratou alguém para documentar, tudo muito pensado.

Se o neoliberalismo é um sistema em que a gente vai se tornando uma empresa, esse significante "marca" parece ser o que nos faz desejar fazer parte desse sistema — um desejo de marcar, incutir, inserir, registrar. Mas a velocidade dos tempos tecnoneoliberais torna cem vezes mais difícil deixar essas marcas, fazendo-nos intensificar o falatório para que, quem sabe assim, a gente consiga deixar um registro no outro.

LUCAS: Eu gosto muito do posicionamento da pensadora Clotilde Perez, doutora em Comunicação e Semiótica pela PUC de São Paulo e professora titular de Semiótica na ECA, da USP. Ao participar desse episódio do podcast, ela não colocou o significante "consumo" num único significado, mas apontou que ele tem, pelo menos, três dimensões: cultural, material-mercadológica e humana. Ou seja, somos atravessados pela cultura, pelo mercado, claro, mas o consumo é também um processo particular e subjetivo. E não se pode tirar essa responsabilidade individual, colocar todo mal do lado de fora, culpar a indústria, culpar as marcas, a publicidade, a mídia, o social que nos pressiona a ter a marca "x" ou "y". A pergunta que me faço é: qual é a autonomia do nosso desejo no campo do consumo?

Em quais limites conseguimos operar? Qual é a capacidade crítica e nosso poder de escolha?

Não somos, nem deveríamos ser, máquinas de consumir. E, nesse sentido, o que nos diferencia é a relação com o tempo. É importante pensarmos sobre a maturação de um desejo de consumo, ao longo do tempo, considerando duas questões. Primeiro: o quanto suportamos não ter aquilo que a gente quer? Por quanto tempo? E em quais condições de sofrimento?

A outra questão é: por quanto tempo conseguimos curtir e fazer um uso razoável de um certo bem de consumo que foi adquirido? Nesse sentido, um fator muito importante hoje é a possibilidade do crédito, do financiamento, um afrouxamento da castração, no qual você não terminou de pagar e já nem usa mais o produto. Os recursos de conveniência fazem um mal danado para a nossa capacidade psíquica de suportar o vazio, de aguentar a espera. A tecnologia nos promete um mundo maravilhoso, em que ganharíamos mais tempo para focar em coisas mais importantes, mas sabemos que não é essa a realidade. O que acontece é que a tecnologia vem nos demitindo do lugar de sujeito desejante. O desejo se dá no hiato, no vir a ser; mas, quando tudo se concentra num simples aperto de botão, entramos na lógica da demanda.

Também enxergo aí uma terceirização do esforço, uma invisibilização de tudo que está por trás do processo de compra, de entrega, do descarte, para que tudo isso aconteça de uma forma "fluida". Essa ideia tecno-otimista do "varejo sem fricção". Mas não consigo imaginar a realização de um desejo sem que haja algum tipo de fricção. Só que, quando o assunto é consumir e fazer o outro abrir a carteira, quanto menos fricção, melhor.

ANDRÉ: Quando você fala sobre desejo e fricção, penso também sobre os algoritmos. Yuval Harari[195] critica, em algumas falas, como vivemos num mundo em que o algoritmo, em tese, vai nos conhecendo tão bem que passa a nos oferecer objetos irresistíveis. Ou mesmo nos oferta aquilo que ainda nem sabemos que queremos. Afinal, nossos "rastros digitais" fazem com que a máquina entenda, antes de nós, em que direção estamos querendo ir. O Harari tem inclusive um exemplo bom: um jovem gay que está navegando por algum site de compras talvez se interesse mais pela foto de um modelo homem de cueca do que por uma mulher de biquíni. Seguindo uma lógica bem binária, em termos de gênero, ok?! Mas, nesse sentido, é como se o algoritmo conseguisse fazer essa "escolha" do objeto antes do próprio sujeito, porque o algoritmo já conhece os rastros do sujeito.

LUCAS: Eu vejo os algoritmos das redes como uma espécie de inconsciente virtual, uma extensão do nosso inconsciente. É um sistema que vai coletando os nossos dados sem a nossa consciência plena de que isso está acontecendo, e que sabe mais coisas sobre nós do que nós mesmos. Coisas nas quais não ficamos pensando o tempo todo, "arquivos" que estariam no nosso pré-consciente. E, assim como as empresas, o algoritmo busca nos agradar para nos revelar e nos vender o nosso próprio desejo.

Mas tenho a sensação de que o algoritmo vai nos enclausurando em um perímetro muito limitado do nosso desejo. Não fazemos uma grande elaboração a partir de um like ou mesmo do tempo que gastamos consumindo um certo tipo de conteúdo. Nesse sentido, a máquina sabe muito pouco — e ninguém deveria estar se contentando com esse pouco.

ANDRÉ: Até porque talvez o algoritmo não saiba nada sobre o desejo em si. E, na verdade, esse ecossistema é perfeito para um tempo em que estamos empilhando demandas.

Paul Preciado[196] pensa nesse consumo pornográfico no sentido de um consumo esvaziado de sentidos e significados, no qual vamos apenas colocando uma coisa em cima da outra, empacotando, acumulando. Por isso, os acumuladores/"*hoarderes*" me parecem um sintoma-chave desse nosso tempo. Não porque sentem prazer com o que têm, mas porque vão passando de objeto a objeto sem conseguir sustentar perdas.

Mesmo que o consumismo seja algo restrito a um grupo seleto da população, é esse o ideal que está no ar. Não só de consumir muito, mas de poder comprar mais do que se é capaz de consumir. De deslizar de objeto a objeto sem conseguir nem extrair prazer do que se consome nem sustentar perdas. E daí a gente expande essa lógica compulsiva e acumulativa para diversos campos, com os pets, com os dates, com conteúdos e possibilidades infinitas. É como um truque psíquico para fingir que a morte não está à espreita. O que é muito preocupante, na minha opinião. A acumulação vem crescendo, não diminuindo. Esse sintoma de uma ordem bem obsessiva, cercado por pensamentos circulares repetitivos, está sendo expandido, estatizado e espetacularizado. E vemos muitos sujeitos que vão amando mais o seu sintoma do que a si mesmos, o que faz com que protejam esse sintoma quase como um castelo: "Eu mereço ter o que eu quiser, eu posso ter o que eu quiser".

Um bom exemplo disso é a série da Netflix chamada *Ordem na casa*, na qual a japonesa Marie Kondo, tida como a rainha da organização doméstica, se propõe a pôr ordem na casa de outras pessoas. Seu método é pautado por desapego, equilíbrio e alegria, o que, no final, vai produzindo imagens um tanto desconcertantes de alguém abraçando uma blusa de frio e se perguntando se aquela peça traz felicidade. Fazendo uma análise psicossocial expressa, dá para pensar que vivemos em um tempo tão regido pelo excesso que nos interessamos por formas de conseguir organizar o excesso — e não necessariamente por abrir mão desse excesso. Como podemos escutar esses sintomas? E como saímos disso?

LUCAS: Como sair dessa é uma pergunta difícil (risos). Mas algo me chama a atenção nessa lógica de acúmulo: acumulamos contradições. Costumamos dizer que seres humanos são contradições bípedes: de manhã você faz ioga e meditação, daí à noite vai no fast-food. Até porque ninguém precisa ser uma pessoa só, ter apenas um estilo de vida; temos o direito a "tudo" que quisermos. Mas, por mais que isso seja interessante, temos que pensar na neurose sempre como o resultado de um conflito psíquico, de um impasse, de querer e não querer alguma coisa ao mesmo tempo, gostar e não gostar. Não conseguimos escapar dessa ambivalência, mas podemos ficar mais atentos a essas contradições. E quando pensamos no consumo, há uma contradição muito relevante que é a de falar uma coisa e fazer outra, essa diferença entre o discurso e a prática, em que o discurso fica mais para o lado consciente, para uma identificação aspiracional com o Eu, enquanto a prática acaba sendo como um ato falho. Afinal, o comportamento automático é mais da ordem do inconsciente.

Geralmente nos comportamos de um jeito que não sabemos explicar totalmente — e nem percebemos isso direito. Uma boa parcela dos nossos comportamentos de consumo pode entrar justamente aqui.

ANDRÉ: Você me fez lembrar uma frase de que gosto muito, dita pela antropóloga Margaret Mead: "O que as pessoas dizem, o que as pessoas fazem e o que elas dizem que fazem; são coisas inteiramente diferentes". Penso que tudo isso está profundamente ligado à discussão sobre consumo consciente. Sabemos que a crise climática é o assunto mais sério que vamos enfrentar nos próximos anos, além das desigualdades econômicas e da crise na saúde mental. Obviamente, essas três questões estão profundamente conectadas, mas temos presenciado um aumento inclusive da ansiedade em relação ao estado do clima — a ansiedade climática. De forma geral, há um discurso muito aderente de que a juventude vai nos salvar, que a juventude está mais consciente, que 87% dos brasileiros preferem empresas com práticas sustentáveis[197]. Em partes, tudo isso é verdade. Mas, por outro lado, precisamos também lembrar que ninguém parece estar muito disposto a parar de comprar celular, tênis, ou seja lá o que for. Poucas pessoas estão realmente propensas a parar de viajar ou a parar de desejar uma viagem que, no caso, é o maior sonho de consumo dos brasileiros na atualidade.

As pessoas querem ser mais ecologicamente responsáveis e, aliás, precisam ser mais controladas em relação às suas finanças, por causa das graves crises econômicas que temos enfrentado. Mas a questão é que os gatilhos de impulsividade estão cada vez mais irresistíveis: a promoção, o *cashback*, o anúncio, a publi, as infinitas imagens que bombardeiam as pessoas diariamente... são muitos estímulos. Como é que alguém não vai querer comprar? Como não se endividar ainda mais? Como bancar a narrativa sustentável em meio a tantas ofertas, promessas, discursos e demandas?

Para complicar, as pessoas também passaram a fazer parte dessa arena. Temos então um exército de criadores, influenciadores, *streamers* e outros tipos de comunicadores altamente implicados em convencer suas nano, micro e mega audiências a "usar o código de desconto". **Túlio Custódio**, sociólogo, curador de conhecimento do Instituto Inesplorato e convidado nesse episódio do podcast, nos provocou com uma ideia fascinante que chamou de "cidadania do vendedor". É como se, para fazer parte da engrenagem do capital, as pessoas não fossem mais valorizadas somente pela sua capacidade de consumir, mas também pela sua capacidade de vender — vendedores e consumidores do nosso próprio narcisismo.

Mas, retomando o que você disse, Lucas, falar mal das relações de consumo é uma tarefa "fácil". Difícil mesmo é pensar em algumas estratégias para sobreviver e navegar na sociedade do consumo com um pouco menos de sofrimento.

> ✕
> Para saber mais da visão do **Túlio Custódio**, vale escutar o episódio "Compro, logo existo?" do podcast *Vibes em análise*.

LUCAS: Em primeiro lugar, precisamos prestar um pouco mais de atenção nesses imperativos contemporâneos, ainda que não consigamos escapar completamente dos comandos de gozo. De qualquer forma, falta moderação e reflexão, para que possamos ser mais sujeitos e menos cobaias dos experimentos mercadológicos e tecnológicos ao nosso redor. De algum jeito, precisamos nos observar para tentar modificar alguns comportamentos de consumo, superar algum nível de desalienação. Até porque esses comportamentos também dão notícias das nossas neuroses. Na clínica, por exemplo, quando surge uma obsessão por um certo item de consumo, vale investigar. O que é que se está querendo substituir aqui? Qual é a suplência? E não é que o sujeito não deva comprar ou deva se privar, ou mesmo se culpar, mas é importante ter uma ideia do que mais se está comprando, para além do que está dentro da embalagem do produto. Não é sobre parar de consumir, mas principalmente sobre consumir menos; e, sobretudo, sobre fazer escolhas mais lúcidas.

ANDRÉ: Também precisamos conseguir falar mais sobre o consumo e, quem sabe, assim, conseguiremos escutar como o imperativo comercial impacta cada esfera das nossas vidas. Por exemplo, eu trabalho para poder consumir mais, ou descarto o outro como se o outro fosse um produto, ou então só consigo me sentir visto pelo outro — ou mesmo enxergá-lo — quando existe algum bem material envolvido. No final das contas, quais as relações que estabelecemos com nós mesmos e com o outro através do consumo? Enxergando o consumo como uma linguagem, claro. Dessa forma, também conseguiremos analisar os códigos culturais e as associações que fazemos através do consumo. Em resumo, temos que falar do consumo em análise, temos que discutir com os amigos o que está por trás do consumo. Talvez, se elaborarmos um pouco mais, quem sabe conseguiremos comprar um pouco menos.

LUCAS: E entrar, talvez, numa lógica do amuleto. Pensando no significado que um bem pode ter para cada um de nós, no valor pessoal de algo, nós não temos centenas de amuletos. Se você é um *sneakerhead*, que tem mais de cem pares de tênis na sua casa, esses objetos não são amuletos. Até porque não se troca de amuleto toda hora. Um amuleto tem uma história e não perde o seu valor de um dia para o outro.

Indo mais longe, a forma como nos relacionamos com os bens materiais tem muito a ver com a forma como nos relacionamos com as pessoas. Porque, sim, tendemos a pensar nos outros também como objetos; e, sim, usamos e até descartamos uns aos outros.

Retomando o exemplo dos acumuladores de que falávamos há pouco, é muito interessante o exercício de entrar na casa de alguém e ver como essa pessoa se relaciona com as suas posses. Essa é uma atividade antropológica muito interessante que nos faz pensar em como você cuida das suas coisas. Como é que você cuida de si mesmo? Como está a sua casa? Como está o seu armário? Como está o seu corpo? Como está a sua cabeça? Está abarrotada? Está limpa? Está suja? Tem um respiro? Tem história? Ou tem excesso? Tem um lugarzinho para a falta e para o vazio... para a dúvida? No final das contas, você não é só o que você é, você também é o que você tem. Mas até que ponto, nesse vão entre ter e ser, o que você tem se sobrepõe ao que você é? Quem você é sem ter o que você tem?

ANDRÉ: Penso que tudo isso tem muito a ver com o consumo visto como uma expressão da liberdade individual. No final das contas, claro que não é todo mundo que tem privilégio de ser consumista, ou praticar essa dinâmica, ainda mais em um país em que a fome atinge 21 milhões de pessoas[198]. Mas, se o consumo é o imperativo central da nossa cultura, todos somos atravessados por essas dinâmicas. Quem tem pouco também segue querendo consumir; assim como quem tem bastante. Porque consumir passa a ser um ato de senso de agência, de senso de autonomia, de pertencimento, uma tentativa de construir uma identidade. De fato, é bem complicado esse lugar em que a gente se enfiou, como sociedade.

Uma estratégia radical seria uma reeducação dos prazeres, porque me parece que atrofiamos um pouco a nossa capacidade de sentir prazer, como se a satisfação estivesse concentrada naquilo que pode ser comprado ou consumido de uma determinada forma, em um determinado lugar. Daí o sofrimento intenso vai sendo compensado com experiências de consumo intenso. É uma lógica de maratona, como se o prazer só pudesse vir dessas experiências de excesso, banquete, descontrole. Consequentemente, a vida vai sendo regida por um eixo de pressão e descompressão. Você trabalha muito, pressão; daí compra muito, descompressão. Então não se consegue mais viver numa lógica de história, mas sim ritmo descritivo, desafetado, pontuado por espasmos. Nesse sentido, uma análise tem que passar também por questões como: o que mais dá prazer na vida? O que mais, não no sentido de intensidade, mas no sentido de multiplicidade? Precisamos pensar no nosso prazer dentro de uma lógica econômica, no sentido de redistribuição da libido, de não colocar todos os ovinhos na mesma cesta.

LUCAS: Acho que podemos cortar esta discussão exatamente nesta pergunta: para além do consumo, o que mais tem lhe dado prazer?

12 Desvios de
BELEZA

Com licença, os lindos que nos desculpem, mas, se queremos pensar sobre o mundo em que vivemos, vamos ter que refletir e elaborar a respeito do lugar da beleza nos dias de hoje. Vinicius de Moraes, lá do século 20, foi certeiro em apontar como a beleza tem um papel central nas relações. O que talvez ele não previu é como as manipulações e distorções do corpo chegariam aos atuais patamares de pressão e expectativa, fazendo com que muitas vezes a beleza pegue um tipo de curva, de desvio, que nos desorienta a ponto de pensarmos: "Mas peraí, beleza é isso?".

Vivemos uma época em que a dominação estética é absoluta, com base nos argumentos de ideal de beleza e importância da qualidade da imagem e da autoimagem. A alta resolução das telas dos nossos aparelhos celulares e televisores nos faz esquecer que a estética não é o ontológico. Não é o ser. A estética é o *parecer ser*. O abuso das técnicas de adulteração da imagem e retoques digitais produzem versões idealizadas em série, que povoam nosso campo visual incessantemente; o que, ironicamente, pode estar nos impossibilitando de encontrar uma relação positiva, saudável e prazerosa com a beleza. Será que conseguimos não ser atormentados pelos ideais de beleza?

Quando publicamos esse episódio do podcast, ficamos bastante surpresos com a repercussão que gerou. Muita identificação, angústia e cobrança a respeito de perguntas que não estávamos respondendo com a provocação que lançamos. O recado dos ouvintes parecia nítido como um vídeo em 4K: estamos sofrendo com esse tema. E mais, há uma ausência de lugares, espaços e ocasiões para dialogar e simbolizar tais questões para, quem sabe assim, sairmos um pouco do campo imaginário que tanto nos domina quando vamos tratar desse assunto.

Falta também mais senso de comunidade e cumplicidade, porque a beleza é um assunto que, por mais excitante que seja, nos leva facilmente para a arena da competitividade e para a frustração de não possuir "a beleza que se deseja". Ou para a inveja do outro que a possui, seja de forma "natural" ou pagando muito caro por isso. Mais caro do que você paga ou pagaria. E, aí, o quanto vale a pena investir nos cuidados ou nas intervenções de beleza? Quais os limites? E quais as implicações psíquicas de perseguir belezas tão inatingíveis?

A lógica do capital nos atravessa intimamente aqui, por fora e por dentro da nossa pele, e é por isso que achamos que faz sentido falar de beleza após a reflexão sobre consumo no capítulo anterior. O Brasil é o quarto país do mundo em gastos com cosméticos[199]. Um mercado tão pulsante também vai gerar mais comparação, algo que fazemos com pessoas algoritmicamente hiperbonitas, o que pode nos deixar ainda mais insatisfeitos com a própria beleza. O que retroalimenta o mercado, e assim seguimos. Esse é um mercado tão ágil em incorporar novos códigos e novas interpretações que as próprias versões da suposta "beleza real" ou "belezas desconstruídas" tornam-se discursos publicitários rapidamente.

"É só usar duas vezes ao dia e pronto: você vai despertar o desejo, transmitir sofisticação e atrair todos os olhares", diz o anúncio do produto de *skincare* da blogueira famosa do momento. A sociedade do espetáculo faz mesmo promessas muito altas: seja autêntico/a, seja ideal, seja perfeito/a. Basta clicar no link e adquirir o seu! Só que essas promessas tão ambiciosas, saturadas e inalcançáveis cobram um preço alto da nossa psique. Especialmente quando somos confrontados com a ressaca desses imperativos e não encontramos toda a beleza que nos prometeram.

Nesse contexto, e neste capítulo, a grande questão é: como podemos aprender a desviar de discursos tão fechados sobre o que é (ou não é) beleza?

✱ ✱ ✱

ANDRÉ: Beleza é um assunto curioso. Por um lado, vivemos o discurso da beleza real e do imperativo "ame a si mesmo acima de tudo". Por outro lado, nunca se fez tantos procedimentos estéticos. Ao mesmo tempo que fazemos piada e denúncias de imagens que foram alteradas no Photoshop, há muita pressão para usarmos filtros toda vez que abrimos a câmera do celular. O Brasil segue como um dos países onde mais se faz cirurgias plásticas. Nos últimos dez anos, houve um aumento de 141% no número de procedimentos entre jovens de 13 a 18 anos[200]. Nesse sentido, discursos como "você não precisa disso" ou "você é lindo/linda desse jeito" parecem superficiais demais.

LUCAS: Toxinas, laser, harmonização, preenchimento, *lipo lad*, microagulhamento, criofrequência, bioestimulador, estética dental, estética íntima, implantes de cabelo ou silicone ou enxerto de gordura, redução, aumento ou remodelagem de partes do corpo e do rosto, um pouco de botox ou muito botox, medicamentos, suplementos, anabolizantes. A lista não para, e a sensação é de que há mesmo algo muito errado com a gente.

ANDRÉ: O universo da beleza hoje é muito mais interessante, diverso e acessível. Mas ser bonito ou bonita ainda é um dos imperativos mais sólidos da cultura, e as definições de beleza seguem profundamente conectadas com dinâmicas de poder e exclusão da nossa sociedade. Frequentemente, escutamos discursos de que a solução seria nos preocuparmos *menos* com beleza — e até falar *menos* sobre beleza. Mas como a gente vai construir relações melhores consigo e com o outro se não elaborarmos as nossas ideias, os nossos ideais e as nossas idealizações?

LUCAS: Isso tudo em um mundo onde a hashtag "beleza" no TikTok tem mais de 180 bilhões de visualizações[**]. Testemunhar tantas

---

[**] Dados de maio de 2023. [N. E.]

alterações e intervenções no outro nos convoca a fazer o mesmo com a gente. Dá vontade mesmo, né? Mas será que é por aí, André?

ANDRÉ: Eu penso que, apesar de beleza ser um tema superpresente no nosso tempo, muito do que se diz, se pensa, se escreve sobre isso vai na lógica da condenação ou do elogio. Como se desse para ser apenas contra a beleza ou pró-beleza. Mas essas são visões muito extremas e até alienantes.

LUCAS: Esse é um bom alerta mesmo. Precisamos ficar atentos aos nossos julgamentos e ao que é o gosto de cada um com relação às noções de beleza. E também a essa psicologização rasa que se costuma fazer quando geralmente abordamos esse assunto. Temos que pensar sobre o que é cultural e o que está, talvez, para além do bem e do mal.

ANDRÉ: Concordo! Para começar, quero fazer então uma pequena separação, com fins didáticos mesmo, entre rosto e corpo. Nenhum de nós escapa de ter um rosto, e desse rosto ser lido pelo outro. A formação psíquica passa, inclusive, pelo momento em que o bebê entende que tem um rosto. Deleuze e Guattari têm uma colocação muito interessante que diz: "Introduzimo-nos em um rosto mais do que possuímos um"[201]. Então, não é que a gente nasce com um rosto, a gente aprende a ter um. Vamos sendo instruídos pela cultura e pelo outro sobre como esse rosto é percebido. "Ah, essa boca parece de fulano", "esses olhos são muito bonitos", "essas orelhas são muito grandes ou pequenas", enfim. O rosto vai sendo profundamente atravessado e torna-se, exatamente, essa membrana inicial entre o Eu e o Outro. A forma como essa membrana é percebida vai, de alguma forma, constituir a nossa psique.

Para além disso, estamos nesse tempo, e acredito que a pandemia de Covid-19 agravou bastante isso, de uma "sociedade hiperfacial". Há um destaque muito grande para os nossos rostos, gerando uma série de sintomas bem obsessivos. Por exemplo, no TikTok ganhou tração uma trend de pessoas falando sobre simetria, de aplicativos que simulam como o seu rosto seria se fosse simétrico. Ou filtros que mostram como as pessoas enxergam o nosso rosto. Obviamente, isso vai desembocar em vários tratamentos e várias intervenções estéticas que estão ligadas a deixar esse rosto mais "perfeito", mais ideal, mais digno de ser a melhor publicidade de nós. Então o rosto, além de moldura, além de membrana entre o Eu e o Outro, tem, cada vez mais, esse lugar de cartão de visitas, de primeira impressão, de outdoor das decisões e escolhas que fazemos, e que revelam (ou escondem) o quão bem-sucedidos nós somos no nosso meio social. Faz sentido?

LUCAS: Faz muito sentido. E o corpo?

ANDRÉ: Pois é, o corpo tem um lugar fundamental de integração dos registros que a psicanálise lacaniana chama de Real, Simbólico e Imaginário. Quando temos uma obsessão tão grande com o corpo, talvez exista aí uma tentativa de preencher uma falha simbólica através dessa identificação tão maciça. E, ao mesmo tempo, uma dificuldade em elaborar e significar o corpo que temos.

Em *A pele como litoral*[202], há um texto de Danielle Sanchez que defende a hipótese da falha simbólica na clínica psicossomática. Se o corpo lembra e guarda marcas, o que é traumático também se aloja no corpo. E quando estou patrulhando e modificando esse corpo, como se fosse uma massa amorfa que eu mexo, manipulo, o tempo inteiro, no lugar de *ser* este corpo, vai ficando muito difícil fazer a integração entre os registros Real, Simbólico e Imaginário.

Se o corpo está no centro, de alguma forma, a gente tem que lembrar como é importante conseguir elaborar a nossa relação com ele, falar da nossa relação com ele, sentir a nossa relação com o corpo. Se não, a gente desloca tudo para o Imaginário, e aí é o mais puro suco do sentido fechado, "tem que ser assim, se não é assim está errado". Nossos corpos são atravessados pela linguagem e, portanto, as formas como falamos, avaliamos e sentimos nossos corpos estão mudando o tempo todo. São sentidos abertos. Quando nos fechamos em uma ideia muito apertada de "tem que ser", vamos lidando com o corpo em uma lógica de vigilância e punição. E aí, o que acontece? O sujeito se desestrutura e padece.

LUCAS: Maravilhoso você já começar dessa forma. É engraçado, né? A gente pensa em corpo e vem esse pedaço de carne, não parece que é, como se diz na psicanálise, algo que pertence ao nosso Imaginário. Só que o corpo é um pedaço de carne que precisa ser subjetivado. É daí que vem a ideia de Eu. O Eu vai ser, exatamente, essa formação psíquica do corpo. A criação de uma noção de Eu, uma ideia de Eu. É só aí que o corpo se torna uma imagem, e então você pode organizar essa sua imagem. O Juan-David Nasio, psiquiatra e psicanalista argentino, diz: "Não somos nosso corpo em carne e osso, somos o que sentimos e vemos de nosso corpo. Eu sou o corpo que sinto e o corpo que vejo. O nosso Eu é a ideia íntima que forjamos de nosso corpo. Isso é a representação mental de nossas sensações corporais, uma representação que é mutante e incessantemente influenciada por nossa imagem do espelho"[203]. Quando ele fala de espelho, podemos acrescentar todas as câmeras e telas que nos rodeiam, como recursos que nos ajudam a criar uma identidade.

Só que tudo que envolve a formação de uma identidade, que é imaginária, a gente vai ter que olhar com muito cuidado. Como defende a psicanalista Miriam Debieux Rosa[204], a gente pode pensar na identidade como um sintoma — como uma defesa contra a angústia de não saber de si — só a partir de uma imagem, a partir de uma metáfora que é congelada em um sentido único, mas que está em transformação, e que vai seguir se transformando até chegar ao fim.

Falando em fim, há alguns lacanianos que dizem que a beleza é uma espécie de anteparo contra a morte, que a beleza cria uma barreira diante da "coisa última", que é o horror da morte. Ou seja, é como uma miragem. É algo reconfortante porque, obviamente, ninguém quer encarar a sua finitude, sua durabilidade, sua fragilidade e mortalidade.

ANDRÉ: Concordo contigo. E já que você mencionou o espelho, existe algo interessante na nossa constituição psíquica, que é, o tempo inteiro, o contato entre o Eu e o Outro. Esse processo nunca termina, o que resulta em nunca termos muita certeza sobre nós mesmos. Olhar no espelho também é um mecanismo de reasseguramento: "Ainda sou eu. Ainda estou aqui" ou "Nossa, mudou! Mudei! É um pouco Eu e um pouco um Outro". Sabe quando a gente olha no espelho e não se reconhece? Isso é bom ou ruim?

A gente passa um pouco por isso todos os dias: "Ah, eu não quero essas rugas, esses pelos, essa gordura", "eu queria que meu cabelo ficasse assim". Só que venho pensando que essa necessidade de se olhar tanto, o tempo inteiro, em todas essas câmeras que você citou, mostra que a gente está vivendo em um tempo um tanto alienado de nós mesmos.

LUCAS: Ou alienado *em* nós mesmos?

ANDRÉ: Também. Vou me olhando ininterruptamente na esperança de ter alguma ideia do que eu sou, ou de quem eu sou, ou de quem eu quero ou deveria ser.

LUCAS: E de como o outro nos percebe. Há toda a história do Estádio do Espelho de Lacan[205], sobre a gente nunca se perceber exatamente como o outro nos percebe. Só que tem muitos níveis para isso, concorda? Algumas vezes, essa diferença é tão gritante que isso compromete a nossa saúde física, mental e emocional.

ANDRÉ: Era exatamente Lacan que eu ia buscar, porque acho que a gente está nesse Estádio do Espelho 24 horas por dia, 7 dias por semana. O spoiler a gente já sabe, né? É insuportável, ainda mais quando o espelho tem caixa de comentários. Se você pensa, por exemplo, em prisioneiros em situações extremas, sabe-se que privar um sujeito de se olhar no espelho é uma forma de esse sujeito ir se desumanizando, porque vai se esquecendo de si. Só que eu acredito que o olhar excessivo para o espelho também gera um efeito de fragilização da identidade, que se torna tão quebrável, como um espelho. É o que a filósofa Elena Pulcini[206] chama de "apatia narcísica": indivíduos esvaziados do desejo por comunidade e que vivem em conformidade passiva com a ordem. Há uma certa desvitalização que deriva desse autocentrismo.

LUCAS: E aí vêm todas essas crises: as dietas loucas e as cirurgias problemáticas que simplesmente não deveriam estar sendo realizadas pela medicina estética. Ou os quadros de anorexia, bulimia e vigorexia, que é quando o sujeito é forte e musculoso, mas se enxerga como fraco. São quadros de transtorno dismórfico corporal que geram muito sofrimento, ansiedade e comportamentos compulsivos e autodestrutivos, porque estão baseados numa noção muito problemática da autoimagem. São esforços desajustados do sujeito de tentar adequar a percepção e formação da imagem do Eu com o que ele supõe que o outro está enxergando.

ANDRÉ: Não dá para a gente ter essa conversa sem falar sobre Eu Ideal e Ideal de Eu[207]. Simplificando bastante, nas fases do nosso desenvolvimento psíquico, um dia aprendemos que a gente não é um Eu perfeito, todo-poderoso, fonte de satisfação integral dos nossos pais. É a grande queda narcísica da qual nunca nos recuperamos completamente. Mas é também quando a gente aprende que somos todos falhos e que, no lugar de tentar sustentar uma unidade absoluta, ou mesmo encontrar pessoas que sejam "completas", a gente vai buscar Ideais de Eu pelo mundo.

Quando atravessamos esse processo de forma saudável, grande parte da nossa vida vai ser sobre construir e sustentar uma imagem razoavelmente confortável, coerente e, se possível, realista de quem somos. Por exemplo, não me vejo mais como *o* mais bonito (Eu Ideal), então vou buscar outras pessoas que sejam muito belas (Ideais de Eu) — isso vale para múltiplos referenciais. Vamos seguir buscando esses Ideais de Eu sem, necessariamente, ter que insistir o tempo inteiro na reconstrução do Eu Ideal. Isso em teoria.

Só que tudo isso vai ser visceralmente atravessado pelo outro, que vai dizer: "seu nariz não é bonito", "o seu pé é estranho", "você tem muito disso ou nada daquilo", enfim. Essa imagem minimamente confortável, que a gente está tentando sustentar, vai o tempo inteiro sendo questionada, atravessada, bagunçada. É importante lembrarmos que ninguém faz esse processo sozinho. Eu preciso do espelhamento do outro. Isso é estrutural do ser humano. Só que a gente não atravessa tudo isso como um portal mágico que nos torna adultos. Muito pelo contrário, a gente retorna, muitas vezes, a esses estágios e se engana inúmeras vezes.

Puxando um pouco das discussões que você trouxe até agora, Lucas, na dinâmica das performances on-line, parece que estamos vivendo uma reprise diária desses processos. Que estamos ficando muito bons em nos enganar ou sermos enganados pelo outro que nos diz: "Vai dar para você ser o Eu Ideal". Se você trabalhar um pouquinho mais, se você se esforçar um pouco mais, se você fizer esse procedimento aqui, usar esses produtos *skincare*, vai dar para você reocupar esse lugar, você vai se sentir completo, invencível, imbatível.

LUCAS: Interessante isso que você traz. Há coisas que sempre estiveram aí, em algumas culturas, desde a Grécia antiga, mas hoje é como se existisse um cenário muito curioso onde, de um lado, você tem mais recursos, técnicas e tecnologias novas para fazer qualquer tipo de intervenção possível. Na paralela, também estamos adquirindo mais consciência sobre tudo isso, desenvolvendo uma postura crítica a respeito de toda essa carga cultural e dessa pressão social que nos invade de um jeito que, sim, é cada vez mais opressivo. Isso só torna o dilema mais complexo, né? Afinal, o que o sujeito deve fazer nessa hora? Será que tem que resistir e fazer a sua militância? Usar o seu corpo como um protesto? Ou se entregar e entrar na onda? Quais são os limites? Como tomar essas decisões?

Muito tem se dito: "Meu corpo, minhas regras". Mas é você mesmo que está formulando essas regras? Só você? Tem certeza?

Com relação aos padrões, eu acho que você vai concordar comigo que existem cenas e contextos sociais que são mais plurais e outros menos. Há lugares onde existe mais abertura para uma diversidade de corpos, formas, estilos, diferentes belezas que possam coexistir, e outros espaços que são mais padronizados e homogêneos. Por exemplo: aquele ambiente corporativo onde todo mundo se veste exatamente igual; as festas onde todo mundo parece que vai no mesmo cirurgião plástico ou salão de beleza; ou que segue as mesmas blogueiras. Existem grupos de convívio que têm exatamente o mesmo biotipo físico, grupos grandes, inclusive, e que, se você for um pouco mais gordo, ou um pouco mais baixo, ou um negro mais retinto, ou mais peludo, ou o que for, você não será bem recebido. Todos os preconceitos e fobias contra minorias estão estruturados no alicerce dessas lógicas excludentes. O que é importante analisar é que esses grupos e esses contextos protegem a si mesmos — e aos seus próprios narcisismos — através da uniformização, tentando anular o que é diferente e singular. Tudo isso em prol da adoração dos Ideais de Eu que são compartilhados. É como um tipo de supremacia mesmo, um microfascismo. Até porque essa uniformização garante ao sujeito um tipo de passe: "Eu sei que, se eu me parecer com eles, vou ser mais bem-aceito".

Só que esse passe é frágil e puramente imaginário e, no fundo, todo mundo sabe disso. Em contextos assim, a investigação que se faz atrás da diferença, daquilo que seria a "falha", o "deslize", vai ficar ainda mais irresistível e mais rigorosa. Em um ambiente no qual todo mundo é muito parecido, existe mais opressão — mesmo que você já faça parte desse grupo — e, com certeza, mais objetificação e auto-objetificação. O próprio sujeito vai se posicionar como um objeto, para ser usado, aprovado ou rejeitado; e isso tende a nos deixar mais neuróticos e inseguros. Por que mais inseguros? Porque começamos então a focar nas mínimas diferenças e não nas grandes diferenças.

A tentativa de disfarçar as mínimas diferenças vem do conceito freudiano de narcisismo das pequenas diferenças, que ele apresenta no texto *Hostilidade no interior da comunidade*[208]. É a intolerância que começamos a desenvolver quando entramos nesse modo implacável de avaliação e comparação, como se todo mundo fosse um produto na prateleira, uma marca de detergente que parece igual a todas as outras.

É interessante que, enquanto discurso na cultura de massa, fala-se tanto de padrão de beleza que a palavra "padrão" também começou a ser diretamente associada à beleza. Virou um sinônimo de beleza. Só que padrão também significa o que é comum e ordinário, o que é sem graça, sem diferencial. Porque o padrão é repetição, e a repetição é mortífera. E, aí, o tiro sai pela culatra.

ANDRÉ: Esse ângulo "o padrão é comum, sem graça" é muito válido, porque carrega uma das grandes mudanças que vimos na relação com a beleza no último século. Vamos lá... Ser bonito é um imperativo inegável. E há um outro, que vou buscar em Byung-Chul Han[209], que é a máxima da produtividade e do alto desempenho. Se fizermos uma análise sócio-histórica da beleza, durante muito tempo ela foi uma qualidade herdada, algo transmitido de pessoas bonitas para pessoas bonitas. Só que fomos deslocando, através do tempo, a beleza para o campo da produtividade. Então, a beleza passou a ser também uma questão de mérito. Você é muito bonito porque você se esforça muito para isso. "*Pretty hurts*", "*beauty is pain*", "*beauty is money*". São ideais bem estadunidenses e que cobram um preço bem caro.

Acho muito interessante quando você fala que o "padrão é comum" porque também diz desse deslocamento de uma beleza subjetiva para uma beleza objetiva, que deixa de ser uma questão de interpretação para ser de desempenho. Nesse sentido, as pessoas vão sendo ranqueadas de acordo com o esforço que fazem para se tornarem e se manterem bonitas. Fazemos então um deslocamento do subjetivo para o objetivo, para o que é perceptível e pode ser comprado. Como se beleza fosse, literalmente, o botox e o ácido hialurônico.

LUCAS: Isso entra até como uma forma de diferenciação das massas, né? Se existe um contexto no qual todo mundo começa a ficar muito parecido, o que a gente pode fazer para se diferenciar é entrar na lógica do consumo. Quem está mais atualizado com as últimas tendências da beleza vai estar na frente e vai influenciar o outro no que vai ser o novo padrão para aquele grupo. Até que fique todo mundo igual de novo e precise surgir uma nova moda.

ANDRÉ: E podemos juntar a esse caldo uma série de fantasias ou mitos inconscientes: pessoas bonitas são mais respeitadas, pessoas bonitas têm mais sucesso. Afinal, pessoas bem-sucedidas geralmente são pessoas mais bonitas. Beleza chama dinheiro, que chama beleza. Ser bonito permite, imaginariamente, que eu possa conquistar quem quiser. Há outra fantasia inconsciente muito forte que também paira no ar: pessoas bonitas podem fazer o que quiserem.

LUCAS: Já que você abriu essa porta, podemos pensar então em uma beleza neoliberal, com ideais hipersaturados, almejando sempre a perfeição, através de um autoaprimoramento constante, progressivo, sempre de olho na competitividade para nunca correr o risco de perder a sua posição no mercado. Isso pode até parecer bem divertido, até a hora que perde a graça e vira um aprisionamento. Temos cada vez mais recursos para cuidar mais e melhor do nosso corpo, da nossa saúde, da aparência, e isso é maravilhoso, a gente precisa concordar. Mas, nessa mesma vibe, geralmente começamos a cuidar do nosso corpo e do nosso rosto como uma espécie de objeto externo, que tentamos controlar, ou que também podemos negligenciar. A gente briga e faz as pazes com a nossa beleza. Mas, antes da ideia de *possuir* um corpo, temos que lembrar que *somos* esse próprio corpo. Não somos o corpo que temos, somos o corpo que somos. É bom lembrar disso porque essa objetificação, colocando o corpo sob escrutínio o tempo todo, vai nos separando de nós mesmos.

ANDRÉ: Mônica Seincman, que é psicanalista, linguista e pós-graduada em Psicologia Clínica pela PUC de São Paulo, foi nossa convidada nessa discussão e trouxe questões muito interessantes: mesmo havendo o desejo de mudança no corpo, essas alterações não podem ser pré-calculadas com exatidão. Até mesmo os "ajustes" que queremos fazer em nossos corpos carregam suas surpresas, nem sempre agradáveis, do ponto de vista estético ou psíquico. Existe uma grande chance de estranhamento dessas mudanças, por isso é tão importante elaborar sobre as motivações que partem de um desejo criativo interno e as influências das imposições externas. Afinal, o sujeito vai ter que entender como lidar com isso depois.

LUCAS: Isso me faz pensar como é importante investigar o que há por trás dos comportamentos de busca incessante por beleza. É tentar compreender o que (talvez) possa nos deixar mais ou menos satisfeitos, e qual será o custo de tudo isso, de todos esses investimentos, não só financeiros, mas da nossa saúde física e emocional...!

Há um livro bem interessante que se chama *Políticas da imagem*[210], de Giselle Beiguelman, artista e professora livre-docente da FAU-USP, em que a autora fala das "estéticas da vigilância". De como é esquisito isso de seguir e ser seguido, de todas essas tecnologias de reconhecimento facial, essas distorções estéticas às quais a gente vai se submetendo. Ou seja, não estamos mais só de olho no outro, mas nos vendo e nos analisando esteticamente com muito mais frequência na selfie, na videochamada, principalmente depois da pandemia. Há uma pulsão escópica bombando, que é essa escopofilia, o prazer no olhar. O que pode, às vezes, até virar um fim em si mesmo, como no consumo de pornografia ou no prazer exibicionista de se fazer visto.

O mais curioso nesse cenário é que a gente não tem tanto medo de ser capturado pelo olho onipresente do Big Brother, pelo contrário, é o não ser mais visível e desaparecer que nos apavora. Com isso, a gente vai ter que fazer muito para merecer essa atenção do outro, e, para isso, você vai ter que estar muito bonito e, às vezes, até "assustadoramente bonito".

ANDRÉ: Aí você tocou num ponto crucial: a cultura da beleza on-line está nos prejudicando? Se tudo isso que você descreveu está acontecendo, é porque existe um exército de criadores de conteúdo nos ensinando sobre como potencializar a nossa beleza. Nos últimos anos, mesmo que a paisagem midiática seja povoada por discursos de fortalecimento da autoestima — e do ego — das mulheres, por exemplo, isso não alivia a pressão para se sentirem bonitas, um dado que segue alto. Em um estudo[211] publicado em 2023 com mulheres de 18 a 64 anos de sete países diferentes, inclusive o Brasil, 57% delas disseram ter vergonha de aparecer diante das câmeras e que deixam de registrar momentos importantes da vida por se sentirem infelizes com a beleza.

Por outro lado, no *Beauty Shop Politics*[212], a historiadora Tiffany Gill fala sobre o papel da internet em expandir os tipos de beleza, para que mais pessoas possam se sentir incluídas nesse universo de acordo com seus diferentes corpos, etnias e panos de fundo socioculturais. Se pensarmos, por exemplo, no papel da beleza on-line para o fortalecimento da autoestima de pessoas LGBTQIAP+, isso contribuiu de forma inegável.

LUCAS: Sim! A internet muitas vezes pode ser perigosa e intoxicante porque faz a gente perder a noção de escala. Você vê cinco figuras esculturais no Instagram e já acha que todo mundo é assim. Quando percebe, já está com uma sensação de dívida com os padrões de beleza do mundo. Mas não é do mundo, é do algoritmo programado para você. Como diz a pesquisadora Camila Cintra, autora do livro *O Instagram está padronizando os rostos?*[213], esses rostos já nascem produzidos como máscaras a serviço da indústria cultural e do consumo. Então, vamos precisar fazer um esforço intencional de não tomar uma parte pelo todo; do contrário entramos numa espiral do imaginário que é enlouquecedora.

A pesquisa da Camila também nos faz refletir sobre o que é verdadeiro e falso em todo esse discurso a respeito da beleza natural. Afinal, existe isso? Francamente, às vezes, isso me parece uma grande falácia do marketing. A beleza é uma construção cultural. Se você corta o cabelo, já deixa de ser natural. Não existe natural, porque não somos animais selvagens. A gente é resultado do que come, dos remédios que toma, dos nossos hábitos, movimentos, exercícios — e isso é aprendido. Também somos a roupa que vestimos e a quantidade de protetor solar que utilizamos, o que vai nos permitir ter uma pele mais ou menos manchada. Não há nada de natural nisso.

Dito isso, existe um ponto extremo nessa gradação entre o natural e o artificial que pode se tornar bastante sinistro: quando começamos a ver aqueles sorrisos petrificados, não só porque os dentes são falsos e parecem balinhas de Mentex, mas porque há alguma coisa aí de um sujeito que parece que só relaxa quando está travado ou só trava relaxado. É um investimento muito exagerado na tentativa de um único ângulo supostamente certo. Um contorno hiperlapidado, um arranjo que acaba trincando o que seria a efemeridade de um registro. E, aí, perde-se a vida, porque se vira uma estátua. A réplica imagética sai afetivamente embotada. E isso parece triste, porque esse sujeito está renunciando à sua condição de sujeito para desencarnar como objeto de decoração, para apreciação e contemplação do outro. A luz está ótima, o cabelo impecável, o corpo em forma, mas o conteúdo ficou ridículo, e ainda assim... tem milhares de *views*. O que será que essas visualizações estão representando?

Eu tendo a acreditar que estar feliz com a sua beleza artificial não significa que você vai ser percebido como um corpo feliz, mesmo que seja um corpo lindo. Isso porque tem alguma coisa sobre a apresentação desse corpo em si que vai sempre entrar junto em cena — junto com maquiagem, com o figurino, com toda essa escultura. Existe alguma coisa entre ser, estar e parecer sobre a qual a gente não tem controle. Talvez um pouco daquilo que a gente chama na psicanálise de objeto a[214], que é algo muito abstrato, porque é um objeto que simboliza a falta, seja o objeto causa do desejo, e que pode ser tão sutil quanto um jeito de olhar, um jeito de se mexer, alguma coisa que não dá para você forjar e manipular.

Por mais que existam padrões, gostos e tendências de beleza, há coisas que nos escapam e que nos capturam, e a gente não sabe dizer o porquê. Elas vão ser mais interessantes do que aquilo que a gente já sabe que nos interessa, justamente porque elas nos colocam uma dúvida a respeito do nosso desejo. O que eu vejo nessa pessoa que é tão atraente? Que parece que só ela tem? O padrão cumpre um checklist consciente e objetivo, mas abafa isso que é incapturável e que passa pela via inconsciente do nosso desejo.

ANDRÉ: Adorei essa imagem da estátua que você trouxe, que me faz pensar nas maiores estátuas de beleza que temos hoje na cultura ocidental: as Kardashians. É interessante como elas são tidas como essas seis mulheres que mudaram a beleza para sempre. Sabemos sobre a aparência delas, mesmo que a gente nunca tenha assistido a um episódio do seu reality ou visto seus feeds no Instagram. Essa "transformação da beleza" que elas causaram é ambígua, tão ambígua quanto beleza real vs. beleza *fake*.

A racialidade delas é uma questão curiosa. É imprecisa o suficiente para ser referência de beleza não branca, ao mesmo tempo que elas apresentam códigos e comportamentos associados com a branquitude. Sendo bastante polêmico, há um perfume de **feminismo civilizatório** em tudo isso. É sim uma inegável expansão da beleza, mas com um rebote de colocar outros padrões no lugar dos antigos. A monetização desses novos padrões, como tudo no capitalismo tardio, vai beneficiar apenas algumas mulheres. A diversificação dos padrões não os tornou menos excludentes.

Tudo isso mostra como a "beleza real" na atualidade é pautada, principalmente, por uma transparência relativa e um bem-estar seletivo. Você revela apenas o que você quer sobre seus segredos. Você prega a beleza de dentro para fora quando convém, de preferência com um cupom de desconto na sequência. É o discurso da beleza real e o imperativo do amor-próprio povoando o mesmo mundo dos cosméticos, dos influenciadores e da farmacopornografia, conceito de Paul B. Preciado[216]. Isso produz o que a psicóloga Renee Engeln[217] descreve como *beauty sickness*, ou a náusea da beleza — um conjunto desconcertante de contradições entre o que falamos, fazemos e tudo que a cultura nos impõe.

> ×
>
> Em resumo, **feminismo civilizatório** é um feminismo que, em tese, se propõe a libertar as mulheres. Na prática, acaba incluindo apenas algumas mulheres nos sistemas de opressão. Como saldo final, é um feminismo que serve mais para conservar mecanismos de exclusão do que para transformá-los. É um conceito trabalhado por Françoise Vergès, cientista política, historiadora e educadora francesa, no livro *Um feminismo decolonial*[215].

LUCAS: Voltando um pouco para a saúde, de forma bem lógica e racional, precisamos fazer uma ponderação de como essas intervenções podem prejudicar o sujeito. Como fazer essa avaliação? Até porque existem técnicas tão novas que nem sabemos como esses corpos modificados vão estar daqui a alguns anos. Existem médicos e médicos, e existe também um grande fetiche por testar esses limites. E não é mais nem o limite entre o natural e o artificial. Cada vez mais, parece que o limite é entre o artificial e o transumano — o que muitos podem chamar de absurdo, pois atingiu o nível do feio, bizarro. E aí acontece um giro, porque, na busca implacável e sem limites pela beleza, o sujeito, para muitos, se torna um monstro. Torna-se instigante, quase como uma aberração, que você quer observar como expressão de um sintoma cultural. É esse excesso, esse volume hiperbólico, às vezes irônico, às vezes engraçado, às vezes triste, às vezes sexy ou simplesmente desajeitado e constrangedor.

Pensando em um contexto de análise, é pertinente refletirmos sobre como falamos das coisas. "O que é um traço de beleza? O que é um defeito? Ou uma falha? É uma imperfeição? É uma particularidade? O que seria uma personalidade estética?" A forma como falamos da nossa beleza (ou do incômodo com ela) vai dando o contorno simbólico que devemos escutar (ou talvez ignorar), tanto do outro quanto da gente mesmo. "O que está vindo junto aí? De onde vêm essas palavras? Falaram para você dessa forma? Você ouviu nas redes sociais? E você acredita em tudo que lhe falam? O quanto desses pontos de incômodo são reais ou imaginários?" Com relação aos transtornos de dismorfia corporal, o sujeito pode entrar num giro infinito de "arrumar" uma coisa e automaticamente já começar a sofrer por outra. Então, temos que ver bem que "arrumações" são essas, antes de sair comprando e consumindo tudo.

ANDRÉ: É essa expectativa, relativamente compreensível, de preenchimento da falta com muitos miligramas de ácido hialurônico. Não é só harmonização. É idealização facial, com um grande risco de alienação excessiva. Só que esses limites vão de sujeito para sujeito, de corpo para corpo. Por isso, o discurso que apenas reprime é raso e não ajuda. Precisamos falar mais abertamente sobre os níveis de distorção, o efeito dos algoritmos e todas as indústrias que estão no rebote desses movimentos. Fala-se em "procedimentos"... Mas de onde estamos procedendo e para onde pretendemos ir?

LUCAS: Fico pensando nas pessoas que a gente recebe na clínica com transtornos de ansiedade em função do uso de anabolizantes. Está valendo a pena? A gente tem que entender até se não existe uma espécie de mau trato do próprio corpo, da própria saúde, como um tipo de masoquismo, uma vingança contra si por não estar entregando tudo que a gente espera da gente mesmo. Então precisamos investigar e escutar. E até enxergar. Há alguma coisa aí também que um analista precisa enxergar. É curioso, porque a beleza se torna o desejo visível, o que é muito enriquecedor, interessante e excitante. Investigar nossos desejos em torno da beleza não para destruir a fantasia, mas para entender melhor a serviço do que ela está. E de quem. Em vez de tentar preencher com substâncias todos esses buracos do narcisismo, é pensar sobre como sustentar esses furos e dar conta de um corpo que é finito.

Precisamos escutar o que cada pedaço de cada corpo tem a dizer. Por exemplo, pense em um sujeito que sofreu de exclusão social e bullying a vida inteira em função de alguma característica física. Você não vai argumentar com essa pessoa que ela precisa ser *desconstruída*, que ela tem que questionar todos os discursos culturais, não dar bola para o que os outros pensam, aceitar a si mesma e que ela é perfeita como Deus a fez — tudo isso é um progressismo tóxico. Ninguém deveria ser obrigado a amar-se o tempo inteiro.

ANDRÉ: Sim, a beleza também pode ser uma rota de fuga. Vamos pensar, por exemplo, numa criança queer. Geralmente, ninguém protege essa criança. A sociedade diz que ela não pode andar assim, não pode gesticular, não pode falar assado, não pode se vestir daquele jeito, senão ela pode apanhar ou mesmo ter sua vida ameaçada. Mas algumas crianças queer conseguem descobrir que feio e bonito, assim como o masculino e o feminino, são construções. É sobre alargar e interrogar no lugar de só afirmar. O mundo da beleza tem muitas exclamações, mas a cultura queer nos ajuda a trazer alguma estranheza para dentro da beleza. Eu insisto em falar de autores da comunidade LGBTQIAP+ porque penso que podem ser uma grande fonte de inspiração para a sociedade como um todo, inclusive para a própria comunidade, que também vem aceitando muitas opressões clássicas e normativas da beleza.

Como alguns autores nos provocam, será que a beleza não seria uma série de hipóteses? Hipóteses, não certezas. Simbólico, não imaginário. Acho essa frase uma das coisas mais lindas porque ela é sobre alargar, ela é sobre interrogar no lugar de afirmar. No fim das contas, quem disse que *isso* é bonito? Quem disse que é *só desse jeito* que se é bonito ou que alguém pode se sentir bonito?

LUCAS: Não sei quem disse isso, André. Mas com isso que você está dizendo agora, sinto que podemos encerrar por aqui. Vamos seguir refletindo e olhando melhor para esse espelho.

ANDRÉ: E também desviando o olhar do espelho... para olhar um pouco mais para o mundo, pode ser?!

LUCAS: Combinado.

13

POLÍTICA
e psicanálise

Lançamos esse episódio do podcast às margens das eleições presidenciais de 2022 no Brasil, em uma tentativa de elaborar a difícil tarefa de habitar a iminência de um dos momentos mais complexos da Nova República. A ansiedade eleitoral estava em livre circulação, infiltrada nas relações e, obviamente, nos divãs. Viver a história é mesmo encontrar sentidos nas frestas dos desencantos.

Decidimos tocar nesse tema por duas grandes razões: primeiro, porque política tornou-se um tema recorrente nas práticas clínicas de muitos analistas, especialmente após junho de 2013, diante de tantos eventos que inflamaram sujeitos, tensionaram relações e desafiaram instituições. De acordo com um estudo do Datafolha, publicado em outubro de 2022, 46% dos brasileiros disseram ter deixado de falar com amigos e familiares sobre política; 15% dos entrevistados afirmaram já ter sido ameaçados verbalmente, ou até fisicamente (7%)[218]. As eleições de 2022 tensionaram a psicanálise brasileira, visto que algumas das maiores instituições do país não encontraram outra saída a não ser prestar apoio ao candidato eleito Luiz Inácio Lula da Silva.

Nesse caldo psicossocial, elaborar sobre política e psicanálise nos parece uma missão árdua, mas fundamental. Até porque, assim como tempos terrivelmente digitais vêm afetando as relações e a nossa subjetivação, o atual estado da política também vem produzindo sofrimento. Como defende o psicanalista Joel Birman na abertura de *Psicanálise e política*[219], a psicanálise pode ser pensada como antídoto contra o mal-estar produzido pela violência do neoliberalismo.

Outra grande razão para entrarmos nesse tema tão espinhoso foi a dimensão que a política ganhou ao longo desta última década. Entre o messianismo informativo e o populismo digital, a política se aproximou de um lugar de entretenimento, povoando grande parte da mídia com o fervor e os códigos culturais do noticiário esportivo. Partidos, ideologias e políticos passaram a se comportar como torcidas organizadas, com seus gritos de guerra e mitologia de estimação. Como se não bastasse mais dizer que você acredita em algo ou alguém; é preciso vestir e expressar as suas crenças da cabeça aos pés, apelar para hinos e coreografias, topar o discurso "guerra santa", partir para o tudo ou nada, se maquiar, se fantasiar (mesmo que de palhaço) e, quem sabe, virar meme!

Mas o que isso tudo tem a ver com psicanálise? Investigar mais a fundo a relação de sujeitos e de grupos com a política é também uma forma de nos aprofundarmos no campo do narcisismo: como a política mexe com o narcisismo dos políticos e como o narcisismo dos políticos afeta a política? A política parece ter se tornado, mais do que nunca, um jogo de identidade e pertencimento, a expressão de um tempo em que transformamos tudo em consumo. Consolidou-se uma espécie de Política Cosplay. Essa é sua skin do dia.

Será que o post indignado é suficiente? E o textão no grupo de WhatsApp? A live politizada ou o cartaz-lacrador da manifestação? Enquanto a cultura tenta decidir os limites entre fazer política e ativismo sintético, as separações entre ator e personagem ficaram ainda mais difusas. E impulsionam expressões radicais da política como formas de *branding* pessoal, diferenciação e consolidação identitária. Nesse contexto em que ativismo, consumo e subjetividades midiáticas se misturam, política não se trata mais necessariamente de lutar

---

Cosplay é a junção de costume (fantasia) e *roleplay* (brincadeira ou interpretação). *Cosplay* é um código central de um tempo que aposta na fluidez, comercializa subculturas e supervaloriza experiências. A aceleração de tempos digitais transformou muitas subculturas em um consumo *Cosplay* — você não precisa ser gótico, skatista, *normcore*, *sneakerhead* ou e-boy/e-girl, basta se vestir como tal, naquele dia, naquela ocasião.

Skin é uma palavra da língua inglesa que pode ser traduzida como pele. No universo dos games, as *skins* são como roupas virtuais, um conjunto de itens usados para customizar os personagens dos games. É o ápice da lógica "seja quem você quiser".

por um modelo de sociedade, mas, sim, de replicar o que bate com a identidade de cada um, do que faz você vibrar como gostaria de vibrar — poderíamos pensar em uma cultura política baseada em vibes?

O debate político vem esgarçando ainda mais a fina linha entre mensagem e ato, cultivando um estado adoecido muito próximo da neurose obsessiva no qual pensamentos e atos são quase sinônimos. É a reconstituição compulsiva de um passado idealizado ou de um futuro sonhado, imagens muito bem descritas pelo filósofo e psicanalista Vladimir Safatle em *O circuito dos afetos*[220]. A grande questão é: até onde conseguimos distinguir quem está falando sério e quem já está profundamente perdido no personagem? E como elaborar sobre política sem adotar versões um tanto perigosas de **passagem ao ato** e *acting out*?

De forma geral, a história da política é uma história de poder e de dominação do corpo e da mente. Nesse sentido, a psicanálise pode nos dar algumas pistas para examinarmos as dinâmicas de poder e dominação que estão presentes nas relações políticas, bem como os processos de formação de identidades coletivas.

* * *

> ✕
> Estes são dois conceitos muito importantes da psicanálise que tratam da relação íntima entre ato e fala. No ***acting out***, o sujeito entra em uma lógica de mostração, convocando o outro à cena. Já na **passagem ao ato**, o sujeito tenta romper com o outro, fazer separação.

ANDRÉ: Desde o início dos anos 2010, a polarização política (ou, ainda, partidária) foi se tornando um assunto cada vez mais delicado e tenso no Brasil. Será que devemos falar sobre isso no trabalho? Melhor censurar o assunto no almoço de família? E na internet? E na análise? Afinal, essas compartimentações, de onde cabe ou não "falar sobre política", são possíveis? São necessárias?

LUCAS: Podemos tentar nos esquivar da complexidade dessas questões, mas, de tempos em tempos, elas sempre retornam. Até porque não dá para excluir a política do resto da vida, mesmo que a gente decida não falar sobre ela para evitar possíveis conflitos. Só que a experiência política já é, em si, sobre a fala e a escuta. A política começa aí, e por isso ela tem tanto a ver com psicanálise. Será que a teoria psicanalítica pode nos ajudar a melhorar a nossa relação com a política?

ANDRÉ: Historicamente, muitos analistas e institutos de psicanálise adotaram uma postura de suposta neutralidade, o que para alguns significa um tipo de encastelamento ou alienação, bastante irresponsável, com relação ao campo social. Como se fosse possível praticar e pensar a psicanálise de forma completamente isolada da política. Mas, como sabemos e aprendemos à força nos últimos anos, a psicanálise também pode ser uma grande aliada nesse contexto — um campo de pensamento que nos ajuda a navegar afetos como o ódio, o medo, a intolerância e as vibes muitas vezes pessimistas que pairam no ar quando começamos a falar de política.

LUCAS: Bom, e já que vamos começar pelo "falar", sabemos muito bem que o que falamos em um processo de análise, entre quatro paredes no consultório, é um conteúdo sigiloso e confidencial. Mas e o nosso voto enquanto eleitor? Sim, ele é secreto. No entanto, cada vez mais, somos convocados a nos posicionar politicamente. E se você é uma figura influente (e quase todo mundo se enxerga mais ou mesmo dessa maneira hoje em dia), você provavelmente será pressionado a fazer isto: expressar abertamente o seu posicionamento. Aí fica a pergunta: isso cabe também à figura pública de um analista? Como lidar com eventuais posições políticas do nosso analista ou dos nossos analisandos? E mais, a psicanálise se posiciona em algum lugar nesse confuso espectro entre esquerda e direita?

ANDRÉ: Boas questões, Lucas. Vou começar falando de mim mesmo, enquanto psicanalista. Faz um tempo que soltei o verbo e comecei a falar bastante sobre política nas mídias sociais, articulando ideias e posições sobre esse tema que é tão espinhoso. Volta e meia, alguém ainda me diz que eu não deveria fazer isso.

Retomando alguns textos, podemos observar que Freud oscilou bastante entre recusar a influência da política na clínica e admitir essa influência como inevitável, quase um "alerta-tensão". Joel Birman, um dos mais importantes psicanalistas do Brasil, tem um texto muito interessante em que ele marca como a relação entre psicanálise e política sempre foi contornada por um certo mal-entendido[221]. Existe um movimento psicanalítico que tentou afastar, ou mesmo repudiar, qualquer tipo de engajamento, defendendo uma suposta neutralidade na figura do analista e na experiência clínica. Uma moral que aposta num inconsciente "a-histórico", extirpado da história ou da política de alguma forma, e cuja consequência seria uma psicanálise que não se "suja" com práticas sociais.

LUCAS: Pois antes de a gente se "sujar" com a psicanálise, quero falar um pouco de política, e abrir associações sobre esse significante. Em geral, a primeira coisa que a gente pensa quando ouve a palavra "política" é em "partido político", ou até em derivações que trazem uma conotação pejorativa, como "politicagem". Foi isso que a história acabou fazendo com o termo "política". Isso é péssimo, porque assim perpetuam-se declarações esdrúxulas do tipo: "política, futebol e religião não se discutem". Como se a gente apenas tivesse que aceitar algumas coisas como elas são e não fazer mais questionamentos. Como se não fosse mais possível dialogar e argumentar sobre política sem necessariamente entrar numa briga.

Puxando essa cena para a psicanálise, isso parece ser um tipo de vitória do registro Imaginário sobre o Simbólico. É aquela visão míope e dualista de que as nossas escolhas, inclinações, tradições, ou mesmo as nossas diferenças, são sempre simplesmente melhores ou piores que as do outro, e que a gente precisa entrar em guerra para se defender ou tentar destruir o nosso opositor. Só que isso é guerra política, guerra religiosa, e a política não é necessariamente sobre guerra. Inclusive ela é, ou deveria ser, exatamente o contrário. É sobre a capacidade de conseguir articular melhores relações por meio da negociação do poder, principalmente por meio da palavra e de ações que cumpram essas palavras. E isso tem muito a ver com psicanálise, certo? A honra à palavra e a fala que entra no lugar da violência.

ANDRÉ: Com certeza, porque, sem a circulação da palavra, não tem psicanálise. Nem política. Mas o que vemos hoje na cultura é um fenômeno bastante mortífero de que estamos, na maior parte do tempo, tentando simplesmente lacrar ou cancelar o debate. Tem muita coisa aí sendo protegida pela barreira do recalque que afirma: essa é a minha opinião e ponto final. Como se a opinião fosse também algo absoluto, imune à mudança. Defendidas nesse tipo de argumento, as caixas de comentários nas redes vão sendo preenchidas por grandes delírios, falácias e absurdos cognitivos.

LUCAS: Foucault[222] argumenta que falar é sempre um ato político e que as práticas discursivas são usadas para estabelecer e manter relações de poder. O discurso não é apenas uma forma de comunicação, mas uma prática política inserida em estruturas de poder. E aí, dá para abrir mais ainda essa caixinha. Não é só sobre a nossa fala, mas sobre a nossa própria existência. "Existir é um ato político", essa é outra expressão que ganhou muita tração nos últimos anos e que é geralmente associada ao pensamento da ativista feminista Audre Lorde, especialmente no texto *A Burst of Light*[223].

Essas colocações, apesar de inspiradoras, também podem nos deixar um pouco perdidos, porque tornam o assunto muito amplo e abstrato, como se tudo fosse política. Então, nada é política. E aí, de novo, o que é política? Esse é mesmo um movimento que fazemos, de ir e voltar, para ir dando algum contorno ao conceito de política. Essas noções de "fala" e "existência" são interessantes porque nos abrem um pouco a cabeça para sairmos da mediocridade. Quando se diz: "Eu não gosto de política", normalmente o que está por trás disso é: "Eu tenho dificuldade de lidar com a realidade dos políticos que nos governam". Ou, como virou moda dizer hoje em dia, nos "desgovernam". Aí, estamos nos referindo à administração pública e gestão do Estado, o que é de máxima importância, mas a política é mais do que isso.

Ricardo Goldenberg tem um livro que chama *Política e psicanálise*[224], no qual afirma que política é "a arte de organizar e dirigir uma coletividade, de lidar com os impasses entre o individual e o coletivo". Ou seja, é uma instância que tem por objetivo encontrar um certo acordo entre a minha felicidade e a felicidade do outro. É uma forma de regulamentar as relações. É sobre cidadania. É reconhecer e exercer um lugar de indivíduo dentro de um coletivo. É aprender a se organizar, lidar com regras de convivência e participar da sociedade. O voto entra aí, nesse "fazer política", mas é só um exemplo. Tem muito mais além do voto.

ANDRÉ: Política é também a capacidade de viver na diferença e ter essa diferença mediada pela palavra, ou pelos acordos que fazemos e sustentamos pelo simbólico, pela cultura, pela lei e, em última instância, por algum tipo de punição. Mas, no tempo que estamos vivendo, mesmo com a abundância de recursos de comunicação, existe algo que insiste em tentar interditar, tampar ou tamponar a palavra de alguma forma.

Não dá para pensar na sociedade como um corpo totalitário, harmonioso, inteiramente igual, homogêneo, até porque o sujeito também não é assim. A psicanálise está profundamente investida na ideia de que somos seres cindidos, formados por diferentes instâncias psíquicas, habitados não só pelo Eu, mas por tantos outros.

E, para complicar, por diferentes desejos contraditórios e flutuantes. Se não há psicanálise sem inconsciente, não podemos esquecer também que o inconsciente não é puramente individual. Obviamente, em uma análise, espera-se que o sujeito fale de si, mas também vai falar sobre os atravessamentos que sofre do pequeno outro que habita sua vida e também do grande Outro, que é a cultura e a linguagem nas quais está inserido.

LUCAS: Lacan vai mais longe ainda e afirma que "o inconsciente é a política"[225]. Mas o que será que isso quer dizer? Talvez que a formação do inconsciente seja um processo social e que o inconsciente seja o discurso do outro. A sua natureza é política porque ele se forma pela relação com o outro. Não existem culturas ou linguagens que não sejam atravessadas por premissas políticas.

Retomando ainda mais do começo, Freud não fala tanto de política propriamente na sua extensa obra, mas trabalha de modo exaustivo na articulação bastante complexa entre indivíduo e coletivo, principalmente em *O mal-estar na cultura*[226], que é escrito durante a grande depressão de 1929. Em *Psicologia das massas e análise do Eu*[227], ele aponta que toda psicologia individual é também social, porque sempre inclui a presença inevitável do outro, enquanto objeto ou adversário. Para completar, no texto *Por que a guerra?*[228], baseado na sua troca de correspondências com Albert Einstein, o psicanalista investiga a noção de líder (político, religioso, militar) e como essa figura é colocada no lugar de ideal de Eu pelos membros de um grupo.

ANDRÉ: Também é importante lembrar que a psicanálise é fruto de uma sociedade burguesa, um modelo de organização psicossocial que produziu muitas modalidades modernas de mal-estar. Modelo esse que também trabalhou na manutenção de posições subalternizadas de gênero, classe e raça na nossa história. Essas discussões são espinhosas, difíceis, nos fazem questionar a teoria, as escolas de psicanálise e as suas tradições. Apesar de muitos psicanalistas e até instituições tentarem conter esses questionamentos ao longo do tempo, essas conversas têm se amplificado muito nas últimas décadas, impulsionando novos pensamentos e até novas práticas. Sobretudo uma crença na psicanálise para além de método clínico e teoria do tratamento, mas também como um poderoso dispositivo crítico.

LUCAS: Isso que você traz é um bom começo para discutirmos política dentro da psicanálise. Ainda que alguns teóricos defendam que a psicanálise não seja exatamente um tratamento para o social, e sim um tratamento para o sujeito, podemos conceber um campo interdisciplinar de sociopsicanálise — que envolveria a aplicação dos princípios psicanalíticos na compreensão de fenômenos sociais, na análise das relações entre o indivíduo e a sociedade. Há uma diferença também, que precisamos considerar, entre objeto de tratamento e objeto de estudo. De qualquer forma, um psicanalista de nenhuma forma deveria fechar os olhos para as questões sociopolíticas.

Pessoalmente, acredito que a função do analista não se reduz ao tratamento do sujeito; é também desenvolver uma reflexão crítica e filosófica, pensar sobre a sociedade e a cultura e tentar compreender a subjetividade do nosso tempo, até porque os mecanismos psíquicos também acontecem em massa, como um sintoma comum para um grande número de pessoas. Por exemplo, um fenômeno amplamente discutido por psicanalistas é a famosa síndrome da classe média brasileira, que recalca a proximidade que tem com a pobreza e nutre uma ilusão identitária com a minúscula classe alta do país. Essa é uma manifestação interessante de ser estudada, não só para tentarmos entender, junto dos nossos analisandos, o que os atravessa e os faz sofrer, mas porque esse tipo de sintoma social é (ou deveria ser) de interesse geral, para além da clínica de um determinado sujeito.

ANDRÉ: Eu também penso por aí, Lucas. Acredito na hipótese mais **"fanoniana"** de que não existe cura possível apenas entre quatro paredes. Algum tipo de engajamento ou mobilização social torna-se imprescindível para responder a determinadas questões do sujeito. Isto não significa necessariamente um tratamento *do* social, mas *pelo* social. É implicar-se nos sintomas, por mais exclusivamente sociais que sejam as suas supostas origens. Afinal, os grandes conflitos sociais e fantasmas da nossa história também habitam as esquinas do nosso inconsciente e, consequentemente, influenciam nossas formas de convívio com o outro, bem como o sofrimento que deriva das relações.

Muita coisa aconteceu nas últimas décadas com relação aos movimentos sociais e políticos, e os psicanalistas tiveram que revisitar os textos básicos e reinterpretar alguns cânones para trazerem uma nova ótica a essas discussões. Nesse sentido, duas mudanças foram muito interessantes: a própria psicanálise e os psicanalistas passaram, nos últimos 30 anos, por um processo de proletarização social. As elites econômicas não sustentam mais a prática sozinha e, com isso, muitos psicanalistas se viram ainda mais interessados em fazer a psicanálise circular, no lugar de deixá-la concentrada em um estrato. Além disso, da metade do século passado para cá, tivemos que admitir que as formas de sofrimento que foram surgindo ou sendo potencializadas pela sociedade não conseguiam mais ser explicadas, muito menos "resolvidas", pela psicanálise clássica, mais purista: os pacientes-limite, a depressão, a ansiedade, tudo isso que, dos anos 1980 para cá, com a cultura

> O pensamento do psiquiatra e filósofo político **Frantz Fanon** nos provoca a integrar os fatores sociais e os fatores subjetivos para dar conta do sofrimento psíquico. De *Pele negra, máscaras brancas* a *Alienação e liberdade: escritos psiquiátricos*, Fanon propõe uma clínica revolucionária, que aposta na centralidade do sociodiagnóstico, no engajamento e na luta social como peças fundamentais dos processos de tratamento e cura.

do desempenho e produtividade, precisou e precisa de uma articulação com outros campos do conhecimento.

Tudo isso impulsiona uma crença fundamental de muitos analistas de que a psicanálise pode se renovar quando escuta os grandes questionamentos do contemporâneo, quando aproxima a transformação social e a liberação pessoal, quando se compromete com as lutas de liberação. Quando topa a revolução, propondo uma teoria crítica da saúde mental, como propõe o provocante livro do psicanalista britânico Ian Parker e do psicólogo mexicano David Pavón-Cuéllar, *Psicanálise e revolução: psicologia crítica para movimentos de liberação*[229].

LUCAS: Eu concordo, André. Os estudos de sociopsicologia vêm para agregar e nos ajudam a conectar alguns pontos dentro e fora do sujeito, assim como o repertório teórico e conceitual da psicanálise contribui para analisar as relações de poder que estão em curso. E não só as relações externas de poder e conflito, mas dentro da gente mesmo. Por exemplo, quando nos deparamos com um sujeito que convive com um Supereu que podemos chamar de tirânico, que foi herdado do Supereu do seu pai, que está agindo como uma espécie de ditador para o seu pobre Eu, que está subordinado a tal soberania. A política não está só fora, está dentro de nós.

Podemos pensar em um tipo de psicanálise política que nos instrumentaliza na elaboração dos nossos lugares sociais — lugares de vulnerabilidade, exclusão, impotência, opressão, abuso, todos esses lugares e funções que a gente vai ocupando em diferentes contextos sociais. Assim como a psicanálise, a política também é uma tentativa de acordo entre desejos, uma busca de resolução que seja menos violenta, menos trágica e menos traumática para algum conflito que está posto diante de nós.

E tem mais: nem todo mal-estar psíquico é simplesmente uma *consequência* dos males da cultura. Podemos olhar pelo seu contrário, como uma mente perturbada é também a *causa* de um mal-estar na cultura. Talvez muito do que acontece hoje na sociedade seja resultado do psiquismo de alguns sujeitos que estão dominados por traumas ou pulsão de morte e que acabam direcionando tudo isso para o coletivo. Quando assistimos aos bate-bocas nos congressos, fica muito evidente que há muitos políticos que não estão em condições mentais ou emocionais de estarem lá nos representando. Tudo isso vai, obviamente, esquentando e se tornando um tipo de barbárie disfarçada. Retrocedemos no nosso avanço civilizatório. Perdemos aquilo que nos humaniza: a capacidade de escuta e de articulação simbólica. E um pouco de psicanálise nessa hora... seria muito bom.

ANDRÉ: Com certeza! Você foi falando e me veio essa imagem de como a gente fala tanto sobre democracia no Brasil e, com frequência, ignora o fato de que a democracia não necessariamente opera de modo igual em todos os Brasis; muito pelo contrário, o que opera em muitas partes do nosso país é a brutalidade. Mesmo na política institucional, muitos dos debates são não apenas permeados, mas orientados pela Bíblia e pela bala, como se o Estado laico fosse algo minoritário, uma nota de rodapé. Ao mesmo tempo, há essa postura miliciana da punição a qualquer custo, calando a palavra. A palavra vista como uma espécie de recurso secundário.

A polarização que vemos no Brasil parece revelar um momento muito infantilizado da nossa cultura, em que ainda queremos resolver as coisas na base da violência. Por que dizemos que isso é infantilizado? Porque vamos recorrendo a concepções muito simplistas e fechadas para dar conta da realidade, versões achatadas da realidade. São posições que visam conter o outro, mas não necessariamente movimentar, mudar, dialogar, expandir. E, nesse processo, acabamos apelando para soluções bem precárias do tipo "o PT arruinou a minha vida" ou "é tudo culpa do Bolsonaro". Do ponto de vista simbólico, estamos falando de visões muito empobrecidas do que é política.

LUCAS: Para enriquecer a conversa, contamos com a contribuição do psicanalista e professor titular do Instituto de Psicologia da USP Christian Dunker, autor de diversos livros que versam sobre esse tema, incluindo *Lacan e a democracia: clínica e crítica em tempos sombrios*[230].

Primeiro, ele traz a ideia de que a intersecção entre a política e a psicanálise está na distribuição de poder e na produção de uma "igualdade artificial" pela palavra. Quando passamos os conflitos para a palavra, a gente simboliza, recria e se transforma nesse processo que envolve, inclusive, reconstruir histórias.

Sobre essa visão de que os psicanalistas não deveriam se posicionar politicamente, Dunker defende que a política é uma das formas de ocupar o espaço público, ao lado da ciência, do debate público e das instituições. Assim, seria um equívoco a psicanálise ficar de fora. Formações psicanalíticas muito verticais acabam produzindo modelos de tratamento subservientes e orientados para a conformação, para a adequação e reprodução ideológica da situação que a gente tem no mundo, o que não parece ter muito a ver com uma intenção de avanço e progresso.

Uma parte da discussão mais acalorada que vemos hoje nesse campo diz respeito a políticas identitárias versus identitarismo, que seria uma crítica à política identitária. Essa é uma discussão bem complexa que a gente vem acompanhando, testemunhando alguns psicanalistas discutindo sobre isso, alguns brigando, se cancelando, depois se descancelando, enfim.

Em linhas bem gerais: existe uma crítica à crescente excitação e, às vezes, inflamação, que a gente tem vivido com relação às lutas por direitos de grupos minoritários ou marginalizados, que são alavancados, principalmente, por uma esquerda progressista. Ninguém, espero eu, vai duvidar da relevância dessas lutas. Uma das críticas que se faz, no entanto, é que, de alguma forma, esses tais traços de identificação podem estar eclipsando e se sobrepondo à singularidade do sujeito, ou criando essa tal "soberania do eu", como diz o título do polêmico livro da historiadora e psicanalista francesa Élisabeth Roudinesco[231]. Em certo sentido, é quando a gente se reduz, talvez com algum excesso, a um predicativo que confere ao sujeito uma característica. É uma diferença sutil entre dizer: "Oi, eu sou o Lucas e eu sou homossexual" ou "eu sou um homossexual, que por sinal, se chama Lucas, e tem essa ou aquela biografia".

Isso tem a ver com a forma como o sujeito entra na clínica, com a forma como essas questões identitárias aparecem ou não aparecem. Existem, sem sombra de dúvida, os padecimentos que são específicos e estruturais por ser mulher, por ser LGBTQIAP+, por não ser branco, por ter alguma deficiência física, por ter certa idade, tudo isso está aí. Mas, quando se pensa na clínica, não podemos nos contentar, tanto enquanto analistas como enquanto analisandos, com a parte desse padecimento que vem emprestada por um viés estritamente político. Acredito que cabe, sim, um tanto de militância no divã. Inclusive, cabe também ao analista fazer essa escuta e, às vezes, tomar alguma posição, sempre com o cuidado de considerar o efeito que isso terá na transferência com o analisando. E, principalmente, cabe também ao terapeuta acolher o sofrimento desse sujeito que está invisibilizado, que foi excluído, violentado. Mas isto não é o todo para nós analistas, isso é apenas uma parte.

ANDRÉ: Sobre *O Eu soberano* de Roudinesco, eu estava lendo uma resenha muito boa da Ana Carolina B. Leão Martins na revista *Lacuna*[232], sobre o olhar de abertura e democratização da psicanálise. Você levantou esse ponto da clínica, e eu concordo. O papel do analista também é furar a moral do sujeito e expandir essa moral que, às vezes, é muito fechada. E pode ser fechada, inclusive, num discurso de militância. A questão é quando, no lugar de furar a moral, o analista desmente o sofrimento do sujeito, ignorando os fatores sociais e políticos que estão em jogo. Nesse texto, Ana Carolina B. Leão Martins vai argumentar que: "Em tempos de debate sobre a democratização da psicanálise e a formação pública do psicanalista, a recepção acrítica das teses da historiadora francesa só reitera a velha negação do nosso 'eu' suburbano, periférico, inevitavelmente atravessado pelas questões de classe, de raça e de gênero". É preservar uma psicanálise supostamente purista e dizer que quem está tentando questionar a psicanálise é porque não a leu direito. Em vez de descolonizar a moral dos psicanalistas ou da psicanálise, acaba-se por, na verdade, fechar ainda mais as suas cabeças.

LUCAS: Há também uma questão a se pensar: a de que a análise, como sabemos, é interminável, o que não significa que ela não deva chegar a algumas conclusões. Tem uma conclusão inevitável que é assumir mais responsabilidade pelo seu próprio sofrimento. Mesmo que exista um contexto social extremamente desfavorável para muitos de nós, um sistema violento e tóxico que nos atormenta, que é, sim, responsável por boa parte do nosso mal-estar, é preciso assumir alguma responsabilidade individual. A gente não vai conseguir mudar tudo isso sozinho e não vai conseguir mudar tudo isso só desabafando com o analista, porque o mal-estar está na cultura. O que não quer dizer também que a gente deva se acostumar totalmente a isto. É uma questão muito delicada, e acho interessante quando a psicanalista Clarissa Metzger fala: "O risco é reduzir o sintoma neurótico à questão social"[233]. O que precisamos fazer é escutar o sujeito no que diz respeito a todos os significantes que o marcam, e isso inclui, sim, elementos políticos, sociais. Mas não podemos, certamente, cair na armadilha de colocar todo o mal para fora. Sim, o mal também é interno e vamos ter que conseguir fazer alguns acordos políticos com nós mesmos.

ANDRÉ: Até porque só se conseguirmos lidar com o racismo, a LGBTfobia, o machismo e outras formas de opressão a partir do momento em que observamos como todas essas questões também estão dentro de nós, por exemplo, enfrentando o fascista que habita em nós. Se não se escuta o próprio fascismo, não se consegue ouvir o do outro, porque a gente vai desimplicar o sujeito ou vai entrar nessa de apenas denunciar, cancelar, matar. Eu achei muito bom isso que você falou, porque a psicanálise está, desde o começo, muito comprometida em pensar sobre o extremismo. De novo, uma das grandes viradas da teoria veio exatamente com a guerra e o nazismo, com a tentativa de Freud de dar conta de analisar essa força muito mortífera, o que mais para a frente o Lacan vai radicalizar.

LUCAS: Então, vamos à pergunta que não quer calar: existe orientação política na psicanálise? A psicanálise seria de esquerda? Eu não tenho essa resposta, mas há algumas coisas para colocarmos na mesa e pensarmos mais a respeito. Estudamos na psicanálise sobre a psicologia das massas e como os discursos conservadores são repressores e visam manter o sujeito reprimido. Retomando a obra *Provocações para a psicanálise no Brasil: racismo, políticas identitárias, violências e colonialismo*[234], as autoras Priscila de Souza e Mirian Rosa articulam sobre as resistências contra as violências cotidianas do Estado burguês e trazem um ponto muito interessante com relação ao mal-estar na civilização proposto por Freud.

A sua teoria diz que a civilização impõe restrições à nossa sexualidade e agressividade em troca de uma pertença e uma proteção da vida em comum. Ou seja, a gente abre mão de uma parcela do nosso prazer imediato por uma parcela de segurança. Mas Freud também afirma que nem todo mundo paga o mesmo preço pela civilização, são taxas diferentes. Tem uma parcela que tem mais proteção e menos restrições e infortúnios. E tem outra com mais restrições e menos proteção. Ou seja, existem grupos que são mais explorados pelo coletivo, o que marca aí uma desigualdade nos sofrimentos.

Alguns fatos para termos em mente: Freud, como pai da psicanálise enquanto um saber que era libertário, foi perseguido pelo regime nazista, teve suas obras queimadas e precisou fugir para Londres. Suas quatro irmãs foram mortas em campos de concentração. Para além disso, existe uma notória relação de influência mútua entre

Lacan e o Maio de 1968, um movimento jovem liberal que reivindicou novos valores sociais e de sexualidade, e que também andava em linha com o marxismo francês. A mais-valia de Marx é um conceito que, inclusive, inspirou Lacan a criar o **"mais-de-gozar"**. Ao mesmo tempo, como estávamos falando antes, se olharmos para essa psicanálise da tradição mais francesa, muitas vezes ela é avessa à forma como as pautas mais progressistas se articulam nos dias de hoje. Para completar, escuta-se muito hoje em dia como podemos e devemos discutir as alienações sintomáticas no psiquismo diante das modalidades neoliberais do trabalho.

> *"Plus-de-jouir"*, também conhecido como **"mais-de-gozar"**, é um conceito que tem relação com o desejo, o gozo e a economia libidinal na teoria de Lacan. A ideia por trás é de que há sempre uma sobra na experiência de satisfação, um excedente que alimenta o desejo e faz com que ele continue, mesmo após alguma satisfação ser atingida. Um aspecto importante do mais-de-gozar é que ele está além do princípio do prazer freudiano. Segundo Freud, os seres humanos são impulsionados a buscar prazer e evitar a dor. Lacan argumenta que o mais-de-gozar descreve uma busca por prazer que vai além disso, levando o sujeito a repetir até mesmo experiências dolorosas ou traumáticas na busca por satisfação.

ANDRÉ: Tem muito no que você disse. E é curioso como, muitas vezes, a conversa sobre psicanálise e política ainda envereda para uma psicanálise "isentona", uma linha de raciocínio segundo a qual a neutralidade seria um ideal possível. Mas é claro que todas as questões ideológicas estão infiltradas no *setting* analítico. Por exemplo, uma clínica muito saturada pelo politicamente correto, pela matriz identitária, é uma clínica muito narcísica, que não anda. É bom lembrar que o amor transferencial ou a transferência é uma relação em que cabe a diferença.

LUCAS: Pois é. Por isso mesmo existem muitas questões aí que a gente precisa saber diferenciar. O que é política no sentido de atuação do Estado? O que são orientações econômicas? Agora, o que eu acho que a gente consegue articular com mais respaldo é o crescimento da extrema direita na última década.

ANDRÉ: Como você enxerga o fascismo nesse movimento? O fascismo é historicamente ligado a uma abordagem ultraconservadora, ultradireitista e muito avessa a qualquer tipo de igualitarismo, igualdade ou até equidade, e temos visto isso hoje no discurso de alguns agentes políticos no Brasil. E como isso cabe na psicanálise?

LUCAS: O fascismo é antipolítico. É não respeitar a Constituição, ausentar-se do debate, incitar a violência, agredir minorias, é exercer a necropolítica. Por mais politicamente incorreto que seja o inconsciente, um psicanalista não tem como ter essas ideologias ou comportamentos como base.

Um tempo atrás, a internet (ou pelo menos a minha bolha do algoritmo) foi bastante tomada pela discussão: será que um psicanalista pode ser de extrema direita? A ideia nem é retomar essa discussão no detalhe, ou chegar a uma conclusão definitiva, mas algumas coisas me chamam a atenção. Primeiro, que a psicanálise é fundamentalmente sobre a associação livre, e nada ilustra melhor o poder da liberdade de expressão do que essa técnica. A gente fala para o analista coisas que não fala nem para o grande amor da nossa vida, nem para nossa família, nem para a gente mesmo. Imagine então num ambiente público, num palanque. Então, a liberdade de expressão é uma premissa básica tanto para a psicanálise quanto para o debate político. Isto não combina em nada com um governo ditatorial que ameaça censurar ou derrubar os meios midiáticos.

ANDRÉ: Há um vídeo do filósofo e psicanalista Vladimir Safatle[235], da época das eleições de 2018, em que ele define o fascismo de um jeito muito incisivo, quase cortante: a tendência que o fascismo tem, e que a ultradireita também tem, de brutalizar as relações e criar uma sociedade à imagem e semelhança de quem está no poder. Em um outro texto sobre fascismo, Safatle nos lembra que, para Freud, não são os povos que criam seus governos, são os governos que criam os seus povos[236].

Outro ponto importante é como o medo é o afeto político central no fascismo, algo que está profundamente mobilizado pela extrema direita, especialmente o medo do outro. Então, voltando à sua pergunta, penso que não dá para sustentar o lugar de analista pautado pelo medo do outro, porque aí não seria um tratamento, mas, sim, o cultivo da paranoia.

Há ainda outra questão que é uma insensibilidade absoluta dessa matriz de pensamento com o vulnerável, uma espécie de divisão do coletivo entre vencedores e perdedores, quem pode e quem não pode. Quem merece, fica. Quem não merece, está fora. Curiosamente, os exemplos de líderes que se tem na extrema direita, muitas vezes, estão fora da lei. Falam de ordem, falam de leis, mas se colocam acima delas. Hitler, Mussolini, Trump, Bolsonaro, Le Pen, enfim, são tantos exemplos de líderes que não têm culpa nem vergonha de trazer os desejos mais baixos de violência como suposta expressão de liberdade. É por isso que a leitura de Safatle é brilhante, ao dizer que esses líderes precisam parecer cômicos, uma mistura de militar e palhaço. É por meio dessa ironia e desse disfarce de piada que as convicções mais nefastas ou nojentas podem circular sem muita resistência. "É brincadeira, não é sério"; "É só a minha opinião"; "Pelo menos é uma pessoa autêntica". Essa chave do humor vem para barrar algum tipo de censura da nossa consciência social coletiva.

Por tudo isso é tão difícil aproximar um psicanalista do campo da extrema direita, porque parece bem provável que esta seja uma clínica tirânica ou aprisionadora. Mas, claro, o espectro político é rico, é extenso, vasto, e muda o tempo inteiro — e também não podemos cair numa cilada de esquerda messiânica, que é igualmente prejudicial.

Como falamos no começo, a psicanálise pode ser um grande recurso para nos ajudar a navegar a política, pois a política é sobre circuitos de afetos e estruturas de visibilidade. O que pode nos afetar? Com qual intensidade? Em qual velocidade? E, falando de afetos, além do medo, há outro afeto bem complexo que está pairando na paisagem social brasileira: o ódio.

Podemos reconhecer como a paisagem midiática está povoada de imagens muito fortes de violência, racismo, misoginia, impunidade. Às vezes, o seu dia está indo bem até que vem uma manchete-gatilho e te deixa naquele estado de indignação e fúria. Tudo é politizável, polarizante, e a gente vai sendo vítima do ódio dos outros e do nosso próprio. E, como sabemos, isso é extremamente viralizável. Só que o ódio é também uma forma de sustentar vínculo. Assim, odiar o Brasil, a política, os políticos, os eleitores, os brasileiros, a família que vota em x ou y, enfim, é uma forma precária, desgastante e mortífera de sustentar o pacto social. Viver no meio do ódio só nos faz sentir mais medo.

O saldo de uma política mediada por medo e ódio é a descrença na democracia. A gente sai chamuscado, desinvestido, deprimido. Instala-se um tipo de depressão cívica, como diria o filósofo Benedetto Croce[237] — um labirinto de absurdos, desumanidades e anedonia. A ausência de engajamento cívico e político, por parte dos cidadãos, leva a um enfraquecimento do tecido social e político de uma nação. É quando desistimos da esfera coletiva porque mal damos conta da esfera individual. E por que tudo isso importa numa discussão sobre psicanálise e política? Porque está difícil elaborar. Estamos só substituindo afetos, tocando a boiada, e sendo consumidos por esse contexto.

LUCAS: Nesse sentido, a psicanálise, como matriz teórica que articula tanto o nosso psiquismo quanto os comportamentos em massa, pode nos ajudar em algumas análises do discurso. E também identificar os discursos desses agentes que tratam o outro, muitas vezes, como objeto ou mestre ou escravo, mas não como sujeito. São tantos laços sociais que se fazem e se desfazem o tempo todo; devemos estar mais atentos a essas dinâmicas. Assim, quem sabe, podemos fazer melhores escolhas de como navegar e até transformar a realidade.

O professor Dunker conta também, em sua participação nesse episódio do podcast, que a luta social e política é travada não apenas na arena pública, mas também no espaço mais íntimo de cada sujeito, no seu inconsciente. Isso nos leva a pensar que se colocar em processo de análise também pode ser um ato político. E que um analista que atua na sociedade também está fazendo um ato político. Que atos são esses? Aqueles que, talvez, nos direcionem para uma melhor relação com nossos pares, nossos semelhantes, nossos diferentes, que desmantelem um pouco desse ódio compulsivo. E não só com o outro que está aqui fora, com quem a gente convive, mas também com o outro que está internalizado em nós.

Quantas histórias não escutamos recentemente sobre laços familiares estremecidos ou destruídos por diferenças partidárias ou ideologias políticas? É um grande sofrimento para todo mundo, e uma boa análise pode, sim, nos ajudar a lidar melhor com esses impasses. Tem algo aí que, quando a gente pensa em política, não é só sobre o "eu" — por mais que a gente queira sempre defender os nossos interesses e pontos de vista —, mas também sobre o outro e sobre o mundo em que vivemos e desejamos viver.

ANDRÉ: É também sobre as histórias ou narrativas que a gente vai contar, os discursos que vamos topar. A psicanálise nos lembra que a memória é reeditada constantemente. Vamos copiando e colando acontecimentos para formar novas imagens, conexões, redes de significado. E o que é que se vê na paisagem política nesse momento? Primeiro, a gente está sendo obrigado, de uma vez por todas, a abrir mão dessa fantasia de país do futuro. Segundo, existe uma grande aposta em voltar para um passado glorioso que, na verdade, não foi nada glorioso. No fim, é sobre as articulações coletivas que fazemos com a nossa memória, como brasileiros, para conseguir, enfim, ir adiante.

LUCAS: Memória, esquecimento e história. A política tem mesmo tudo a ver com isso e a psicanálise também. Como conseguir elaborar traumas mais antigos, mas também os acontecimentos do ano passado? Ou da semana passada? Afinal, o que fizeram com a gente? E o que a gente fez daquilo que fizeram com a gente? Enquanto sujeito, enquanto grupo, enquanto marcador identitário e enquanto sociedade brasileira. Fala-se muito que o eleitor brasileiro tem memória curta, porque tem coisas que a gente prefere esquecer mesmo. Mas a gente vai ter que relembrar, tanto dos fatos como das versões e narrativas dos fatos, e fazer algum tipo de leitura crítica de tudo isso, para tomar decisões mais de responsabilidade e consciência.

ANDRÉ: No posfácio da reedição do livro *Ressentimento*[238], a psicanalista Maria Rita Kehl trabalha a hipótese de que a onda de extrema direita que estamos vivendo no Brasil é decorrência de um recalque violento, da não elaboração de um passado que segue nos atormentando. Como você disse, Lucas, a elaboração passa pelo coletivo, o sujeito não consegue dar conta do luto sozinho. Vai precisar de outras relações, nem que seja de um analista, para lidar com algum tipo de perda e de significação para essa perda.

Atualmente, uma coisa me dá esperança, no sentido de esperançar mesmo, de ser uma esperança ativa, que é a quantidade e qualidade de projetos de rememoração e elaboração da nossa história política[***]. Muitas dessas conversas ainda estão limitadas a algumas

---

[***] ALONSO, Angela. Treze: a política de rua de Lula a Dilma. São Paulo: Companhia das Letras, 2023.
FOLHA DE S. PAULO, Café da Manhã, 2013 a 2022. Passado a quente. [Locução de] Rodrigo Vizeu. Disponível em: https://open.spotify.com/playlist/37i9dQZF1DWXiB9cxbA9QC. Acesso em: 26 de mar. de 2022.
Junho de 2013: o começo do avesso. Angela Afonso, Paulo Markun, GLOBOPLAY, 2022, 6 episódios, disponível em: https://globoplay.globo.com/junho-2013-o-comeco-do-avesso/t/hLnzYZrxSf/detalhes/. Acesso em: 26 de mar. de 2022.

bolhas, mas é bom ver que existe muita gente buscando essas possibilidades reparadoras de: "vamos enxergar o que aconteceu para que a gente consiga se mover e não ir numa direção de acabar com essa democracia tão jovem na qual a gente vive".

A defesa da democracia é fundamental para a psicanálise, pela sua liberdade de expressão, pela circulação da palavra e também por uma luta contra a normatização. Nós, analistas, não estamos imunes à reprodução de formas de violência e opressão, porque estamos inseridos nesta sociedade. Mas é exatamente por meio dessa investigação do que está em curso, e de como a gente faz esse trânsito da política dentro e fora da clínica, que se consegue entender como tudo isso influencia o campo clínico. Esse é o olhar que pode nos convocar, inclusive, a sair de uma posição defensiva e aceitar, abrir, construir novas possibilidades, recriar a psicanálise, refazer a política e exercitar uma capacidade imaginativa radical.

Nexo Jornal, Conrado Corsalette, 2017 a 2022. Politiquês. Disponível em: https://open.spotify.com/show/4ZZesEIqg0vyFzbInT8tnw. Acesso em: 26 de mar. de 2022.

Rádio Novelo, 2022. Projeto Querino. [Locução de] Thiago Rogero. Disponível em: https://projetoquerino.com.br/podcast/. Acesso em: 26 de mar. de 2022.

Rádio Novelo, Revista Piauí, Spotify, 2020. Retrato Narrado. [Locução de] Carol Pires. Disponível em: https://open.spotify.com/show/4jqpeAOzOKCLBg3Pc0eZ6j. Acesso em: 26 de mar. de 2022.

14 Psicanálise
ANTIRRACISTA

"Uma questão urgente e necessária", é assim que tantos de nós falamos sobre os atravessamentos do racismo nos dias atuais. Essa declaração é impulsionada pelo espaço cada vez maior que as conversas e os estudos sobre racismo e antirracismo ganharam na mídia e na cultura de massa nos últimos anos. Ficou cada vez mais difícil negar que o racismo é um elemento central da organização econômica e política do Brasil. Como diz o advogado, filósofo e professor Silvio Almeida, na obra *Racismo estrutural*[239], a sociedade contemporânea não pode ser compreendida sem os conceitos de raça e de racismo. As instituições são racistas porque a sociedade é racista. E a psicanálise?

Apesar do título, este capítulo não é destinado exclusivamente a psicanalistas, mas a todos que se interessam minimamente por teoria social, cultura, cidadania, direitos humanos e, sobretudo, a quem acredita na possibilidade de estabelecer novas relações diante das diferenças, a ponto de que as diferenças sejam respeitadas e não reprimidas.

Isso porque coletivamente temos grandes objeções para falar do racismo à brasileira, ainda que o Brasil seja o país fora do continente africano com o maior número de pessoas que se identificam como negras: 56% da população, um percentual que cresce a cada ano, segundo o Censo Demográfico do IBGE de 2022[240].

Os efeitos da escravidão na constituição da nossa identidade nacional talvez sejam um dos maiores traumas do psiquismo social brasileiro. Não é só o passado de escravidão, mas o racismo diário instalado em falas e atos de violência, no silenciamento, nos assassinatos e tantas formas de opressão que são varridas para a borda do tapete do recalque. Apesar de as denúncias de preconceito estarem mais presentes na esfera da opinião pública, são muitos brasileiros que ainda têm aversão à proposta de abordar o assunto de frente, inclusive com receio de falar termos como "negro", "preto", "branco", "raça" e, evidentemente, "racismo".

Investigar e nomear as raízes e consequências do racismo pode ser estarrecedor. É realmente grande demais, antigo demais, monstruoso demais. Existe o medo de levantarmos conflitos que estão, de alguma forma, abafados, pelo menos para alguns de nós. Existe o receio de errar (ainda mais) nas falas e nos atos. Medo de ofender, se meter onde "não devia". Melhor fingir que nada disso realmente existe, ou que está distante, e seguir acreditando no mito fantasioso da democracia racial e da linda mistura brasileira?

Um dos maiores ensinamentos da psicanálise é que manter assuntos intocados, reforçando tabus, não é uma estratégia que funciona bem, muito pelo contrário. Pode-se até trancar a porta, mas o conteúdo psíquico dá um jeito de quebrar a janela, pular o muro, invadir nossos condomínios subjetivos. Ainda mais considerando que, no Brasil, não há vida ou cotidiano que não sejam atravessados pelo racismo e pelos traumas por ele desencadeados. O preço de tentar conter a complexidade dessa discussão é bastante alto, e apenas proclamar que ela é "urgente e necessária" também não é o suficiente. Esse enunciado, não raro, parece uma forma simplificada e superficial de não se implicar na discussão e no enfrentamento do racismo. É uma espécie de discurso ocioso, que funciona como uma curtida politizada, que valida sem necessariamente elaborar nem transformar, como palavras ao vento que varrem com rapidez o nosso *feed*.

Como articula Cida Bento em *O pacto da branquitude*[241], é precisamente o silenciamento das pessoas brancas em relação ao racismo que torna o pacto tão poderoso. Para complementar, nas primeiras páginas de *Tornar-se negro*[242], o pioneiro e potente livro da psiquiatra e psicanalista Neusa Santos Souza, a autora escreve que uma das formas de se exercer autonomia é possuir um discurso sobre si, por isso a proposta de Souza de fundar um discurso do negro sobre o negro no que tange à emocionalidade. Juntando as ideias dessas duas intelectuais e escritoras, a tarefa que se apresenta aos brancos é a de tomar consciência do discurso do branco sobre o branco, sobretudo como uma forma fundamental de não roubar a autonomia do outro.

Grande parte desse debate foi catalisado pelo que a filósofa e escritora Djamila Ribeiro articulou no poderoso best-seller *Lugar de fala*[243]. Djamila argumenta que não podemos confundir lugar de fala com protagonismo e que apenas o grupo oprimido pode protagonizar seu movimento de emancipação. Porém, uma leitura superficial do lugar de fala pode levar um grupo opressor a se isentar completamente do debate, por acreditar que "não lhe é permitido falar no assunto", que "nada disso lhe diz respeito" ou, pior, que "sim, o racismo existe, mas racistas são os outros".

A consequência, já sabemos: um isolamento ainda maior de grupos oprimidos e uma isenção covarde de quem deveria implicar-se na luta por igualdade e respeito. Todos nós temos nossos lugares de fala e nossas capacidades de escuta, e é nosso dever usá-los para diminuir abismos, injustiças e sofrimentos. A branquitude é uma ideologia, e ideologias não podem ser dissolvidas apenas com afirmações de que deveriam ser dissolvidas. É preciso questionar, aprofundar, escutar, se implicar, agir. Como nos ensinam ativistas como Angela Davis e Ibram X. Kendi, não basta não ser racista, é preciso ser antirracista. Então, seguimos aprimorando a pergunta: e uma psicanálise antirracista?

Essa é uma psicanálise que precisa reconhecer sua posição. Que possa ser antirracista porque escuta e trata os danos do racismo e porque luta por subjetividades antirracistas. Tudo isso só é possível se a primeira ponte for cruzada, superando o clássico e defendido discurso "não enxergo cor" ou "inconsciente não tem cor". É sobre bancar e se responsabilizar pela branquitude de nossas teorias fundamentais e práticas clínicas, e assumir responsabilidade pelas consequências psico-sócio-somáticas que elas produzem.

Não existe identidade mais estagnada do que a identidade invisível[244]. E, como alerta a psicanalista Ana Gebrim: "Um dia o branco se descobre branco, nunca sem custo"[245]. E vai se tornar "urgente e necessário" descolonizar o seu inconsciente e lutar por conscientes conscientizados. Essa é uma travessia marcada por desconforto, desprazer e negatividade, como na afiada imagem da psicóloga Edith Piza: "Bater contra uma porta de vidro aparentemente inexistente é um impacto fortíssimo e, depois do susto e da dor, a surpresa de não ter percebido o contorno do vidro, a fechadura, os gonzos de metal que mantinham a porta de vidro. Isto resume, em parte, o descobrir-se racializado"[246].

Em resumo, este capítulo é um convite para avançarmos nesse atravessamento; um início de investigação que está longe de abarcar toda a complexidade do tema. Uma provocação para que as discussões sobre cor, racismo e antirracismo sejam mais frequentes no nosso meio, nas nossas instituições, na nossa vida. Um estímulo para nutrir possibilidades de escuta clínica que rompam silêncios, silenciamentos e abafamentos. Quem sabe as "palavras que curam" tenham o poder de abrir algumas dessas portas invisíveis.

* * *

ANDRÉ: "A questão racial não é para o negro resolver"[247]. Essa fala da linguista e escritora mineira Conceição Evaristo é uma declaração contundente de que o racismo não é uma questão só da população negra, mas da sociedade, da nação inteira, do mundo todo. O antirracismo é um trabalho que cabe a todos nós.

LUCAS: A cada pesquisa do Censo, menos brasileiros se declaram pardos e brancos, e mais brasileiros se declaram pretos (de 7,4% em 2012 para 10,6% em 2022)[248]. Mas que lugares ocupam os negros no campo social? Nos últimos vinte anos, presenciamos um importante aumento na presença de não brancos no ensino superior, por exemplo. No mercado de trabalho, no entanto, a presença de trabalhadores negros em cargos de gerência ou diretoria ainda é consideravelmente menor[249] e com salários mais baixos.

ANDRÉ: Uma clássica pesquisa[250] realizada pelo Datafolha em 1995 segue como um retrato bastante assertivo do racismo à brasileira, estrutural e muito complexo. Naquela época, 89% dos brasileiros admitiam existir preconceito de cor no Brasil, mas 90% se identificavam como "não racista". Muitos anos se passaram e, em pleno 2023, a pesquisa "Percepções sobre o racismo no Brasil"[251] mostra um paradoxo: apesar de 81% dos brasileiros reconhecerem que vivem em um país racista, só 11% admitem atitudes ou práticas discriminatórias. É uma conta que continua não fechando.

LUCAS: De acordo com o Ministério da Saúde, o índice de suicídio entre jovens e adolescentes negros do gênero masculino tem crescido e já é 45% maior do que entre brancos da mesma faixa etária[252]. De novo, esses números não são um problema a ser debatido e resolvido pela comunidade negra. Dizem respeito à sociedade como um todo, até porque ninguém adoece sozinho. Adoecemos dentro de um contexto social, que diz respeito a todos nós.

Este capítulo vem, portanto, na intenção de refletirmos sobre possíveis subjetividades negras com base na escuta de convidados especialistas e no embasamento teórico sobre sofrimento racial. O risco é grande, pois não faltam exemplos de sujeitos brancos, profissionais da saúde mental, inteligentes e articulados, que se atrapalham bastante ao debater questões sobre racismo e saúde mental. Ao mesmo tempo, não é porque o assunto é complexo, delicado e sensível que devemos evitá-lo, muito pelo contrário. Talvez esteja aí um bom contorno inicial para esse tema: como nos aprofundar em um tema do qual temos tanto receio de falar? Medo de falar bobagem, medo de ofender, medo de revelar abertamente o racismo que não conseguimos ainda reconhecer em nós mesmos. Como denunciar o racismo estrutural enquanto brancos que se propõem a ser menos racistas e mais antirracistas?

ANDRÉ: Apesar da branquitude da psicanálise, este é um campo que está a nosso favor, pois é o campo da escuta. Djamila Ribeiro[253] faz uma articulação muito boa sobre a capacidade de escuta, alertando que existe uma dificuldade muito grande das pessoas brancas em escutar quem não é branco. Essa surdez é uma tendência que leva o sujeito a ocupar um lugar muito cômodo, confortável, como aquele que se dá licença para falar sobre o outro, enquanto esse outro permanece silenciado. A provocação é para que pessoas brancas se responsabilizem criticamente por esse sistema de opressão e seus privilégios históricos, que produziram e produzem tantas desigualdades até hoje. A capacidade de escuta é, sobretudo, uma forma de construir práticas antirracistas que não responsabilizem apenas a população negra pelas transformações, e para que tudo não se transforme apenas em uma grande performance da culpa branca.

LUCAS: Vamos admitir então que teremos que lidar aqui com as nossas limitações identitárias, e que buscaremos aprender coisas novas com este capítulo, sobre a nossa própria branquitude, atestando a nossa alienação. É, sim, sobre ignorância, sobre os equívocos, mas também é sobre encontrar um espaço onde a gente possa se expor e se instruir, sem precisar se paralisar por causa da culpa e do pavor do cancelamento. Sem medo de se abrir para conseguir, pelo menos, escutar quem estuda e vive essas questões. Isso já é um bom começo. A proposta de decolonização mental está aí para todo mundo e não vai se extinguir tão cedo, se é que um dia vai acabar, então precisamos falar mais sobre ela.

Para começar, faremos alguns recortes que, de alguma forma, também fazem generalizações. Então, é quase como pedir licença para a psicanálise sair da singularidade e entrar no âmbito mais psicossocial. A gente não vai falar de sujeitos negros ou brancos específicos, não vai tratar da história particular que cada um tem ou não tem com o racismo. Com isso, cada um, um a um, deve se haver na sua própria clínica e na sua própria análise, na sua relação com negros e brancos. Aqui, vamos abrir questões que dizem respeito ao que é mais social, cultural e histórico.

É mais do que sabido que o racismo é muito pouco debatido na maioria dos círculos de conversa e formação em psicanálise, ambientes que são marcados majoritariamente pela branquitude. Mas a psicanálise é uma investigação sobre o processo de formação do sujeito, e aí entra muita coisa. Por isso, um analista não pode estudar só psicanálise, precisa ser um tanto versado em muitas outras correntes de pensamento. Um pouco de sociologia, história, antropologia, para conseguir pensar também sobre os dilemas atuais do nosso tempo e espaço. É aquele dizer que se escuta nos corredores: Freud e Lacan estão mortos, a psicanálise somos nós.

Uma pergunta fundamental aqui é: que sintomas a gente pode especular que são provocados não só pela ontogenia — o que aconteceu com o sujeito na sua história de vida enquanto organismo vivo —, mas por questões que o atravessam em função de um certo contexto sociodemográfico, que a gente poderia chamar de sociogenia? Porque o racismo se aprende em casa, na escola, na televisão, no mercado de trabalho, na política, na internet. Como um analista pode ficar atento às questões raciais que permeiam um analisando? Como diz Frantz Fanon[254], a alienação do negro não é uma condição individual. Ao mesmo tempo, como praticar uma clínica em que não se esteja excluindo a singularidade do analisando ao trazer as questões sociais para um primeiro plano? Pois é, parece que vamos ter que analisar tudo junto, tudo separado e tudo junto de novo.

ANDRÉ: Na linha do que você está trazendo, penso na visão que a psicóloga e psicanalista Isildinha Baptista Nogueira trabalha no livro *A cor do inconsciente*[255], no qual ela define o racismo como um fenômeno de grupo, uma paixão, ou seja, um desejo posto em tensão. Daí os efeitos psíquicos dessa paixão são essenciais para entender o Brasil, tanto para quem sofre quanto para quem goza. Porque a violência, a humilhação e o desprezo derivados dessa paixão produzem marcas no inconsciente, tanto dos sujeitos quanto do coletivo.

Pessoalmente, no início da minha formação como psicanalista, vi poucos textos circulando entre meus colegas sobre como pensar o racismo pela perspectiva da psicanálise e vice-versa. Mas tem muita gente que nos ajuda a lidar com essa falta. São autoras brasileiras como Cidinha Bento, Lélia Gonzalez, Grada Kilomba, Neuza Santos Souza, Virgínia Bicudo, e autores como Frantz Fanon, Silvio Almeida, Milton Santos, para citar alguns. No livro organizado por Gisele Assuar e Emiliano de Camargo David, *A psicanálise na encruzilhada: desafios e paradoxos perante o racismo no Brasil*[256], muitos autores falam sobre os desafios e paradoxos perante o racismo no Brasil, e como esse caldo psicossocial traz muitos questionamentos para a psicanálise. Uma encruzilhada que está colocada faz um bom tempo, principalmente para uma psicanálise que, segundo alguns bons autores, se posicionou fora desse debate durante muito tempo. Inclusive com muitos discursos sobre o inconsciente não ter cor ou não ter gênero.

Para aprofundar essa questão e começarmos a expandir a nossa escuta, quero trazer uma contribuição do Lucas Veiga, psicólogo, mestre em psicologia clínica e autor do livro *Clínica do impossível: linhas de fuga e de cura*[257]. Perguntamos ao Lucas sobre como escutar o sofrimento de sujeitos atravessados pelo trauma do racismo.

> A prática clínica com pessoas negras exige uma dupla escuta, que é, ao mesmo tempo, ouvir a história singular daquele sujeito e ouvir a história coletiva que atravessa o corpo e a subjetividade daquele sujeito. A psicanalista Neuza Santos Souza faz contribuições muito importantes no livro *Tornar-se negro*[258], no qual ela vai dizer que pessoas negras, desde muito cedo, foram coagidas a acreditar que pessoas brancas eram melhores que elas, seriam maiores que elas, pelo próprio ordenamento simbólico dessa sociedade racista. Por isso, a gente pode inferir que o sujeito negro não é um sujeito cindido, ele é um sujeito despedaçado pela

> violência racial e pelo próprio modo como uma sociedade racista como o Brasil se organiza juridicamente, economicamente, simbolicamente. Na clínica, o nosso trabalho será de promover, construir, participar com o paciente do seu processo de singularização, tanto em relação a um ideário embranquecido e racista quanto em relação a um possível apelo para um modo único de ser pessoa negra.

LUCAS: Seguindo essa fala do Lucas Veiga, podemos pensar também, em um viés mais junguiano, em uma espécie de inconsciente coletivo negro, no qual coexistam conteúdos como: um desejo inconsciente de ser branco ou de ser desejado pelo branco. Ou uma necessidade de reparação histórica, uma agressividade contida, que se manifesta até como um tipo de catarse coletiva. Ou também a existência de um inconsciente coletivo branco, quem sabe muito povoado por culpa e vergonha. Isso é uma provocação para os brancos que insistem em não enxergar nenhum traço de racismo em si mesmos, que afirmam que isso simplesmente não existe. Mas está lá, no inconsciente. Não querer saber do racismo é levá-lo para o inconsciente, o que não significa que ele vai deixar de existir, muito pelo contrário, vai agir de forma ainda mais danosa, catastrófica, perniciosa. Precisamos continuamente verificar o que do nosso racismo foi para o inconsciente e nunca acreditar que estamos curados do racismo. Pelo menos não no mundo de hoje.

ANDRÉ: É fundamental isso que você e Lucas Veiga trazem, até porque não é tão fácil aceitarmos que o mal não está todo fora, pelo contrário, nos constitui, nos invade, nos forma e nos deforma. Tem a clássica frase de Freud no *Mal-estar na civilização*[259] sobre como o ser humano não é apenas "uma criatura branda, ávida de amor", mas também um ser com muita agressividade. E pulsa em todos nós a "tentação para satisfazer a tendência à agressão, para explorar seu trabalho sem recompensá-lo, para dele se utilizar sexualmente contra a sua vontade, para usurpar seu patrimônio, para humilhá-lo, para infligir-lhe dor, para torturá-lo e matá-lo". Nesse sentido, como muitos autores nos lembram, a brancura e o racismo são invenções da branquitude. Ou seja, é muito simples: se você é branco, você é racista e sempre será. Será uma vida inteira de esforços conscientes para conseguir desconstruir tudo ou uma parte do que foi enterrado em nossos inconscientes desde muito cedo. Quanto mais robusto foi o seu casulo de privilégio branco, mais difícil será essa desconstrução.

Então, precisamos começar exatamente pelo racismo em nós. Ainda mais porque, como diz o antropólogo Kabengele Munanga[260], tem uma voz que grita dentro de nós que não somos racistas, racistas são os outros! Essa voz tenta simplificar o racismo como se ele só fosse válido quando é intencional. E, aí, tudo que a gente faz que não é necessariamente "intencional" tem que ser perdoado. Mas é só pensarmos na lógica do **ato falho** para ver que "intencional" é algo muito relativo.

São as pessoas brancas supostamente bem-intencionadas que, por exemplo, no local de trabalho de maioria branca, deixam as pessoas negras exaustas ao final do dia, questionando ainda se vale a pena discutir quando acontece algum comentário ou atitude implicitamente racista. Isso é um dano diário e acumulativo. É contra esses microdanos (que não têm nada de micro) que precisamos operar, porque são (re)traumatizantes para pessoas negras. E o racismo à brasileira é, em especial, retraumatizante; nas palavras do professor Munanga, "o crime perfeito".

Em resumo, o racismo à brasileira finge que nada aconteceu, afirma que o racismo é uma ilusão, um

> **Ato falho**, ou "*Fehlleistung*", é um termo que Sigmund Freud usou para descrever um erro involuntário em fala, memória ou ação física. O ato falho não é um erro aleatório, mas, sim, um fenômeno que fornece pistas sobre o que uma pessoa pode estar pensando ou sentindo em um nível inconsciente, independente da sua suposta intenção consciente.

mito, "está na sua cabeça". Ou seja, rejeita a responsabilidade e a transfere para a própria vítima. Muitas vezes, o sujeito negro vive o trauma, relata o trauma, e aí vem alguém e diz: "Isso não foi nada. Não aconteceu". Em que posição essa atitude coloca uma pessoa atravessada pelo trauma do racismo? Numa posição paranoide e até psicotizante, de "será que isso aconteceu mesmo?", "será que isso está só dentro da minha cabeça?", ou pior, "será que estão me perseguindo o tempo inteiro?".

LUCAS: Essa psicotização parece até desencadear uma crise de identidade, do Eu, como se esse sujeito negro corresse o risco de passar por uma espécie de embranquecimento alucinatório.

ANDRÉ: Exato. Muitos psicanalistas costumam alegar que no inconsciente não há tempo, não há diferença de gênero, não há diferença de cor. Mas isso é controverso. O que a Isildinha Baptista Nogueira[261] vai argumentar é que, partindo da própria premissa freudiana[262] de como as memórias constituem o inconsciente, os atravessamentos violentos sofridos pelo sujeito negro vão construir, sim, o seu inconsciente. Muitos analisandos negros relatam um sentimento de solidão, porque eles se veem como se estivessem inventando coisas. Já que o racismo é estrutural, é como se não precisássemos nomear, apontar e simbolizar o racismo. Mas tudo que não é simbolizado é recalcado, vai para dentro, ou bota-se para fora e vira perseguição. Isto é uma grande simplificação, mas o resultado sabemos: são doenças psíquicas bastante enraizadas e de difícil tratamento.

A luta antirracista parece interrogar a psicanálise: será que vocês psicanalistas, com todas as suas crenças e formações, são capazes de escutar parte disto em seus consultórios? Cada analista vai ter que se indagar se está reafirmando ou lutando contra o racismo, porque esse racismo à brasileira está recalcado não apenas no inconsciente dos analisandos, mas obviamente também no inconsciente dos analistas. A psicanalista Noemi Moritz Kon, à luz da obra da Lélia Gonzalez, nos lembra: "O Brasil é um país traumatizado que jamais ajustou contas com suas dores terríveis, obscenas, da colonização e da escravatura"[263].

LUCAS: Uma coisa bem simples, que sempre me ajuda a enxergar um pouco melhor como o racismo está no nosso inconsciente, é a questão da linguagem. Se 1) o inconsciente, como diria Lacan[264], é estruturado como linguagem, 2) a nossa é esta língua portuguesa de origem europeia e branca, 3) a linguagem é a forma que temos para nos expressarmos e nos entendermos (ou desentendermos), será que não estamos automaticamente jogando para o inconsciente uma negação radical de tudo que não é branco?

ANDRÉ: Tem partes da obra da Lélia Gonzalez[265], antropóloga e leitora do Lacan, que complementam muito isso que você está trazendo. Para começar, ela propõe que a nossa língua é o pretoguês, resultado da africanização do português falado no Brasil. Ou seja, a estruturação do nosso inconsciente tem essa mistura — e esse embate — de origens. Ela defende inclusive que, enquanto negarmos nossa latinoamefricanidade, o racismo seguirá (des)costurando nosso tecido social, atravessando o tempo e nossas subjetividades. Trazendo mais uma camada, Lélia Gonzalez estabeleceu uma hipótese de que grande parte da função materna, principalmente nas famílias mais abastadas no Brasil, seria feita por mulheres negras na figura da babá, doméstica, cozinheira, a "mãe preta".

Todos esses elementos são fundamentais para entendermos como, no Brasil, desenvolveu-se o ==racismo por denegação==, esse que seguimos refutando, empurrando para as vítimas. E é por isso que concordo com os tantos analistas que defendem que a autora deveria ser mandatória em todas as instituições de psicanálise, afinal, ninguém pensou tão bem a neurose cultural brasileira.

> Nas palavras de Lélia Gonzalez em "A categoria político-cultural de amefricanidade"[266]: "Para um bom entendimento das artimanhas do racismo [...] caracterizado, vale a pena recordar a categoria freudiana de **denegação** (*Verneinung*): 'processo pelo qual o indivíduo, embora formulando um de seus desejos, pensamentos ou sentimentos, até aí recalcado, continua a defender-se dele, negando que lhe pertença' [...]. Enquanto denegação de nossa ladinoamefricanidade, o racismo 'à brasileira' se volta justamente contra aqueles que são o testemunho vivo da mesma (os negros) ao mesmo tempo que diz não o fazer".

LUCAS: Sim, a linguagem felizmente vai mudando. Vinte anos atrás, era mais comum fazermos alertas do tipo: "Nossa! Você não pode fazer essa piada, porque é uma piada racista". Hoje, já estamos em um nível um pouco mais apurado de crítica ao simbólico, pelo menos entre algumas pessoas, que é o alerta que diz: "Essa é uma palavra de origem racista, que você não deveria mais usar". Aí já é uma análise sobre os significantes, sobre a natureza do enunciado, para além do tom da enunciação. A gente não percebe tudo que fala, porque é como se a cultura estivesse falando por nós. É o que a psicanálise diz: somos falados antes de falar. Falam o nosso nome antes de a gente saber articular o nosso nome, então é como se o racismo fosse falado por nós mesmos, antes mesmo de abrirmos a boca.

ANDRÉ: É muito gritante a fragilidade branca, porque muitas pessoas vão interpretar essas interdições que você está trazendo como ataques aos seus egos. "Hoje em dia, não se pode mais falar nada", ou "branco também sofre de racismo", ou "eu não sabia, não foi a minha intenção, você está me acusando?!". Essas defesas impossibilitam o debate e a evolução social. Porque, geralmente, vão fazer tentativas delirantes, disfarçadas de opinião, de negar as dores do racismo. O efeito colateral, a gente sabe: legitimar a escravidão, relativizar tudo que aconteceu, empurrar o racismo para baixo do tapete do recalque, insistir no velho mito ou delírio de democracia racial. Por tudo isso, eu insisto que vale a pena ter essas discussões, tentar sair de uma leitura paranoica de tudo isso para encontrar algum tipo de reparação.

Para aprofundar esse conceito, trago aqui uma fala da psicanalista Anne Egídio, que é graduada em Letras, pós-graduada em Sociopsicologia e mestranda em Psicologia Clínica pela PUC de São Paulo.

> Pela escuta dos pacientes negros, a gente vai percebendo o quão angustiante é essa relação racial no Brasil, que é pensada a partir de uma democracia racial. Que está tudo bem, que todo mundo se ama, que todo mundo tem direitos iguais e que se você não chegou lá é porque você é um preguiçoso, um vagabundo. Precisamos pensar naquilo que está soterrado sob o manto da democracia racial no Brasil, como é que vivencia essa angústia de "não lugar", de "não acesso", esse "interdito". A cor do mal-estar, ora ela é negra, ora é branca. Então, a gente vai percebendo que existe uma dimensão do traumático que não é exclusividade dos negros e das negras, há uma dimensão do traumático que tem a ver com a sociedade brasileira, com sujeitos que fazem parte desse contexto, dos sujeitos que se constituíram mergulhados nessa violência que nos funda e que, hora ou outra, retorna.

LUCAS: Essa visão nos convida a expandir a conversa para além da clínica, a pensar mais no tecido social. Para isso, devemos ler mais Frantz Fanon. Ele ganhou muita visibilidade nos últimos anos, principalmente por sua obra mais conhecida, *Pele negra, máscaras brancas*[267], de 1952. Suas contribuições vão além da psicanálise, propõem uma visão decolonialista nada romântica, e trazem muito caldo para a psicologia, sociologia e filosofia.

Fanon lança algumas perguntas bastante polêmicas, como o questionamento do Édipo como um fenômeno universal. Traz uma subjetivação para as crianças negras para além da questão da competição com o pai, mas na relação com o sujeito branco, do complexo de inferioridade em uma sociedade que afirma a superioridade de uma raça sobre as outras, e como fica esse enclausuramento do sujeito branco e do sujeito negro, com esse duplo narcisismo que tem tanta dificuldade de fazer laço.

ANDRÉ: Ainda segundo o Fanon, ele constrói uma ideia muito interessante de que, se o branco cria o negro, o negro é quem cria a negritude. E, quando o negro cria a negritude, deixa de ser objeto das relações sociais para se afirmar como sujeito. Tudo isso nos faz pensar em como não dá para fazer uma clínica do Eu sem uma clínica da sociedade, e o engajamento social vai entrar como uma parte fundamental da reconstrução da psique de um analisando. Não vamos conseguir resolver problemas que afetam o sujeito só entre quatro paredes, com um divã bonitinho no canto. Muita gente tensiona isso, trazendo uma elasticidade para a técnica, mas o Fanon deixa marcada a sua posição, sublinha a relevância da crítica social, inclusive para o que se faz dentro da clínica. Por isso a leitura de *Alienação e liberdade: escritos psiquiátricos*[268] é tão interessante.

Por que tudo isso é importante para nós? Porque ainda hoje algumas instituições psicanalíticas defendem um encastelamento teórico, tanto de não ler outros autores quanto de não tocar nessas questões sociais históricas que definitivamente viram a gente de cabeça para baixo.

LUCAS: A psicanálise atua muitas vezes como se essas questões não coubessem no *setting* analítico e tudo fosse muito mais sobre "responsabilizar-se pelo seu próprio sofrimento". Mas também é sobre simbolizar o sofrimento que foi e é causado pelo mundo. Cada analisando vai ter a sua posição diante disto, vai saber como é lidar ou reprimir tudo isto, mas não podemos marginalizar nem deixar de fora esse sofrimento. Porque não está fora, está dentro do sujeito negro o tempo todo.

ANDRÉ: E dos sujeitos brancos também. À luz dessa abordagem, uma pergunta muito relevante para esse tema é: pode um analista branco escutar o sofrimento de um analisando atravessado pelo trauma do racismo? Fanon diz assim: "Acredito sinceramente que a experiência subjetiva possa ser compartilhada por outra pessoa que não a viva, e não pretendo dizer jamais que o problema negro é meu, só meu, para em seguida dedicar-me ao seu estudo". Penso nesse trecho como um convite para expandirmos a nossa escuta, e, de alguma forma, sentirmos e atravessarmos juntos, com toda a complexidade que isso gera dentro da clínica.

Ainda sobre Fanon, é importante retomar a crítica da Grada Kilomba[269]: o autor falou muito do homem negro e exclui a mulher negra. É curioso como, por exemplo, ele cita muito o filósofo Jean-Paul Sartre, mas não fala da parceira deste, Simone de Beauvoir. E, na obra da Beauvoir, um dos pontos mais centrais é exatamente que "não se nasce mulher, torna-se", em todos os sentidos de aprisionamento e valorações. De forma análoga, Fanon vai dizer que é a sociedade quem cria o negro.

Para seguirmos em uma leitura reparativa, vale ressaltar esta fala de Grada Kilomba: "Fanon escreve com a linguagem do seu tempo que é brilhante e revolucionária, mas a sua obra também inclui a violência de excluir os gêneros e as trans identidades negras da existência humana. Esse é um erro que ele nos deixa para ser corrigido, ou melhor, uma ausência que ele nos deixa para ser ocupada pela nossa existência". Essa fala dela é belíssima, porque nos oferece um filtro de como consultar esse autor que é tão transformador para a história das ciências humanas. Devemos conseguir fazer uma leitura reparativa de Fanon, e não só uma leitura paranoica.

LUCAS: Sim, esse ponto aparece bem no documentário *Frantz Fanon: Pele negra, máscaras brancas*[270]. Há um cruzamento bastante complexo de escolhas objetais, pensando nas relações amorosas, e de como as questões de gênero também vão atravessar esses sujeitos. E a crítica é que, muitas vezes, o homem negro que escolhe uma mulher branca é tido como se fosse livre para escolher. Agora, se uma mulher negra escolhe um homem branco, é porque está alienada.

ANDRÉ: Eu gosto dessa ideia de leitura reparadora porque é uma espécie de convocação para que a gente não se limite a analisar e repetir o que já foi escrito, mas também vá atrás das brechas, das lacunas, do que pode ser feito. Nessa toada, lembro também do que o Silvio Almeida[271] escreve a respeito da mudança da sociedade, que não se faz apenas com a denúncia ou o repúdio moral do racismo. Depende, antes de tudo, da tomada de posturas e da adoção de práticas antirracistas. Não dá para se acomodar com o discurso "eu não sou racista", e ficar de bem com tudo isso. O que cada um está fazendo para ativamente combater o racismo, para além da performance da culpa branca ou da militância narcísica das redes?

No *Pequeno manual antirracista*[272], Djamila Ribeiro também nos convoca a nos responsabilizarmos criticamente pelo sistema de opressões. Ela inclusive sugere a adoção de uma série de medidas que começa, justamente, por tirar do vocabulário esta afirmação altamente defensiva "eu não sou racista". E a ir muito mais longe. O manual nos convida a questionar o racismo que existe dentro de nós, a nos informar, a enxergar a negritude, a reconhecer privilégios, a apoiar políticas educacionais e afirmativas, a transformar os ambientes de trabalho, a ler autores negros, questionar a cultura que consumimos e, obviamente, combater a violência racial. O manifesto que ela faz no final do livro é muito bonito. Tudo isso me faz acreditar que, sim, é possível e também fundamental ser antirracista na clínica, nas famílias, nos círculos de amigos, na sociedade de uma forma geral.

LUCAS: Para encerrar, quero trazer a excelente contribuição que o psicanalista e professor Carlo Márcio Espírito Santo fez a este episódio, com um convite ao povo brasileiro.

> A reflexão psicanalítica sobre o racismo não tem muito tempo. Na verdade, ela chegou atrasada ao tema, mas, por conta do esforço de muita gente interessada, tanto brancos quanto negros, nós conseguimos hoje trazer essa reflexão para a psicanálise. O racismo é um problema do branco, mas quem sofre são os negros. Os negros sofrem com o racismo ao não verem um lugar para si, um lugar no Imaginário, um lugar no Simbólico, lhes sobrando uma dor Real, na carne.
>
> Eu só insistiria numa ideia que para mim muda tudo: esse processo radical de alienação é duplo, atingindo tanto brancos quanto negros. Desse modo, podemos entender a reação violenta que houve recentemente no Brasil, nas classes médias e ricas, majoritariamente brancas; contra as classes baixas, majoritariamente negras, que nos últimos anos ascenderam socialmente e saíram das rodoviárias para os aeroportos, saíram dos seus trabalhos braçais para as salas de aula das universidades. Isto foi insuportável para muitos brancos.
>
> Nós precisamos nos reinventar, tanto negros quanto brancos, nós, brasileiros, moradores do mesmo país, precisamos nos reinventar. O Brasil, o povo brasileiro, é um povo muito forte. O desejo de vida está presente. É pulsão de vida, de Eros, muito maior do que essa pulsão de morte que saiu recentemente dos esgotos. De modo que nós vamos conseguir. Eros vai mostrar a sua força de criação, de união, de vontade de viver.

15 MEMES

em análise

Dizem que uma imagem vale mais do que mil palavras. Mas seria possível quantificar e qualificar tudo que pode ser dito e sentido por meio de um meme? Quantos não são os estados de espírito, humores e afetos que temos dificuldade de nomear, mas para os quais existe um meme capaz de expressá-los com enorme precisão?

Memes falam por nós antes que possamos falar sobre eles, porque são uma espécie de oxigênio das mídias sociais. É a personagem Mônica em frente à tela do computador. O sorriso e a seriedade de Chico Buarque na capa de seu primeiro disco. Praticamente qualquer situação vivida pela icônica Gretchen. O olhar perdido e confuso da vilã Nazaré Tedesco, interpretada pela atriz Renata Sorrah. Quantas vezes você já foi impactado ou fez uso desses objetos culturais? Essas forças imagéticas da natureza são tão presentes, diversas e ubíquas que é difícil imaginar um dia na internet sem ser impactado e atravessado por tais objetos.

O biólogo evolucionista Richard Dawkins foi quem cunhou o termo "meme", nos anos 1970, em seu criativo livro *O gene egoísta*[273]. O autor abreviou a palavra grega *mimeme* (aquilo que é imitado), aproximando-a da pronúncia do termo *gene*. Associou dessa forma a questão da unidade de transmissão cultural com um tipo de propagação genética entre indivíduos. Para o pesquisador, na época, memes eram melodias, ideias, frases de efeito ou fragmentos de informação que passavam de cérebro para cérebro por meio de uma imitação acelerada. De certa forma, Dawkins evocou um conceito antigo para a psicanálise vincular: a noção de transmissão psíquica transgeracional, um campo que investiga como forças psíquicas inconscientes são transmitidas através de gerações, sobretudo de forma oculta e escondida.

Posto isso, talvez possamos localizar os memes em algum lugar entre genes digitalmente modificados e conteúdos psíquicos do inconsciente coletivo. A virtualidade do nosso tempo maximizou a capacidade de transmissão de fragmentos de informação não elaborados, estranhos, meio sem querer, como se estivéssemos rimando uns com os outros sem entender muito bem como e por quê. Hoje, o meme tornou-se uma forma onipresente de microentretenimento e de macroprocrastinação, provocando estados de relaxamento que temporariamente desarmam os sujeitos. Virou uma linguagem poderosa para autoexpressão, conexão, influência social, subversão política e comunicação ideológica. Sabe-se, por exemplo, que os memes serviram para aliviar o medo e a incerteza que se espalharam no auge da pandemia de Covid-19[274], assim como também foram usados para apoiar ou enfraquecer argumentos a respeito das restrições e vacinações, deslegitimando posições em ambos os lados do debate.

Ou seja, memes são divertidos, mas não são uma futilidade que devemos descartar de nossas análises. Eles foram chegando pelas margens na paisagem digital, e foi só na última década que passaram a ser considerados um tema de grande relevância na indústria cultural. Isso porque, em um contexto tecnoneoliberal, a capacidade de falar a língua dos memes provou-se essencial para empresas, celebridades, políticos e, de certa forma, para qualquer um de nós. A possibilidade de gerar ou até mesmo de tornar-se meme virou um sinônimo de sucesso, e também um poderoso lubrificante social.

Enquanto a internet dissolve nossos mitos culturais como um Mentos em uma garrafa de Coca-Cola Diet, a realidade, não raro, adquire o gosto de um meme ruim — estranho além da conta, ou repetitivo, nem tão engraçado assim. E, dessa forma, o humor se consagra como um mecanismo de enfrentamento vital, especialmente em um país terrivelmente on-line. Se o Brasil "não é para amadores", a capacidade de rir torna-se uma defesa contra os abusos e absurdos da realidade. Andar pelas ruas da internet é perceber que o brasileiro pode perder direitos civis, poder de compra, pode perder até a saúde mental, mas nunca perde a piada. Se a predisposição para a gargalhada é uma virtude, tornar-se uma fábrica global de memes virou uma espécie de orgulho nacional.

Investigar memes — e seus efeitos no psiquismo, na cultura, nas dinâmicas psicossociais e em uma análise — é uma tarefa complexa, precisamente porque um meme carrega uma ambiguidade radical: ser divisivo e reparativo, um pedaço da "cultura rápida", efervescente, descartável e, ao mesmo tempo, uma categoria de significante cultural universal capaz de atravessar barreiras. Memes são de todo mundo, uma espécie de folclore digital (ou *netlore*), como piadas internas de larga escala capazes de encapsular, em um único objeto cultural, um estado de espírito, um momento histórico, a subversão de significados, uma ideologia, uma vibe. Ou várias.

É importante ressaltar também que o superpovoamento da paisagem midiática por memes talvez aponte para uma certa dificuldade que temos tido de nomear o que vem nos afetando. E também ilustra como habitamos um tempo que transborda de recursos de linguagem euforizantes e compacta nossas capacidades cognitivas à velocidade do *feed*.

O idioma memético pode ser um grande convite para dançar com a linguagem, deslizar os sentidos e brincar com a realidade. Mas, afinal, o que estamos dizendo, tentando dizer e escondendo com essa crescente obsessão por memes? O que segue oculto, escondido, mal elaborado? E mais: será que estamos rindo dos nossos sintomas ou apenas rindo de forma sintomática?

* * *

LUCAS: A gente precisa colocar o meme no divã, porque nossa vida está cada vez mais povoada por esse fenômeno; nas conversas com os amigos, nas tretas com família, no flerte, na própria terapia, nas reuniões de trabalho, na transmissão de conhecimento de forma geral. Estima-se que 4,9 bilhões de pessoas usarão as mídias sociais em todo o mundo em 2023[275]; no Brasil, são mais de 131 milhões de contas ativas[276]. E sabemos que grande parte do conteúdo acessado é atravessado por uma quantidade imensurável de memes.

Então, quais questões ou situações da vida podem ser traduzidas por um meme? E quais são os efeitos desse recurso de linguagem?

ANDRÉ: Meme é uma dessas palavras que foram incorporadas ao vocabulário comum sem muita elaboração; sabemos o que ela significa, mas não sabemos exatamente como defini-la. Dá para pensar que o meme está para a cultura assim como o vírus está para a biologia: uma unidade de transmissão que se espalha rapidamente e altera o estado vital dos organismos com os quais entra em contato.

Memes são uma forma de dizer alguma coisa para além das palavras. São capazes de impulsionar cadeias de interações tão amplas que se tornam experiências culturais compartilhadas. E, em alguns casos, marcos culturais. Até que venha o próximo meme, claro. O aspecto mais interessante da "simples piada" é a consequência concreta de que ela é capaz de produzir no mundo. Memes podem ajudar a eleger um presidente, deixar uma pessoa mais rica ou até mesmo destruir a vida de alguém.

LUCAS: Não existem dúvidas de que essa é uma linguagem fundamental do nosso tempo, talvez uma das maiores contribuições da cultura jovem digital para traduzir sentimentos que vivemos coletivamente. Segundo um estudo feito pela *float* junto com o YouTube, para 90% dos entrevistados, "o Brasil é um meme que nunca dorme"[277]. Ainda assim, tem quem ache que também estamos cada vez mais imersos numa grande farofa de estupidez. Afinal, o meme reflete o estado atual da cultura e da sociedade ou só serve para nos deixar alienados? Pode ser um tipo de saída criativa ou reflexão crítica da realidade?

ANDRÉ: Por tudo isso, estudar memes é uma tarefa que exige a mobilização de diferentes matrizes teóricas. É isso que propõe Limor Shifman, autora de *Memes in Digital Culture*[278], um estudo dos memes combinando sociologia, teoria da comunicação e estudos de mídia. É importante lembrar que vivemos em uma sociedade hiperexcitada, como escreveu o filósofo alemão Christoph Türcke[279], na qual infinitos choques audiovisuais são aplicados constantemente para nos manter ligados ao espetáculo. É algo que vai nos conduzindo para uma espécie de vício no sensacional. Türcke trabalha a ideia de que vivemos num estado de dispersão concentrada, no qual não conseguimos nem pensar mais profundamente nem tirar os olhos da tela. Só que essa condição cognitiva tem consequências, produz uma angústia do dinamismo digital, uma profunda ressaca dos estímulos que só aumenta a sensação generalizada de esgotamento. Uma questão central para nós é como os memes contribuem para a manutenção desse estado de dispersão concentrada. Não me leve a mal, eu sou apaixonado por memes como linguagem e como exercício democrático de criatividade, mas a obsessão da cultura por memes merece discussões aprofundadas, você não acha?

LUCAS: Com certeza, esse é um tema divertido, mas sério também. E, antes de falar de internet e dos anos 2020, eu vou fazer aquele tradicional retorno a Freud que (dizem por aí, como um meme) falou alguma coisa do tipo "brincadeiras não existem". Não é que elas não existam propriamente, ou que não deveriam existir, mas, se a gente parar para analisar, toda brincadeira pode ter um fundo de verdade. Por mais que seja uma brincadeira, nunca é só isso, no sentido de que tudo pode ser importante, mesmo que pareça desimportante. Para a psicanálise, todo enunciado e toda enunciação (que é a forma com que o enunciado é feito) são importantes. Então, quando se fala: "Não precisa analisar isso, é só uma brincadeira", talvez estejamos tentando disfarçar a importância de algo que está por trás e com o qual não queremos ou não conseguimos lidar.

N'*O seminário*, livro 20, Lacan fala: "A psicanálise é feita de bobagens"[280]. Então, é de bobagens que vamos falar neste capítulo. Para refletir sobre memes, precisamos falar um pouco sobre o chiste, essa palavra tão estranha que ninguém sabe direito o que é. Voltando para o início do século 20, Freud publicou *O chiste e a sua relação com o inconsciente*[281], um texto que posiciona o chiste como uma válvula de escape do aparelho psíquico. O chiste é aquela risadinha nervosa, o comentário meio espirituoso, a "brincadeira inofensiva" que não deixa de ser um desfecho para um conflito psíquico, assim como os sintomas, os sonhos e os atos falhos em geral, como os lapsos da fala. É o resultado de algum desejo ou afeto reprimido que deu um jeito de sair de onde estava escondido e se revelar para o sujeito e também para aqueles que o cercam. O chiste é uma falha na barragem do recalque, que fica entre o motivo da risada e a risada em si — e a risada vem justamente para disfarçar que existia uma obstrução e que essa obstrução sofreu um abalo. Ou, talvez, a risada seja também uma descarga de prazer por ter tido essa barragem finalmente abalada. Ou de vergonha... Vergonha própria, vergonha alheia. Enfim, são muitas interpretações.

ANDRÉ: É boa essa imagem da válvula que libera a pressão, porque ilustra o alívio que uma piada pode trazer. Eu costumo dizer que as melhores sessões no consultório são aquelas em que conseguimos navegar as questões com algum tipo de bom humor. Se Freud nos deixou na psicanálise que "quem fala esconde e quem esconde revela", o chiste pode ser visto como uma liberação que vem de "nossa, não estou aguentando falar sobre *isso*" ou "eu não estou aguentando não falar sobre *isso*" e até mesmo "ufa, alguém finalmente disse *isso*, então também posso colocar *isso* para fora".

LUCAS: É curioso que muitas vezes a gente ri de uma imagem ou situação, mas não sabe racionalmente explicar por que aquilo é tão engraçado. Ou por que aquilo é engraçado para um sujeito, mas não para outro. Ou por que é engraçado em um dia, mas não em outro. A questão é sempre: o que esse motivo da graça diz da subjetividade de cada um? Onde bateu? Na hora em que começamos a elaborar o motivo e a intensidade desse riso, temos algumas pistas de elementos inconscientes que nos habitam. Nesse sentido, o humor não só alivia o sujeito que sofre, mas também é um excelente incentivo para o desabafo, o diálogo e a troca. E, como você estava falando, é um bom material para uma sessão de análise. É muito bom quando um analisando começa a falar de alguma coisa e desanda a rir. Aí você pensa: "Tem alguma coisa aí muito abundante de libido para ser investigada".

ANDRÉ: Você me fez pensar naquela ideia de que os bebês começam a sorrir e rir também como uma espécie de recurso de sobrevivência, empatia e algum tipo de sedução com seus cuidadores. Muito antes de começarmos a falar, comunicamos nossa experiência do mundo por meio de lágrimas e risos. O riso, o humor e o chiste facilitam o encontro com o outro e possibilitam a liberação de conteúdos psíquicos que não estavam podendo transitar. É como se colocássemos algo para fora para tentar trazer um novo significado para dentro. Penso que precisamos muito desse mecanismo, sobretudo nos momentos em que as dores psíquicas nos invadem. Aqui, temos uma das razões de o humor nunca ser 100% politicamente correto: muitas vezes a gente ri do que não é aceitável, algo que está muito enterrado debaixo do tapete do nosso recalque.

LUCAS: É interessante que hoje contamos poucas piadas, como se fazia até mais ou menos a década de 1990, geralmente de gosto bem duvidoso. Hoje, falamos mais de memes e por memes, enquanto um produto da associação livre da cultura. Um conteúdo que deixa vir à superfície o que está submerso para muitas pessoas, mas não tão submerso assim, especialmente para quem está criando, recriando ou compartilhando memes. É aquela sensação de "eu não acredito que alguém pensou nisso, pois é exatamente assim que eu me sinto quando...". É por isso que alguns memes, enquanto objetos culturais, chegam a lugares tão profundos, afinal não estão expressando necessariamente um humor escrachado. Não é aquela palhaçada de jogar uma torta na cara no outro ou a pegadinha de alguém que levou um tombo, uma coisa de rir de maldade. Tem mais a ver com abrir camadas de sentido que podem ser reveladas e, às vezes, de uma ironia bastante refinada.

ANDRÉ: Acredito que o meme é um produto da junção de dois fenômenos muito importantes do nosso tempo: conexão e escala. Então, não é só um escracho ou uma catarse, passa também por fazer outras pessoas — de preferência muitas pessoas — sentirem o mesmo que eu, ou pelo menos se identificarem momentaneamente comigo. Como se o chiste digital fosse produto de subjetividades radicalmente atravessadas pela mídia. E aí precisamos fazer uma distinção importante entre viral e meme. Viral, geralmente, é uma unidade de conteúdo que vai sendo replicada com muita velocidade na internet. Já o meme é uma unidade cultural que, além de replicada, vai sendo reinterpretada, ressignificada. Então, se o viral é uma unidade, o meme é uma cadeia, um carregamento de sentidos, uma intertextualidade em movimento. A "memeologia" é a investigação de onde essas cadeias de significantes nos levam, o que elas dizem sobre a nossa forma de estruturar pensamentos e relações, até porque o deslocamento de sentidos vai alterando a forma como a gente pensa e se afeta.

LUCAS: Você diria que o inconsciente atual é estruturado por memes?

ANDRÉ: Até pode ser. A psicóloga britânica Susan Blackmore[282] trabalha a hipótese de que, além de hospedeiros, os seres humanos são máquinas de memes. Ela propõe que a evolução humana está condicionada à nossa capacidade de replicar e ser infectado por ideias o tempo todo. Nesse sentido, "memeologia" é também uma forma de investigar como a nossa cognição vem se formando e deformando ao longo das últimas décadas.

Retomando uma das falas de Freud que mais engaja nas redes: "Os mortais não são capazes de esconder segredo algum. Quem silencia com os lábios fala com a ponta dos dedos; delata-se por todos os poros"[283]. Descontextualizando um pouco essa frase e usando-a para elaborar o estado atual da internet, podemos pensar em como temos literalmente falado com as pontas dos dedos, usado nossas telas, teclados e toques para dizer muitos conteúdos latentes indizíveis, sobretudo por meio dos chistes digitais de que estamos tratando aqui.

Se considerarmos ainda que a comunicação on-line é feita sem que o outro esteja à nossa frente, promovendo uma espécie de suspensão do princípio da realidade, parece que ficamos ainda mais dispostos a revelar nosso lado mais impensável. Inclusive nosso pior lado, como bem resumiu o clássico estudo do psicólogo John Suler[284] sobre os efeitos da desinibição on-line, trabalho em que o autor usa de sua cyberpsicologia para analisar os mecanismos cognitivos que povoam os ambientes digitais.

Em tempos tão articulados pelo pensar digital, tornou-se impossível explorar o inconsciente coletivo sem investigar como memes têm nos estruturado e nos desestruturado. E essa ambivalência é arrebatadora. Essa forma de comunicação tão irônica, meio despretensiosa, nos ensina a ser mais sagazes e, ao mesmo tempo, a não levar as coisas tão a sério. É fascinante essa capacidade que o meme tem de apontar os furos e esvaziar verdades prontas, estabelecidas e supostamente imutáveis. Se as redes são, em parte, um grande empuxo ao narcisismo, os memes nos ajudam a diminuir a saturação das ideias e dos ideais. É verdade o bilhete que nos diz que o meme pode fazer mais do que mil textões.

LUCAS: Aprofundando ainda mais essa conversa, quero retomar as contribuições para o episódio do podcast feitas pela nossa colega Thayz Athayde — psicanalista, escritora, professora, degustadora e criadora de memes relacionados à saúde mental. Para ela, o meme se tornou um lugar de simbolização daquilo que dói. O que é isso que eu não consigo dizer, mas que com o meme posso escutar? Afinal, por que estou rindo disso? Estou rindo ou chorando com essa identificação? Estou, talvez, rindo e sofrendo. Rindo para não chorar. Surgiu até aquele meme/significante muito popular do *chorrindo*, ou do *kkkcrying*.

Apesar de termos dito que este seria um capítulo mais divertido, vou fazer jus às nossas "*bad vibes* em análise" e propor o seguinte ângulo: o meme não é muito *good vibes*, porque geralmente endereça alguns sentimentos negativos. Graça e desgraça. O mais curioso, e supostamente contraditório, é que muito daquilo que nos faz rir vem associado a afetos negativos que nos habitam: frustração, raiva, tristeza, inveja, solidão, ansiedade, enfim, tantas vergonhas, tantos segredos ou pecados capitais, sentimentos que a gente tenta esconder porque tendem a nos diminuir, imaginariamente, perante o outro. Só que, com a popularização de temas ligados à saúde mental na mídia de massa, tudo indica que estamos lidando com nossas dores e impasses emocionais com um pouco mais de liberdade, com menos pose e censura. Pelo menos eu gosto de acreditar nisso.

Talvez dê para encontrar nesses memes sobre terapia e mal-estar psíquico um novo patamar, mais desimpedido, para se expor, se abrir para o outro, suavizar os mecanismos de defesa ou pelo menos renová-los por meio do humor. Isso porque os memes autodepreciativos em geral nos colocam numa posição relativamente inédita de reconhecer, admitir e, talvez, até fazer as pazes com a nossa vulnerabilidade, com os nossos transtornos, as nossas dores e inquietações individuais, coletivas, o que for. Eu enxergo tudo isso como um efeito da ressaca da vida perfeita retratada nas mídias sociais. Os memes sobre saúde mental ocupam um lugar de humanização, desalienação, de não se levar tão a sério quanto aquele textão, muitas vezes chato e enfadonho, do discurso hipermilitante, em que tudo precisa ser articulado pelo politicamente correto. Há algo nesse formato que é interessante, no sentido de tratar de assuntos difíceis e complexos com algum grau de leveza e, geralmente, com certa superficialidade também. O que em si não é um problema, desde que a conversa não pare aí, no meme.

ANDRÉ: Ou que não se use o meme como uma ferramenta de esburacamento da performance alheia. Muitas vezes, vemos memes sendo usados para engatilhar a inveja nas redes, em uma via destrutiva. É como se, no lugar de dizer "é ridículo isso que a gente faz", o sujeito digital escolhesse dizer "é ridículo isso que você faz"; uma espécie de instrumentalização do escárnio para expor, abrir, escancarar e humilhar o outro, e fazer com que todo mundo veja isso. Consequentemente, vamos pulando de assunto em assunto sem nos implicarmos, pura passagem ao ato. Daí o sujeito digital vai se tornando uma pessoa meio cínica, sarcástica demais, produzindo um acúmulo de angústia on-line que desemboca em sintomas sociais crônicos. Tenho pensado nisso como um certo "cinismo dissociativo", um fenômeno bem difícil de lidar porque, se todos nos tornarmos cínicos, o desprezo em abundância pode atrapalhar a nossa formação de laços. Nessa direção, os memes podem agir como conteúdos desvitalizantes.

LUCAS: Ainda assim, se todo mundo rir, um alívio vai ser provocado, o que pode aproximar, trazer um tipo de conexão, mesmo que só por alguns segundos. Nessa brecha em que o meme, enquanto linguagem, consegue entrar com tanta destreza, abrem-se caminhos possíveis de identificação entre quem cria e quem ri do meme. Claro que quem é alvo do meme não necessariamente vai levar na esportiva, ainda que essa pessoa possa viralizar e, em última instância, satisfazer alguns desejos narcisistas de fama e visibilidade.

O ideal é que exista alguma conformidade psíquica entre esses sujeitos envolvidos na produção e no consumo do meme. Freud afirma que "é essencial que a pessoa que ouviu o chiste esteja em suficiente acordo psíquico com a primeira pessoa — o autor do chiste — quanto a possuir as mesmas inibições internas, superadas pela elaboração do chiste"[285]. Então, o melhor do meme está na sua natureza interativa; não é só compartilhar uma coisa engraçada, mas também adicionar a sua própria camada de subjetividade, o seu momento, o seu incômodo em uma legenda ou comentário que vai ser sobreposto ao meme. Esta é a essência do formato memético: uma unidade de transmissão que imita e reproduz, na qual cabe sempre uma nova intervenção a partir do momento em que somos atravessados subjetivamente por esse conteúdo. Assim vamos ampliando as interpretações a respeito do tema e conectando pessoas que, talvez, sofram por um motivo semelhante.

ANDRÉ: Com certeza, temos essa capacidade de usar os memes para ampliar significados, mas, fazendo outro contraponto, eles também podem funcionar como uma bigorna na nossa subjetividade, nos afundando de volta para um lugar que, talvez, já tivéssemos transposto. Penso no meme como um carro que vem lá do inconsciente, em alta velocidade, fura a barreira do pré-consciente e entra na consciência com tudo, carregando alguma coisa escondida dentro do porta-luvas. Estou usando essa imagem porque a velocidade do pensamento memético é chave nessa conversa. É tudo tão rápido que a nossa capacidade de formar narrativas é desafiada, fica tudo meio confuso, é difícil entender o que está acontecendo.

Um exemplo clássico: você não se considera machista, racista, capacitista ou LGBTfóbico, mas ri de um meme carregado de preconceitos: "É engraçado, parece inofensivo, tem até o Bob Esponja ali". E aí o meme vai se tornando uma forma muito eficiente de manipulação das massas. Um jeito de escapar da literalidade para dizer o indizível de forma mascarada, de se esconder a céu aberto, sempre com a possibilidade de alegar que "é só um meme".

O trabalho da historiadora Bárbara Zacher Vitória, *Sobre memes e mimimi: letramento histórico e midiático no contexto do conservadorismo e intolerância nas redes sociais*[286], faz pensar em como memes podem ser traiçoeiros. Vale relembrar que um meme é um conteúdo que demanda ser dividido e passado para a frente antes mesmo que possamos elaborar ou minimamente entender como ele nos infectou.

Sabemos que muitos grupos têm usado memes para construir uma espécie de "mentira em playback", ou seja, memes que criam uma realidade paralela, suavizando ou agravando alguma situação a tal ponto que se perde a correlação com fatos concretos. Obviamente, são tantos memes a respeito, tantas formas de distorção, que vamos topando a deturpação sem muito questionamento, como se estivéssemos consumindo notícias. O resultado é um estado de vertigem pautado pela distorção hiperacelerada de dados e as interações geradas por esses ruídos em velocidade máxima, algo que só aumenta a nossa angústia em tentar navegar e decifrar a realidade.

Por exemplo: foi possível transformar todo o comportamento tóxico do ex-presidente Jair Bolsonaro numa espécie de "tiozão do churrasco", com uma suavização de suas falas criminosas por meio de memes sobre seu jeitão caricato, seus hábitos alimentares e looks excêntricos — um fenômeno muito bem analisado no podcast "Retrato Narrado" da revista *Piauí*[287]. Segundo: como os memes foram uma peça fundamental no impeachment de Dilma Rousseff, investigação feita pelo cientista social Felipe Corrêa Guaré[288]. Em resumo, os memes têm esse poder de descredibilização, ridicularização e alienação que também precisamos observar. No limite, podem ser usados como artifício para sequestrar a pauta, criar uma cortina de fumaça, instaurando uma energia caótica que faz a massa se engajar e replicar sem pensamento crítico.

A velocidade das redes, por si só, contribui bastante para que o sujeito se atrapalhe na elaboração. Quase metade dos brasileiros que usam internet nunca checam se as informações são verdadeiras, segundo o Comitê Gestor da Internet no Brasil[289]. Nesse contexto, os memes são também uma forma de fazer com que a verificação da veracidade nem passe pela cabeça, afinal "é só uma piada". Mesmo assim, você a espalha e distribui. Porque é engraçado, porque é absurdo, porque "isso é a cara do fulano". O que é isso? Palavra ou imagem sem simbolização. De novo, passagem ao ato. E o riso entra como um recurso para encobrir tragédias não pensadas.

LUCAS: Eu concordo com a sua crítica, mas também existem muitos tipos diferentes de memes. E os melhores são aqueles que nos lembram de considerar que as coisas não têm um sentido único, que elas têm um duplo sentido, que não são tão literais e imagéticas assim. Essa é uma passagem muito importante no processo de subjetivação, sair da impregnância do registro psíquico imaginário de sentido único para mergulhar nas águas profundas do oceano simbólico, onde as coisas têm duplo sentido. Essa é a grande chance para que algo que ainda não tinha sido dito ou mostrado venha à tona, de forma indireta. É falar de um lugar que não se sabia que existia ou sobre o qual não se sabia como falar, ou do qual se tinha vergonha de falar. Isso nos transforma de algum jeito, ainda que sutilmente, ainda que "só com uma risada".

ANDRÉ: De fato. E, para não ficar só numa leitura paranoica, vale sublinhar que o bem e o mal coexistem dentro de cada meme. Para além de denunciar ou cancelar o que está sendo dito, talvez tenhamos que trabalhar com essas tantas imperfeições se queremos reparar e construir melhores relações, comunidades e a própria internet.

LUCAS: Indo nessa linha de que um meme pode ter significados ambivalentes ou mesmo provocar reações muito distintas em diferentes pessoas, quero trazer a contribuição de alguém que entende muito sobre memes, o Chico Felitti, escritor e repórter que participou desse episódio do *Vibes em análise*. Para ele, a contribuição do meme no campo da comunicação é a criação de uma linguagem cifrada e sintética que tem como principal atributo a concisão, como resposta a essa velocidade característica da internet. Essa concisão pode estar contribuindo para diminuir a capacidade de atenção que as pessoas dedicam a uma mensagem? Talvez sim. Mas certamente novas formas de comunicação e até de arte surgem desse caldo cultural.

ANDRÉ: A pesquisa do Chico Felitti no podcast "Além do meme"[290] enaltece histórias e movimentos que acontecem em diferentes recortes sociais do Brasil, e nos lembra que existe esse *éthos* de que o brasileiro é praticamente "dono da internet". É interessante como a capacidade de fazer humor faz parte da nossa identidade cultural. O que está por trás disso? O Brasil é uma piada? O Brasil é espontâneo e imprevisível? O Brasil é uma grande repetição da mesma piada? Rir para não chorar?

Para aquecer a discussão, podemos pensar em como há um movimento de transformar a si mesmo em meme como um meio de superar a pobreza. Essa discussão é extensa e elaboramos mais sobre o sonho da megaescala no estudo da *float* sobre viralismo[291]. O ponto é que existe uma promessa de mobilidade social atrelada ao sucesso nas mídias sociais, algo que pode ser alcançado por meio da produção de memes de larga escala. Carlinhos Maia, Esse Menino, A Vida de Tina, Leona Vingativa, Fran.wt, Inês Brasil, Tula, Wanessa Wolf, enfim, uma infinidade de atores/personagens que nos fazem enxergar a possibilidade de ascender por meio de versões mais estridentes e até caricatas de si mesmos. Não se trata apenas de transformar a intimidade em espetáculo, como elabora Paula Sibilia em *Show do Eu*[292]; é preciso atingir um status de signo cultural que será desmantelado, reinterpretado e exponencialmente compartilhado. A estranha aspiração de tornar-se *sticker* de WhatsApp — o Eu como meme. E aí, fazendo um pouco o Lacan das ruas, é muito simbólico que o termo "meme" seja também uma repetição do pronome "*me*" em inglês, como uma repetição do eu, um empuxo à amplificação e reprodutibilidade do próprio Eu.

LUCAS: Isso que você trouxe me faz lembrar do que o Davi Moraes, cofundador do Saquinho de Lixo, uma das maiores páginas de memes do Brasil, nos contou nesse episódio. Para ele, há muitos benefícios em como os memes acabam evidenciando pessoas que antes talvez não tivessem chance, descentralizando um pouco a atenção do eixo Rio-São Paulo, como uma oportunidade de contarmos e, principalmente, escutarmos novas histórias e novos pontos de vista. Outra coisa interessante e positiva é que muitas vezes ficamos sabendo de fatos em memes antes que eles cheguem aos noticiários tradicionais. É uma espécie de contraponto — há memes para desinformação, mas também para informação. Memes que espalham fake news, mas que também incentivam jovens de 16 anos a votar.

No fim do dia, o meme é um tipo de propaganda que se espalha de forma orgânica e/ou proposital, por um custo muito baixo. Um formato de comunicação controverso que, assim como as piadas clássicas de tiozão que podem reeditar e perpetuar padrões muito problemáticos. E isso nos provoca a pensar em qual é o limite do deboche. Porque tudo vai depender da sutileza e do tom de voz, do impacto das imagens, do contexto em que o meme está sendo compartilhado, que talvez hoje faça sentido, seja engraçado, e amanhã seja um absurdo.

Quando o meme começa a fazer um grande desserviço à sociedade, pensando na saúde mental e no bem-estar da população? A gente pode rir de suicídio? Cabe fazer piada com doenças como câncer ou aids? Obviamente não. E depressão? Bipolaridade?... Sempre vai ter alguém que pode e vai se ofender. Isso já aconteceu comigo, inclusive com memes que eu criei ou compartilhei. Sempre pode haver alguém que está vivendo um momento crítico demais para conseguir rir de si mesmo e que, diante daquele estímulo, vai se sentir ainda mais sozinho e incompreendido no seu mal-estar. Como você disse no começo, o deboche nunca vai ser politicamente correto, porque sempre vai ser permeado pelo inconsciente, e nada mais politicamente incorreto e sem noção do que o nosso inconsciente.

Esta discussão nos convida a pensar em como poderia ser uma ética dos memes, dos limites e cuidados que precisamos ter. É aquele poema clássico do Victor Hugo: "O riso diário é bom, o riso habitual é tedioso e o riso constante é insano". Ou, como se fala nos dias de hoje, "rir de tudo é desespero". Porque, quando tudo vira meme, podemos estar tentando disfarçar a importância e a gravidade das coisas. Existe um risco de banalizar e baratear temas e assuntos que são muito caros. Acreditar que rir e postar memes é o melhor que podemos fazer para lidar com as nossas tensões ou para ajudar a sociedade é ingênuo. Até pode ser alguma coisa, mas está longe de ser o bastante. Então, como qualquer nova forma de comunicação de massa, o seu calcanhar de aquiles está em estereotipar, vulgarizar, simplificar coisas que são sérias, diversas, singulares e também bastante complexas.

ANDRÉ: Ou mesmo anestesiar e chapar. Por isso acho tão interessante a obra de Christoph Türcke que já mencionei, a respeito da sociedade excitada, essa ideia dos choques audiovisuais como injeções de sensações. A construção que ele faz é de que estamos funcionando numa espécie de fisiologia do vício, prendendo-nos em estímulos químicos que provocam sensações de dependência num nível orgânico, como se estivéssemos viciados no que é sensacional ou muito divertido. "Você precisa ver isso", "corre aqui!", "manda logo para todo mundo!". Só que isso também produz uma ressaca dos estímulos, algum tipo de rebote após os picos de adrenalina. Nessa batida, vamos nos sentindo vazios, emocionalmente esgotados, em uma paisagem em que tudo sucumbe à lógica histérica do *clickbait*. Uma sociedade tão distraída não consegue mais se comunicar numa lógica de história, mas somente em uma estrutura descritiva, desafetada, pontuada por espasmos, numa certa apatia eufórica ou euforia apática. Entramos, assim, em uma espécie de sedação visual em que você só consegue operar entre extremos — mesmice e gritaria. O historiador e escritor Jonathan Crary elabora os impactos dessa velocidade em *Terra arrasada*, afirmando que "o fenômeno das tendências ou da viralização é um surto maciço de unanimidade vaga e amorfa, uma adesão irresistível, mas vazia, a alguma efeméride ou a uma pseudoindignação logo esquecida e que não deixa rastros"[293].

LUCAS: Talvez o meme tenha mesmo o seu caráter intoxicante e descartável, mas eventualmente ele vai abrir algumas brechas na cultura e na nossa vida, e provar que é possível explorarmos temas relevantes por meio desse formato, ou pelo menos disparar um primeiro gatilho de interesse. Isso tem um valor muito rico de revolução de linguagem, em um tempo em que tantas pessoas consideram impossível conseguir ler um livro até o fim, ou mesmo ler uma página inteira de texto.

Além disso, o meme lida de forma surpreendentemente bem-sucedida com o que é falho, feio, bizarro, com o que está excluído da sociedade, com o que é precário, com as nossas inseguranças, segredos, carências, limitações, erros. Com os meus erros, com os seus erros. Com a falta que é comum a mim e a todo mundo que está dividindo esse mesmo tempo e espaço e achando graça da mesma coisa, simultaneamente. Isso já é um belo começo.

Referências bibliográficas

VIBES DO EU

Ø1 Culpa do quê?

1. LACAN, Jacques. Função e campo da fala e da linguagem em psicanálise. *In*: LACAN, Jacques. *Escritos*. Rio de Janeiro: Jorge Zahar, 1998.
2. ESPINOSA, Baruch. *Ética*. São Paulo: Edusp, 2015.
3. GROTSTEIN, James S. (ed.). *Do I Dare Disturb the Universe:* A Memorial to W. R. Bion. London: Karnac Books, 1990.
4. FREUD, Sigmund. O valor da vida (Uma entrevista rara de Freud). [Entrevista cedida a] George Sylvester Viereck. *Ide (São Paulo)*, v. 42, n. 69, p. 11-5, jun. 2020. Disponível em: http://pepsic.bvsalud.org/scielo.php?script=sci_arttext&pid=S0101-31062020000100002&lng=pt&nrm=iso. Acesso em: 21 ago. 2023.
5. GOLDENBERG, Ricardo (org.). *goza!*: capitalismo, globalização, psicanálise. Salvador: Agalma, 2014.
6. FREUD, Sigmund. *O mal-estar na civilização, novas conferências introdutórias à psicanálise e outros textos (1930-1936)*. São Paulo: Companhia das Letras, 2010. (Obras Completas, v. 18).
7. FREUD, Sigmund. *O futuro de uma ilusão*. São Paulo: L&PM, 2010.
8. KLEIN, Melanie. *Amor, culpa e reparação*: e outros trabalhos. Rio de Janeiro: Imago, 1996.
9. FREUD, Sigmund. *Obras completas, volume 2*: Estudos sobre a histeria (1893-1895). São Paulo: Companhia das Letras, 2016.
10. LACAN, Jacques. Função e campo da fala e da linguagem em psicanálise. *In*: LACAN, Jacques. *Escritos*. Rio de Janeiro: Zahar, 1998.
11. LACAN, Jacques. *O Seminário, livro 7:* A ética da psicanálise. Rio de Janeiro: Zahar, 1988.
12. RODRIGUES, Nelson. A última entrevista de Nelson Rodrigues por Alexandre Flores Alkimim. [Entrevista cedida a] J. J. Ribeiro. *Bula Revista*,

24 ago. 2023. Disponível em: https://www.revistabula.com/5753-a-ultima-entrevista-de-nelson-rodrigues-2/. Acesso em: ago. 2023.
13. HAN, Byung-Chul. *Sociedade do cansaço (resumo)*. Petrópolis, RJ: Vozes, 2022.
14. MELMAN, Charles. *Homem sem gravidade*: gozar a qualquer preço. Rio de Janeiro: Companhia de Freud, 2008.
15. SANDEL, Michael J. *A tirania do mérito:* o que aconteceu com o bem comum? Rio de Janeiro: Civilização Brasileira, 2020.

02 Motivos de vergonha

16. DAVIES, William. *The Happiness Industry*: How the Government and Big Business Sold Us Well-Being. London: Verso, 2016.
17. DEBORD, Guy. *A sociedade do espetáculo*. Rio de Janeiro: Contraponto, 2020.
18. GROS, Frédéric. *A vergonha é um sentimento revolucionário*. São Paulo: Ubu, 2023.
19. DAHL, Melissa. *Cringeworthy*: a Theory of Awkwardness. Alberta: Portfolio, 2018.
20. FREUD, Sigmund. *Obras completas, volume 17:* O futuro de uma ilusão e outros textos (1926-1929). São Paulo: Companhia das Letras, 2014.
21. FREUD, Sigmund. *Obras completas, volume 6*: Três ensaios sobre a teoria da sexualidade, análise fragmentária de uma histeria ("o caso Dora") e outros textos (1901-1905). São Paulo: Companhia das Letras, 2016.
22. GREEN, André. Énigmes de la culpabilité, mystère de la honte. *Revue Française de Psychanalyse*, v. 67, n. 5, 2003.
23. BILENKY, Marina Kon. Vergonha: sofrimento e dignidade. *Ide (São Paulo)*, v. 37, n. 58, jul. 2014.
24. LISPECTOR, Clarice. Vergonha de viver. *In:* LISPECTOR, Clarice. *A descoberta do mundo*. Rio de Janeiro: Rocco, 1999.
25. NIETZSCHE, Friedrich. *A gaia ciência*. São Paulo: Companhia de Bolso, 2012.
26. BILENKY, Marina Kon. *Vergonha*. São Paulo: Blucher, 2016. (Série O que fazer?).
27. RICHMAN, Jordan. Transmissions Year End Edition (2/3): "Cringecore". *032c Magazine*, 31 dez. 2021. Disponível em: https://032c.com/magazine/transmissions-year-end-edition-2-3-cringecore. Acesso em: maio 2023.

28 LEMBKE, Anna. *Nação dopamina*: por que o excesso de prazer está nos deixando infelizes e o que podemos fazer para mudar. São Paulo: Vestígio, 2022.
29 BROWN, Brené. *Eu achava que isso só acontecia comigo*: como combater a cultura da vergonha e recuperar o poder e a coragem. São Paulo: Sextante, 2019.

Ø3 Sonhos esquecidos

30 FASES do sono. Entendendo o que acontece quando você adormece. *Vigilantes do sono*, 2021. Disponível em: https://www.vigilantesdosono.com/artigo/fases-do-sono/. Acesso em: maio 2023.
31 MARTINS, Fran. Você já teve insônia? Saiba que 72% dos brasileiros sofrem com alterações do sono. *gov.br*, 17 mar. 2023. Disponível em: https://www.gov.br/saude/pt-br/assuntos/noticias/2023/marco/voce-ja-teve-insonia-saiba-que-72-dos-brasileiros-sofrem-com-alteracoes-no-sono#:~:text=De%20acordo%20com%20estudos%20da,%2C%20entre%20elas%2C%20a%20ins%C3%B4nia. Acesso em: maio 2023.
32 CRARY, Jonathan. *24/7*: capitalismo tardio e os fins do sono. São Paulo: Ubu, 2016.
33 OGDEN, Thomas H. *Esta arte da psicanálise*: sonhando sonhos não sonhados e gritos interrompidos. Porto Alegre: Artmed, 2010.
34 FREUD, Sigmund. *Obras completas, volume 4*: A interpretação dos sonhos (1900). São Paulo: Companhia das Letras, 2019.
35 JUNG, Carl G. *O homem e seus símbolos*. Rio de Janeiro: HarperCollins, 2016.
36 BERADT, Charlotte. *Sonhos no Terceiro Reich*. São Paulo: Fósforo Editoria, 2022.
37 DUNKER, Christian *et al.* (orgs.). *Sonhos confinados*: o que sonham os brasileiros em tempos de pandemia. São Paulo: Autêntica, 2021.
38 AB'SÁBER, Tales A. M. *O sonhar restaurado*. São Paulo: Editora 34, 2005.
39 FREUD, Sigmund. *Além do princípio de prazer*. São Paulo: L&PM Editores, 2016.
40 RIBEIRO, Sidarta, *op. cit.*
41 FREUD, Sigmund, *Obras completas, volume 4, op. cit.*

42 CRARY, Jonathan, *op. cit.*
43 DICK, Philip. *Androides sonham com ovelhas elétricas?* São Paulo: Aleph, 2017.
44 COUPLAND, Douglas *et al. The Age of Earthquakes*: a Guide to the Extreme Present. Toronto: Blue Rider Press, 2015.
45 RIBEIRO, Sidarta, *op. cit.*
46 BERARDI, Franco. *Depois do futuro.* São Paulo: Ubu, 2019.
47 RIBEIRO, Sidarta, *op. cit.*
48 GACKENBACH, J.; KURUVILLA, B. Cognitive Structure Associated with the Lucid Features of Gamers Dreams. *Dreaming*, v. 23, n. 4, p. 256-65. Disponível em: https://doi.org/10.1037/a0034817. Acesso em: maio 2023; GACKENBACH, J.; KURUVILLA, B. The Relationship between Video Game Play and Threat Simulation Dreams. *Dreaming*, v. 18, n. 4, p. 236-56. Disponível em: https://doi.org/10.1037/a0013782. Acesso em: maio 2023; GACKENBACH, J.; ELLERMAN, E.; HALL, C. Video Game Play as Nightmare Protection: A Preliminary Inquiry with Military Gamers. *Dreaming*, v. 21, n. 4, p. 221-45. Disponível em: https://doi.org/10.1037/a0024972. Acesso em: maio 2023.
49 HARARY, Keith; WEINTRAUB, Pamela. *Sonhos lúcidos em 30 dias*: o programa do sono criativo. São Paulo: Ediouro, 1989.

04 Fora-do-tempo

50 ARAUJO, Valdei Lopes de; PEREIRA, Mateus Henrique de Faria. *Atualismo 1.0*: como a ideia de atualização mudou o século XXI. Vitória: Milfontes; Mariana: SBTHH, 2019.
51 BION, Wilfred R. *Uma memória do futuro.* São Paulo: Martins Fontes, 1989.
52 AGAMBEN, Giorgio. *O que é o contemporâneo?* E outros ensaios. Chapecó: Argos, 2009.
53 BORGES, Jorge Luis. *Outras inquisições.* São Paulo: Companhia das Letras, 2007.
54 BENJAMIN, Walter. *Sobre o conceito de história.* Edição crítica. São Paulo: Alameda Editorial, 2020.
55 KEHL, Maria Rita. *O tempo e o cão*: a atualidade das depressões. São Paulo: Boitempo, 2009.

56 BENJAMIN, Walter. O narrador. *In*: BENJAMIN, Walter. *Obras escolhidas I*: Magia e técnica, arte e política. Ensaios sobre literatura e história da cultura. São Paulo: Brasiliense, 1987.

57 ALVES, André; LIEDKE, Lucas. Vibes: micro-amnésias. Crises de esquecimento e o culto ao estado dissociativo. *Float Vibes*, 23 jun. 2023. Disponível em: https://floatvibes.substack.com/p/vibes-micro-amnesias. Acesso em: ago. 2023.

58 OGDEN, Thomas H. *Rediscovering Psychoanalysis*. Thinking and Dreaming, Learning and Forgetting. London: Routledge, 2009.

59 MARX, Karl. *O capital*: extratos por Paul Lafargue. São Paulo: Veneta, 2014.

60 COUPLAND, Douglas *et al. The Age of Earthquakes*: a Guide to the Extreme Present. Toronto: Blue Rider Press, 2015.

61 LEMBKE, Anna. *Nação dopamina*: por que o excesso de prazer está nos deixando infelizes e o que podemos fazer para mudar. São Paulo: Vestígio, 2022.

62 BENASSI, Riccardo. *Morestalgia*. Roma: Nero Editions, 2020.

63 LACAN, Jacques. *Escritos*. Rio de Janeiro: Zahar, 1998.

64 QUINET, Antonio. *As 4 + 1 condições da análise*. Rio de Janeiro: Zahar, 1991.

65 HAN, Byung-Chul. *Vita contemplativa ou sobre a inatividade*. São Paulo: Vozes, 2023.

66 HAN, Byung-Chul. *O aroma do tempo*. Lisboa: Relógio d'Água, 2016.

VIBES DO OUTRO

Ø5 Paixões bloqueadas

67 DEPAULO, Bella. Why Are Fewer People Finding Fulfillment in Relationships? *Psychology Today*, Relationships, 2 dez. 2021. Disponível em: https://www. psychologytoday.com/us/blog/living-single/202112/why-are-fewer-people-finding-fulfillment-in-relationships. Acesso em: 27 jul. 2023.

68 FREUD, Sigmund. Sobre o narcisismo: uma introdução. *In*: FREUD, Sigmund. Obras Completas de Sigmund Freud. Edição Standard brasileira.

Rio de Janeiro: Imago, 1996. v. XIV. p. 75-108.; NIN, Anaïs. *Henry e June*: diários não expurgados de Anaïs Nin 1931-1932. Porto Alegre: L&PM Pocket, 2007.

69 FREUD, Sigmund. *Obras completas, volume 6*: Três ensaios sobre a teoria da sexualidade, análise fragmentária de uma histeria ("o caso Dora") e outros textos (1901-1905). São Paulo: Companhia das Letras, 2016.

70 BARUFI, Luiza. 52% dos solteiros não devem buscar romance fixo em 2022, diz pesquisa. *Metrópoles*, 16 dez. 2021. Disponível em: https://www.metropoles.com/colunas/pouca-vergonha/52-dos-solteiros-nao-devem-buscar-romance-fixo-em-2022-diz-pesquisa. Acesso em: 27 jul. 2023.

71 CALLIARI, Marcos. Brasil fica em 1º lugar entre 28 países, em ranking dos que mais sentem solidão. *Ipsos*, 8 mar. 2021. Disponível em: https://www.ipsos.com/pt-br/brasil-fica-em-1o-lugar-entre-28-paises-em-ranking-dos-que-mais-sentem-solidao. Acesso em: 22 ago. 2023.

72 SUY, Ana. *A gente mira no amor e acerta na solidão*. São Paulo: Paidós, 2022.

73 DUNKER, Christian; SAFATLE, Vladimir; SILVA JUNIOR, Nelson da. *Neoliberalismo como gestão do sofrimento psíquico*. Belo Horizonte: Autêntica, 2021.

74 GRADIN, Adriana Meyer. *Corações murchos*: o tédio e a apatia na clínica psicanalítica. Curitiba: Appris, 2020.

75 STRÖMQUIST, Liv. *A rosa mais vermelha desabrocha*: o amor nos tempos do capitalismo tardio ou por que as pessoas se apaixonam tão raramente hoje em dia. São Paulo: Quadrinhos na Cia., 2021.

76 ILLOUZ, Eva. *Why Love Hurts*: a Sociological Explanation. Cambridge: Polity Press, 2013.

77 NIETZSCHE, Friedrich. *Além do bem e do mal*. São Paulo: Companhia de Bolso, 2005.

78 SRINIVASAN, Amia. *O direito ao sexo*: feminismo no século vinte e um. São Paulo: Todavia, 2021.

79 VASALLO, Brigitte. *O desafio poliamoroso*: por uma nova política dos afetos. São Paulo: Elefante, 2022.

80 HOOKS, Bell. *Tudo sobre o amor*. São Paulo: Elefante, 2021.

06 No limite do tesão

81   ARTHUR, Amy. We're Having Less Sex because We're too Busy, not Because of Social Media. *Science Focus*, 26 jan. 2022. Disponível em: https://www.sciencefocus.com/news/are-we-really-having-less-sex. Acesso em: 27 jul. 2023.

82   THE 2022 Year in Review: Age Demographics. *Pornhub Insights*, 8 dez. 2022. Disponível em: https://www.pornhub.com/insights/2022-year-in-review. Acesso em: 22 ago. 2023.

83   MURARO, Cauê. 22 milhões de brasileiros assumem consumir pornografia e 76% são homens, diz pesquisa. *g1*, 17 maio 2018. Disponível em: https://g1.globo.com/pop-arte/noticia/22-milhoes-de-brasileiros-assumem-consumir-pornografia-e-76-sao-homens-diz-pesquisa.ghtml. Acesso em: 22 ago. 2023.

84   RODRIGUES, Renato. Um em quatro brasileiros acessa conteúdo pornográfico no trabalho. *Kaspersky Daily*, 16 jan. 2019. Disponível em: https://www.kaspersky.com.br/blog/porno-brasil-trabalho-pesquisa/11246/. Acesso em: 22 ago. 2023.

85   BATISTA JUNIOR, João. Brasil registra recorde na venda de brinquedos eróticos na pandemia. *Veja*, 7 jul. 2020. Disponível em: https://veja.abril.com.br/coluna/veja-gente/explode-venda-vibradores-no-brasil-durante-a-pandemia. Acesso em: 27 jul. 2023.

86   INGRAHAM, Christopher. The Share of Americans Not Having Sex Has Reached a Record High. *The Washington Post*, Business, 29 mar. 2019. Disponível em: https://www.washingtonpost.com/business/2019/03/29/share-americans-not-having-sex-has-reached-record-high. Acesso em: 27 jul. 2023.

87   ILLOUZ, Eva. *Cold Intimacies*: The Making of Emotional Capitalism. Cambridge: Polity, 2017.

88   FREUD, Sigmund. *Obras completas, volume 6*: Três ensaios sobre a teoria da sexualidade, análise fragmentária de uma histeria ("o caso Dora") e outros textos (1901-1905). São Paulo: Companhia das Letras, 2016.

89   CALLIGARIS, Contardo; HOMEM, Maria. *Coisa de menina?* Uma conversa sobre gênero, sexualidade, maternidade e feminismo. Campinas: Papirus 7 Mares, 2019.

90   SEXUALIDADE na infância | Christian Dunker | Falando nIsso 331. [*S. l.: s. n.*], 2021. 1 vídeo (18min19). Publicado pelo canal Christian Dunker. Disponível em: https://youtu.be/UlL5_FaM_Tk. Acesso em: 27 jul. 2023.

91   PRECIADO, Beatriz. Qui Défend l'enfant queer? *Libération*, 14 fev. 2013. Disponível em: https://www.liberation.fr/societe/2013/01/14/qui-defend-l-enfant-queer_873947/. Acesso em: maio 2023.

92   FILHO, Eduardo F. "Sou uma ex-viciada em pornografia": cresce número de mulheres que tentam se livrar da dependência de vídeos eróticos. *O Globo*, Saúde, 6 set. 2022. Disponível em: https://oglobo.globo.com/saude/medicina/noticia/2022/09/sou-uma-ex-viciada-em-pornografia-cresce-numero-de-mulheres-que-tentam-se-livrar-da-dependencia-de-videos-eroticos.ghtml. Acesso em: 27 jul. 2023.

93   ZOLIN, Beatriz. Assistir pornografia faz mal? *Portal Drauzio Varella*, 16 nov. 2022. Disponível em: https://drauziovarella.uol.com.br/psiquiatria/assistir-pornografia-faz-mal. Acesso em: 27 jul. 2023.

94   MURARO, Cauê. 22 milhões de brasileiros assumem consumir pornografia e 76% são homens, diz pesquisa. *g1*, 17 maio 2018. Disponível em: https://g1.globo.com/pop-arte/noticia/22-milhoes-de-brasileiros-assumem-consumir-pornografia-e-76-sao-homens-diz-pesquisa.ghtml. Acesso em: maio 2023.

95   BESSAS, Alex. "Apagão sexual": atual geração de jovens faz menos sexo do que as anteriores. *O Tempo*, Sexualidade, 19 fev. 2021. Disponível em: https://www.otempo.com.br/super-noticia/interessa/saude-e-ciencia/apagao-sexual-atual-geracao-de-jovens-faz-menos-sexo-do-que-as-anteriores-1.2448618. Acesso em: maio 2023.

96   JONES, Daisy. Want to Look Instantly Sexier? Delete your Social Media. *Vice*, 18 nov. 2021. Disponível em: https://www.vice.com/en/article/5dgzmb/why-zero-online-presence-is-sexy. Acesso em: maio 2023.

97   SOARES, Ana Carolina. 40% das mulheres não se masturbam, aponta nova pesquisa da USP. *Veja*, São Paulo, 26 fev. 2017. Disponível em: https://vejasp.abril.com.br/coluna/sexo-e-a-cidade/40-das-mulheres-nao-se-masturbam-aponta-nova-pesquisa-da-usp. Acesso em: maio 2023.

98 FRANCISCO, Gabriela. Estudo aponta que 79% das mulheres já fingiram orgasmo. *Metrópoles*, 9 mar. 2023. Disponível em: https://www.metropoles.com/colunas/pouca-vergonha/estudo-aponta-que-79-das-mulheres-ja-fingiram-orgasmo. Acesso em: maio 2023.

99 MCDOUGALL, Joyce. Repensando Eva: dos componentes homossexuais da sexualidade feminina. *In:* MCDOUGALL, Joyce. *Conferências brasileiras*: corpo físico, corpo psíquico, corpo sexuado. Rio de Janeiro: Xenon, 1987.

100 FOUCALT, Michel. *A história da sexualidade*. São Paulo: Paz e Terra, 2020. 4 v.

101 CALLIGARIS, Contardo; HOMEM, Maria, *op. cit.*

Ø7 Eu, você e mais ninguém?

102 FLEURY, Maria Clara. O ano só começa depois do Carnaval? Veja como preparar sua marca para as principais datas de 2023. *Think with Google*, fev. 2023. Disponível em: https://www.thinkwithgoogle.com/intl/pt-br/tendencias-de-consumo/tendencias-de-comportamento/datas-importantes-marketing-2023/. Acesso em: maio 2023.

103 PILÃO, Antonio Cerdeira. *Infinitos amores*: um estudo antropológico sobre o poliamor. Rio de Janeiro: Telha, 2023.

104 PHILLIPS, Adam. *Monogamy*. London: Vintage Books, 1999.

105 VASALLO, Brigitte. *O desafio poliamoroso*: por uma nova política dos afetos. São Paulo: Elefante, 2022.

106 SILVEIRA, Daniel. Brasileiros estão casando menos, e ficando menos tempo casados, aponta ibge. *g1*, 9 dez. 2020. Disponível em: https://g1.globo.com/economia/noticia/2020/12/09/brasileiros-estao-casando-menos-e-ficando-menos-tempo-casados-aponta-ibge.ghtml. Acesso em: maio 2023.

107 CARNEIRO, Lucianne. Divórcios voltam a bater recorde no país, diz IBGE. *Valor Investe*, 16 fev. 2023. Disponível em: https://valorinveste.globo.com/mercados/brasil-e-politica/noticia/2023/02/16/divrcios-voltam-a-bater-recorde-no-pas-diz-ibge.ghtml. Acesso em: 22 ago. 2023.

108 FREUD, Sigmund. *Obras completas, volume 11*: Totem e tabu, Contribuição à história do movimento psicanalítico e outros textos (1912-1914). São Paulo: Companhia das Letras, 2012.

109 VELASCO, Clara *et al*. Brasil bate recorde de feminicídios em 2022, com uma mulher morta a cada 6 horas. *g1*, 8 mar. 2023. Disponível em: https://g1.globo.com/monitor-da-violencia/noticia/2023/03/08/brasil-bate-recorde-de-feminicidios-em-2022-com-uma-mulher-morta-a-cada-6-horas.ghtml. Acesso em: nov. 2022.

110 BUTLER, Judith. *Problemas de gênero*: feminismo e subversão da identidade. Rio de Janeiro: Civilização Brasileira, 2003.

111 TRAIÇÃO | Christian Dunker | Falando nIsso 297. [*S. l.: s. n.*], 2021. 1 vídeo (27min59). Publicado pelo canal Christian Dunker. Disponível em: www.youtube.com/watch?v=q6LkuaVLFzc. Acesso em: maio 2023.

112 LINS, Regina Navarro. *Novas formas de amar*. São Paulo: Planeta, 2017.

113 VASALLO, Brigitte. *O desafio poliamoroso*: por uma nova política dos afetos. São Paulo: Elefante, 2022.

114 BAUMAN, Zygmunt. *Amor líquido*: sobre a fragilidade dos laços humanos. Rio de Janeiro: Zahar, 2021.

115 SUY, Ana. *A gente mira no amor e acerta na solidão*. São Paulo: Paidós, 2022.

116 FINK, Bruce. *Introdução clínica à psicanálise lacaniana*. Rio de Janeiro: Zahar, 2018.

117 FREUD, Sigmund. *Obras completas, volume 12*: Introdução ao narcisismo, ensaios de metapsicologia e outros textos (1914-1916). São Paulo: Companhia das Letras, 2010.

118 WATKINS, Sarah J.; BOON, Susan D. Expectations Regarding Partner Fidelity in Dating Relationships. *Journal of Social and Personal Relationships*, v. 33, n. 2, 5 de mar. 2015. Disponível em: https://doi.org/10.1177/0265407515574463. Acesso em: maio 2023.

119 O PECADO da infidelidade – Um relatório global sobre fé, casamento e casos. MADISON, Ashley. *Ashley Madison*, 2021. Disponível em: https://www.ashleymadison.com/o-pecado-da-infidelidade. Acesso em: maio 2023.

Ø8 Melhores amigos

120 ROSE, Suzanna M. How Friendships End: Patterns among Young Adults. *Journal of Social and Personal Relationships*, v. 1, n. 3, p.

267-77, set. 1984. Disponível em: https://journals.sagepub.com/doi/10.1177/0265407584013001. Acesso em: maio 2023.

121 HIRSCH, Aubrey. Men Have Fewer Friends than Ever, and It's Harming their Health. *Vox*, 27 ago. 2022. Disponível em: https://www.vox.com/the-highlight/23323556/men-friendship-loneliness-isolation-masculinity. Acesso em: maio 2023.

122 KARTER, Jonathan. PoderData: 28% dos brasileiros dizem ter, no máximo, 1 amigo. *Poder 360*, 7 maio 2023. Disponível em: https://www.poder360.com.br/poderdata/poderdata-28-dos-brasileiros-dizem-ter-no-maximo-1-amigo/. Acesso em: maio 2023.

123 LEVINE, Irene S. *Best Friends Forever*: Surviving a Breakup with your Best Friend. New York: Abrams Press, 2009.

124 CALLIARI, Marcos. Brasil fica em 1º lugar entre 28 países, em ranking dos que mais sentem solidão. *Ipsos*, 8 mar. 2021. Disponível em: https://www.ipsos.com/pt-br/brasil-fica-em-1o-lugar-entre-28-paises-em-ranking-dos-que-mais-sentem-solidao. Acesso em: maio 2023.

125 ROSCOE, Beatriz. Um em 5 brasileiros tem menos amigos que antes da pandemia. *Poder 360*, 20 set. 2021. Disponível em: https://www.poder360.com.br/brasil/um-em-5-brasileiros-tem-menos-amigos-que-antes-da-pandemia/. Acesso em: maio 2023.

126 HERTZ, Noreena. *O século da solidão*: restabelecer conexões em um mundo fragmentado. São Paulo: Record, 2021.

127 DUNBAR'S Number: Why We Can only Maintain 150 Relationships. BBC, 10 jan. 2019. Disponível em: https://www.bbc.com/future/article/20191001-dunbars-number-why-we-can-only-maintain-150-relationships. Acesso em: maio 2023.

128 BRASILEIROS são os mais desconfiados em ranking com 30 países. *Ipsos*, 5 abr. 2022. Disponível em: https://www.ipsos.com/pt-br/brasileiros-sao-os-mais-desconfiados-em-ranking-com-30-paises. Acesso em: maio 2023.

129 LISPECTOR, Clarice. *Felicidade clandestina*. São Paulo: Rocco, 1998.

130 VIAGEM PARA COLÔMBIA COM CLARICE | LYGIA FAGUNDES TELLES. [*S. l.: s. n.*], 2021. 1 vídeo (4 min). Publicado pelo canal Inspiração Literária.

Disponível em: https://www.youtube.com/watch?v=UGg7Xg89m1c. Acesso em: maio 2023.

131 NIETZSCHE, Friedrich. *Humano, demasiado humano*. São Paulo: Companhia de Bolso, 2005.

132 DUNKER, Christian. *Reinvenção da intimidade*: políticas do sofrimento cotidiano. São Paulo: Ubu, 2017.

133 VASALLO, Brigitte. *O desafio poliamoroso*: por uma nova política dos afetos. São Paulo: Elefante, 2022.

134 HELLER, Zoë. How Everyone Got so Lonely. *The New Yorker*, 4 abr. 2022. Disponível em: https://www.newyorker.com/magazine/2022/04/11/how-everyone-got-so-lonely-laura-kipnis-noreena-hertz. Acesso em: maio 2023.

135 ILLOUZ, Eva. *O amor nos tempos do capitalismo*. Rio de Janeiro: Zahar, 2011.

136 OLIVEIRA, Luiz R. Prado de. *O sentido da amizade em Ferenczi*. Rio de Janeiro: Uapê, 2012.

09 Solidão gay

137 ROCHA, Lucas. Pesquisas apontam aumento nos casos de depressão no Brasil. *CNN Brasil*, 26 abr. 2022. Disponível em: https://www.cnnbrasil.com.br/saude/pesquisas-apontam-aumento-nos-casos-de-depressao-no-brasil/#:~:text=A%20Pesquisa%20Nacional%20de%20Sa%C3%BAde,-foi%20de%207%2C6%25. Acesso em: maio 2023.

138 TORRES, Juliana L. *et al*. O Inquérito Nacional de Saúde LGBT+: metodologia e resultados descritivos. *Cad. Saúde Pública*, v. 37, n. 9, 2021. Disponível em: https://www.scielo.br/j/csp/a/wJQNMDdWdz5BjwY3G376b4R/?lang=en. Acesso em: maio 2023.

139 DUNSEITH, Les. Study Focuses on Mental Health of Gay Men Amid Pandemic. *Ucla Newsroom*, 8 fev. 2021. Disponível em: https://newsroom.ucla.edu/releases/mental-health-gay-men-covid19-pandemic. Acesso em: maio 2023.

140 Em carta escrita em 1935, Sigmund Freud negou possibilidade de cura gay. *Uol Folha Digital*, 20 set. 2017. Disponível em: https://www1.folha.uol.com.br/cotidiano/2017/09/1920160-em-carta-escrita-em-1935-sigmund-freud-negou-possibilidade-de-cura-gay.shtml. Acesso em: maio 2023.

141 BULAMAH, Lucas Charafeddine. *História de uma regra não escrita*: a proscrição da homossexualidade masculina no movimento psicanalítico. São Paulo: Zagodoni, 2020.

142 WELLE, Deutsche. Há 30 anos, OMS retirava homossexualidade da lista de doenças. *Carta Capital*, 17 maio 2020. Disponível em: https://www.cartacapital.com.br/diversidade/ha-30-anos-oms-retirava-homossexualidade-da-lista-de-doencas/. Acesso em: maio 2023.

143 PRECIADO, Paul B. *Eu sou o monstro que vos fala*: relatório para uma academia de psicanalistas. Rio de Janeiro: Zahar, 2022.

144 FREUD, Sigmund. *Obras completas, volume 6*: Três ensaios sobre a teoria da sexualidade, análise fragmentária de uma histeria ("o caso Dora") e outros textos (1901-1905). São Paulo: Companhia das Letras, 2016.

145 GREEN, André. *Narcisismo de vida, narcisismo de morte*. São Paulo: Escuta, 1988.

146 FREUD, Sigmund. *O futuro de uma ilusão*. São Paulo: L&PM, 2010.

147 FREUD, Sigmund. *Obras completas, volume 12*: Introdução ao narcisismo, ensaios de metapsicologia e outros textos (1914-1916). São Paulo: Companhia das Letras, 2010.

148 HUNTE, Ben. "Me disseram que eu era feio demais para ser gay". *BBC News Brasil*, 16 fev. 2020. Disponível em: https://www.bbc.com/portuguese/geral-51450567. Acesso em: maio 2023.

149 PRECIADO, Paul B. *Testo junkie*: sexo, drogas e biopolítica na era farmacopornográfica. São Paulo: N-1 Edições, 2018.

150 WOLF, Naomi. *O mito da beleza*: como as imagens de beleza são usadas contra as mulheres. Rio de Janeiro: Rosa dos Tempos, 2018.

151 AMBRA, Pedro. *O que é um homem?* Psicanálise e história da masculinidade no Ocidente. São Paulo: Annablume, 2018.

152 O SILÊNCIO dos homens | Documentário completo. [*S. l.: s. n.*], 2019. 1 vídeo (1h00min12). Publicado pelo canal PapodeHomem. Disponível em: https://www.youtube.com/watch?v=NRom49UVXCE. Acesso em: maio 2023.

153 HAN, Byung-Chul. *Sociedade do cansaço*. São Paulo: Vozes, 2015.

154 YOSHINO, Kenji. *Covering*: The Hidden Assault on our Civil Rights. New York: Random House Trade, 2007.

155 HALBERSTAM, Jack. *The Queer Art of Failure (a John Hope Franklin Center Book)*. Durham: Duke University Press Books, 2011.

156 SRINIVASAN, Amia. *O direito ao sexo*: feminismo no século vinte e um. São Paulo: Todavia, 2021.

157 CORNER, Lewis. Grindr Is Making Most of Us Feel Unhappy, According to New Data. *Gaytimes*, 15 jan. 2018. Disponível em: https://www.gaytimes.co.uk/life/grindr-making-us-feel-unhappy-according-new-data/. Acesso em: maio 2023.

158 MISKOLCI, Richard. *Desejos digitais*: uma análise sociológica da busca por parceiros on-line. São Paulo: Autêntica, 2017.

159 QUINET, Antonio; JORGE, Marco Antonio Coutinho. *As homossexualidades na psicanálise*. Rio de Janeiro: Atos e Divãs, 2021.

160 HAN, Byung-Chul. *Sociedade paliativa: A DOR HOJE*. Rio de Janeiro: Vozes, 2021.

161 MCDOUGALL, Joyce. *As múltiplas faces de Eros*. São Paulo: WMF Martins Fontes, 2001.

162 BATISTA JUNIOR, João. Sexo com metanfetamina. *Piauí*, ed. 199, abr. 2023. Disponível em: https://piaui.folha.uol.com.br/materia/chemsex-sexo-metanfetamina/. Acesso em: fev. 2023.

163 MAIOR, Paulo Souto; QUINALHA, Renan. *Novas fronteiras das histórias LGBTI+ no Brasil*. São Paulo: Elefante, 2023.

164 BUTLER, Judith. *Corpos que importam*: os limites discursivos do "sexo". São Paulo: N-1 Edições, 2019.

165 KVELLER, Daniel. *Dissidências sexuais, temporalidades queer*. Simões Filho: Devires, 2022.

166 BERSANI, Leo. *Homos*. Cambridge: Harvard University Press, 2009.

10 Sobre dizer adeus

167 OLIVEIRA, Juliana. Brasil chega à marca de 700 mil mortes por Covid-19. *gov.br*, 28 mar. 2023. Disponível em: https://www.gov.br/saude/pt-br/assuntos/noticias/2023/marco/brasil-chega-a-marca-de-700-mil-mortes-por-covid-19. Acesso em: fev. 2023.

168 LISPECTOR, Clarice. *A descoberta do mundo*. São Paulo: Rocco, 1999.

169 SIGMUND, Freud. O valor da vida. Uma entrevista rara de Freud. [Entrevista cedida a] George Sylvester Viereck [em *Glimpses of the Great* (1930)]. *Instituto Paulista de Psicanálise*, 16 nov. 2016. Disponível em: https://ippbrasil.com/o-valor-da-vida-uma-entrevista-rara-de-freud/. Acesso em: maio 2023.

170 ARANHA, Carla. Para brasileiros, palavra que define 2020 é "luto". *Exame*, 19 dez. 2020. Disponível em: https://exame.com/brasil/para-brasileiros-palavra-que-define-2020-e-luto/. Acesso em: maio 2023.

171 COELHO, Tatiana. Brasileiro não gosta de falar sobre morte e não se prepara para o momento, revela pesquisa. *g1*, 26 set. 2018. Disponível em: https://g1.globo.com/bemestar/noticia/2018/09/26/brasileiro-nao-gosta-de-falar-sobre-morte-e-nao-se-prepara-para-o-momento-revela-pesquisa.ghtml. Acesso em: maio 2023.

172 FREUD, Sigmund. *Além do princípio do prazer*. São Paulo: L&PM, 2016.

173 LACAN, Jacques. *O Seminário, livro 10*: A angústia. Rio de Janeiro: Zahar, 2005.

174 TIMERMAN, Natalia. *Copo vazio*. São Paulo: Todavia, 2021.

175 FREUD, Sigmund. *Obras completas, volume 12*: Introdução ao narcisismo, ensaios de metapsicologia e outros textos (1914-1916). São Paulo: Companhia das Letras, 2010.

176 KEHL, Maria Rita. *O tempo e o cão*: a atualidade das depressões. São Paulo: Boitempo, 2009.

177 DUNKER, Christian. *Uma biografia da depressão*. São Paulo: Paidós, 2021.

178 FREUD, Sigmund. *Obras completas, volume 12, op. cit.*

179 KÜBLER-ROSS, Elisabeth. *On Death and Dying*. Questions and Answers on Death and Dying. On Life after Death. New York: Quality Paperback Book Club, 2002.

180 KESSLER, David. *Finding Meaning*: The Sixth Stage of Grief. New York: Scribner, 2019.

181 SCLIAR, Moacyr. *Saturno nos trópicos*. São Paulo: Companhia das Letras, 2003.

182 SIBILIA, Paula. *Show do Eu*: a intimidade como espetáculo. Rio de Janeiro: Contraponto, 2016.

183 DUNKER, Christian. *Reinvenção da intimidade*: políticas do sofrimento cotidiano. São Paulo: Ubu, 2017.

184 HOMEM, Maria. *Lupa da alma*: quarentena-revelação. São Paulo: Todavia, 2020.

185 YALOM, Irvin. *Uma questão de vida e morte*: amor, perda e o que realmente importa no final. São Paulo: Paidós, 2021.

VIBES DO MUNDO

11 Compro, logo existo?

186 BRANDS AND BRAND NAMES. *Inc. this Morning*, [2023]. Disponível em: https://www.inc.com/encyclopedia/brands-and-brand-names.html. Acesso em: 22 ago. 2023.

187 BOLLINI, Miriam. Brasil detém o nono maior mercado de roupas do mundo; estado de SP é o que mais gasta. *Consumidor Moderno*, 24 set. 2021. Disponível em: https://www.consumidormoderno.com.br/2021/09/24/brasil-maior-mercado-roupas-mundo/. Acesso em: 22 ago. 2023; WEBER, Mariana. Brasil é o quarto maior mercado de beleza e cuidados pessoais do mundo. *Forbes*, 4 jul. 2020. Disponível em: https://forbes.com.br/principal/2020/07/brasil-e-o-quarto-maior-mercado-de-beleza-e-cuidados-pessoais-do-mundo/. Acesso em: 22 ago. 2023; TAGUCHI, Viviane. Comida no lixo, Brasil desperdiça alimentos no campo, nas rodovias e em supermercados, enquanto milhões passam fome. *uol*, 8 out. 2021. Disponível em: https://economia.uol.com.br/reportagens-especiais/agronegocio-desperdicio-de-alimentos/. Acesso em: 22 ago. 2023.

188 RIVEIRA, Carolina. Por que a renda do brasileiro é a menor em 10 anos — mesmo com o desemprego caindo. *Exame*, 12 jun. 2022. Disponível em: https://exame.com/economia/por-que-a-renda-do-brasileiro-e-a-menor-em-10-anos-mesmo-com-o-desemprego-caindo/. Acesso em: 22 ago. 2023.

189 FREUD, Sigmund. *Além do princípio do prazer*. São Paulo: L&PM, 2016.

190 LIPOVETSKY, Gilles. *A felicidade paradoxal*. São Paulo: Companhia das Letras, 2007.

191 LACAN, Jacques. *O Seminário, livro 17*: O avesso da psicanálise. Rio de Janeiro: Zahar, 1992.

192 MARX, Karl. *O capital*: extratos por Paul Lafargue. São Paulo: Veneta, 2014.

193 SAFATLE, Vladimir; SILVA JUNIOR, Nelson; DUNKER, Christian. *Neoliberalismo como gestão do sofrimento psíquico*. São Paulo: Autêntica, 2021.

194 DIÁRIOS de Andy Warhol [Seriado]. Direção: Andrew Rossi. Produção: Ryan Murphy. Estados Unidos: Netflix, 2022. 6 episódios, color.

195 KACHANI, Morris. Yuval Harari: "Algoritmos entendem você melhor do que você mesmo se entende". *Estadão*, 5 nov. 2019. Disponível em: https://www.estadao.com.br/brasil/inconsciente-coletivo/yuval-harari-algoritmos-entendem-voce-melhor-do-que-voce-mesmo-se-entende/. Acesso em: 22 ago. 2023.

196 PRECIADO, Paul B. *Testo junkie*: sexo, drogas e biopolítica na era farmacopornográfica. São Paulo: N-1 Edições, 2018.

197 RESPONSABILIDADE social: pesquisa aponta que 87% dos brasileiros preferem empresas com práticas sustentáveis. *g1*, 2 mar. 2021. Disponível em: https://g1.globo.com/sc/santa-catarina/especial-publicitario/top-sun/top-sun-energia-solar/noticia/2021/03/02/responsabilidade-social-pesquisa-aponta-que-87percent-dos-brasileiros-preferem-empresas-com-praticas-sustentaveis.ghtml. Acesso em: maio 2023.

198 BRASIL tem mais de 21 milhões de pessoas que não têm o que comer todos os dias e 70,3 milhões em insegurança alimentar, diz ONU. *g1*, 12 jul. 2023. Disponível em: https://g1.globo.com/economia/noticia/2023/07/12/brasil-tem-101-milhoes-de-brasileiros-passando-fome-e-703-milhoes-em-inseguranca-alimentar-aponta-onu.ghtml. Acesso em: 22 ago. 2023.

12 Desvios de beleza

199 WEBER, Mariana. Brasil é o quarto maior mercado de beleza e cuidados pessoais do mundo. *Forbes*, 4 jul. 2020. Disponível em: https://forbes.com.br/principal/2020/07/brasil-e-o-quarto-maior-mercado-de-beleza-e-cuidados-pessoais-do-mundo/. Acesso em: 22 ago. 2023.

200 LOURENÇO, Tainá. Cresce em mais de 140% o número de procedimentos estéticos em jovens. *Jornal da USP*, 11 jan. 2021. Disponível em: https://jornal.usp.br/atualidades/cresceu-mais-de-140-o-numero-de-procedimentos-esteticos-em-jovens-nos-ultimos-dez-anos/. Acesso em: 22 ago. 2023.

201 DELEUZE, Gilles; GUATTARI, Félix. *Mil platôs*: Capitalismo e esquizofrenia. São Paulo: Editora 34, 2011. v. 2.

202 DUNKER, Christian; RAMIREZ, Heloíza; ASSADI, Tatiana (orgs.). *A pele como litoral*: fenômeno psicossomático e psicanálise. São Paulo: Zagodoni, 2021.

203 NASIO, J.-D. *Meu corpo e suas imagens*. Rio de Janeiro: Zahar, 2009.

204 ROSA, Miriam Debieux. A psicanálise frente à questão da identidade. *In*: Encontro Nacional de Psicologia Social, 9, 1997, Belo Horizonte. Anais [...]. Porto Alegre: Abrapso, 1997. p. 120-127. Disponível em: https://psicanalisepolitica.files.wordpress.com/2014/06/a-psicanc3a1lise-frente-c3a0-questc3a3o-da-identidade.pdf. Acesso em: maio 2023.

205 LACAN, Jacques. O estádio do espelho como formador da função do eu. *In*: LACAN, Jacques. *Escritos*. Rio de Janeiro: Jorge Zahar, 1998.

206 PULCINI, Elena. T*he Individual without Passions*: Modern Individualism and the Loss of the Social Bond. Pennsylvania: Lexington Books, 2012.

207 FREUD, Sigmund. À guisa de introdução ao narcisismo. *In:* FREUD, Sigmund. *Escritos sobre a psicologia do inconsciente*. Rio de Janeiro: Imago, 2004.

208 FREUD, Sigmund. *Obras completas, volume 18*: O mal-estar na civilização e outros textos (1930-1936). São Paulo: Companhia das Letras, 2010.

209 HAN, Byung-Chul. *Sociedade do cansaço*. Rio de Janeiro: Vozes, 2015.

210 BEIGUELMAN, Giselle. *Políticas da imagem*: vigilância e resistência na dadosfera. São Paulo: Ubu, 2021.

211 INSATISFEITAS com aparência, mulheres não registram momentos especiais. *Terra*, 10 jul. 2013. Disponível em: https://www.terra.com.br/vida-e-estilo/autocuidado/insatisfeitas-com-aparencia-mulheres-nao-registram-momentos-especiais,f4a9ee084e9cf310VgnVCM5000009ccceb0aRCRD.html. Acesso em: maio 2023.

212 GILL, Tiffany M. *Beauty Shop Politics*: African American Women's Activism in the Beauty Industry. Illinois: University of Illinois Press, 2010.

213 CINTRA, Camila. *O Instagram está padronizando os rostos?* São Paulo: Estação das Letras e Cores, 2021.

214 LACAN, Jacques. *O Seminário, livro 11*: Os quatro conceitos fundamentais da psicanálise. Rio de Janeiro: Zahar, 1985.

215 VERGÈS, Françoise. *Um feminismo decolonial.* São Paulo: Ubu, 2020.

216 PRECIADO, Paul B. *Testo junkie*: sexo, drogas e biopolítica na era farmacopornográfica. São Paulo: N-1 Edições, 2018.

217 ENGELN, Renee. *Beauty Sick*: How the Cultural Obsession with Appearance Hurts Girls and Women. New York: Harper Paperbacks, 2018.

13 Política e psicanálise

218 BARBON, Júlia. Datafolha: 46% dizem ter deixado de falar com amigos e familiares sobre política. *Folha de S.Paulo*, 30 set. 2022. Disponível em: https://www1.folha.uol.com.br/poder/2022/09/datafolha-46-dizem-ter-deixado-de-falar-com-amigos-e-familiares-sobre-politica.shtml. Acesso em: maio 2023.

219 BIRMAN, Joel; FORTES, Isabel; MACEDO, Mônica (orgs.). *Psicanálise e política*. São Paulo: Zagodoni, 2020.

220 SAFATLE, Vladimir. *O circuito dos afetos.* São Paulo: Cosac Naify, 2015.

221 BIRMAN, Joel; FORTES, Isabel; MACEDO, Mônica (orgs.), *op. cit.*

222 FOUCAULT, Michel. *A ordem do discurso*: aula inaugural no Collège de France, pronunciada em 2 de dezembro de 1970. São Paulo: Loyola, 1996.

223 LORDE, Audre. *A Burst of Light and Other Essays.* Garden City: Ixia, 2017.

224 GOLDENBERG, Ricardo. *Política e psicanálise.* Rio de Janeiro: Zahar, 2006.

225 LACAN, Jacques. *Le Séminaire, lv. XIV*: La Logique du fantasme. Paris: Seuil, 2023.

226 FREUD, Sigmund. *O mal-estar na cultura e outros escritos de cultura, sociedade, religião.* São Paulo: Autêntica, 2020.

227 FREUD, Sigmund. *Psicologia das massas e análise do Eu.* São Paulo: L&PM, 2013.

228 FREUD, Sigmund. *Por que a guerra?* Reflexões sobre o destino no mundo. Lisboa: Edições 70, 2017.

229 PARKER, Ian; PAVÓN-CUÉLLAR, David. *Psicanálise e revolução*: psicologia crítica para movimentos de liberação. São Paulo: Autêntica, 2022.

230 DUNKER, Christian. *Lacan e a democracia*: clínica e crítica em tempos sombrios. São Paulo: Boitempo, 2022.

231 ROUDINESCO, Elisabeth. *O Eu soberano*: ensaio sobre as derivas identitárias. Rio de Janeiro: Zahar, 2022.

232 MARTINS, Ana Carolina B. Leão. Resenha | *O Eu soberano (Roudinesco, [2021]/2022). Lacuna – Uma revista de psicanálise*, 10 ago. 2022. Disponível em: https://revistalacuna.com/2022/08/10/n-13-11/. Acesso em: maio 2023.

233 METZGER, Clarissa. Psicanálise: um tratamento para o social? *In*: PERON, Paula; AMBRA, Pedro (orgs.). *Provocações para a psicanálise no Brasil*: racismo, políticas identitárias, violências e colonialismo. São Paulo: Zagodoni, 2021.

234 PERON, Paula; AMBRA, Pedro (orgs.). *Provocações para a psicanálise no Brasil*: racismo, políticas identitárias, violências e colonialismo. São Paulo: Zagodoni, 2021.

235 O QUE é fascismo, com Vladimir Safatle. [*S. l.: s. n.*], 2018. 1 vídeo (6min20). Publicado pelo canal TV Revista CULT. Disponível em: https://www.youtube.com/watch?v=_ypurfdl-PmU. Acesso em: maio 2023.

236 SAFATLE, Vladimir. O que é fascismo? *Cult*, 22 out. 2018. Disponível em: https://revistacult.uol.com.br/home/o-que-e-fascismo/. Acesso em: maio 2023.

237 CROCE, Benedetto. *La storia come pensiero e come azione*. Napoli: Bibliopolis, 2022.

238 KEHL, Maria Rita. *Ressentimento*. São Paulo: Boitempo, 2020.

14 Psicanálise antirracista

239 ALMEIDA, Silvio. *Racismo estrutural*. São Paulo: Jandaíra, 2019. (Coleção feminismos plurais).

240 HAMMES, Bárbara. Negros são 56% da população, mas presença na Câmara Federal ainda não chega a 30%: "Representação é necessária para toda a sociedade". *g1*, 19 nov. 2022. Disponível em: https://g1.globo.com/pr/parana/noticia/2022/11/19/negros-sao-56percent-da-populacao-mas-

presenca-na-camara-federal-ainda-nao-chega-a-30percent-representacao-e-necessaria-para-toda-a-sociedade.ghtml. Acesso em: maio 2023.

241 BENTO, Cida. *O pacto da branquitude*. São Paulo: Companhia das Letras, 2022.

242 SOUZA, Neusa Santos. *Tornar-se negro*: ou as vicissitudes da identidade do negro brasileiro em ascensão social. Rio de Janeiro: Zahar, 2021.

243 RIBEIRO, Djamila. *Lugar de fala*. São Paulo: Jandaíra, 2019. (Coleção feminismos plurais).

244 PRECIADO, Paul B. *Eu sou o monstro que vos fala*: relatório para uma academia de psicanalistas. Rio de Janeiro: Zahar, 2022.

245 GEBRIM, Ana. O transtraumático e o inconsciente colonial: reflexões sobre a branquitude do analista *In*: DAVID, Emiliano de Camargo; ASSUAR, Gisele (orgs.). *A psicanálise na encruzilhada*: desafios e paradoxos perante o racismo no Brasil. São Paulo: Hucitec, 2021.

246 PIZA, E. Porta de vidro: entrada para a branquitude. In: CARONE, I.; BENTO, M. A. S. (orgs.). *Psicologia social do racismo*: estudos sobre branquitude e branqueamento no Brasil. Petrópolis: Vozes, 2002.

247 EVARISTO Conceição: Conceição Evaristo: "A questão do negro não é para nós resolvermos, é para a nação". [Entrevista cedida a] Pedro Henrique França. *Revista Marie Claire*, 20 nov. 2019. Disponível em: https://revistamarieclaire.globo.com/Cultura/noticia/2019/11/conceicao-evaristo-questao-do-negro-nao-e-para-nos-resolvermos-e-para-nacao.html. Acesso em: maio 2023.

248 POPULAÇÃO que se declara preta sobe para 10,6% em 2022, diz IBGE. *g1*, 16 jun. 2023. Disponível em: https://g1.globo.com/economia/noticia/2023/06/16/populacao-que-se-declara-preta-sobe-para-106percent-em-2022-diz-ibge.ghtml. Acesso em: jun. 2023.

249 CAVALLINI, Marta. Negros ocupam só 0,4% dos cargos de diretoria, mostra levantamento. *g1*, 16 set. 2022. Disponível em: https://g1.globo.com/trabalho-e-carreira/noticia/2022/09/16/negros-ocupam-so-04percent-dos-cargos-de-diretoria-mostra-levantamento.ghtml. Acesso em: maio 2023.

250 RODRIGUES, Fernando. Pesquisa mostra como os brasileiros manifestam seu "racismo cordial". *Folha de S.Paulo*, 25 jun. 1995. Disponível em: https://

www1.folha.uol.com.br/fsp/1995/6/25/caderno_especial/6.html. Acesso em: maio 2023; PIRES, Carol. Um manual antirracista. *O Globo*, 23 nov. 2019. Disponível em: https://oglobo.globo.com/epoca/coluna-um-manual-antirracista-1-24094051. Acesso em: maio 2023.

251 NGANGA, João Gabriel do Nascimento. *Sumário executivo da pesquisa Percepções sobre o Racismo no Brasil*. São Paulo: Peregum; Rio de Janeiro: Projeto SETA, jul. 2023. Disponível em: https://percepcaosobreracismo.org.br/. Acesso em: maio 2023.

252 AMARAL, Talita. Como o preconceito racial afeta a saúde mental da população negra. *CNN Brasil*, 14 set. 2022. Disponível em: https://www.cnnbrasil.com.br/saude/como-o-preconceito-racial-afeta-a-saude-mental-da-populacao-negra/. Acesso em: maio 2023.

253 RIBEIRO, Djamila, *op. cit.*

254 FANON, Frantz. *Pele negra, máscaras brancas*. São Paulo: Ubu, 2020.

255 NOGUEIRA, Isildinha Baptista. *A cor do inconsciente*: significações do corpo negro. São Paulo: Perspectiva, 2021.

256 DAVID, Emiliano de Camargo; ASSUAR, Gisele (orgs.). *A psicanálise na encruzilhada*: desafios e paradoxos perante o racismo no Brasil. São Paulo: Hucitec, 2021.

257 VEIGA, Lucas. *Clínica do impossível*: linhas de fuga e de cura. Rio de Janeiro: Telha, 2021.

258 SOUZA, Neusa Santos. *Tornar-se negro*: ou as vicissitudes da identidade do negro brasileiro em ascensão social. Rio de Janeiro: Zahar, 2021.

259 FREUD, Sigmund. *O mal-estar na civilização*. São Paulo: Penguin; Companhia das Letras, 2011.

260 MUNANGA, Kabengele. Nosso racismo é um crime perfeito – Entrevista com Kabengele Munanga. *Fundação Perseu Abramo*, 8 set. 2010. Disponível em: https://fpabramo.org.br/2010/09/08/nosso-racismo-e-um-crime-perfeito-entrevista-com-kabengele-munanga/. Acesso em: maio 2023.

261 NOGUEIRA, Isildinha Baptista. *A cor do inconsciente*: significações do corpo negro. São Paulo: Perspectiva, 2021.

262 FREUD, Sigmund. Freud (1900). Obras Completas. v. 4: *A interpretação dos sonhos*. São Paulo: Companhia das Letras, 2019.

263 KON, Noemi Moritz. *O racismo e o negro no Brasil*: questões para a psicanálise. São Paulo: Perspectiva, 2019.
264 LACAN, Jacques. O Seminário, livro 7: A ética da psicanálise. Rio de Janeiro: Zahar, 1988.
265 KON, Noemi Moritz. *O racismo e o negro no Brasil*: questões para a psicanálise. São Paulo: Perspectiva, 2019.
266 GONZALEZ, Lélia. *Por um feminismo afro-latino-americano*. Rio de Janeiro: Zahar, 2020.
267 FANON, Frantz. *Pele negra, máscaras brancas*. São Paulo: Ubu, 2020.
268 FANON, Frantz. *Alienação e liberdade*: escritos psiquiátricos. São Paulo: Ubu, 2020.
269 KILOMBA, Grada. Prefácio. *In*: FANON, Frantz. *Pele negra, máscaras brancas*. São Paulo: Ubu, 2020.
270 FRANTZ Fanon: Pele negra, máscaras brancas. Documentário. Direção: Isaac Julien. 1h10m. Inglaterra: [s. n.] 1996.
271 ALMEIDA, Silvio. *op. cit.*
272 RIBEIRO, Djamila. *Pequeno manual antirracista*. São Paulo: Companhia das Letras, 2019.

15 Memes em análise

273 DAWKINS, Richard. *O gene egoísta*. São Paulo: Companhia das Letras, 2007.
274 CANCELAS-OUVIÑA, Lucía-Pilar. Humor in Times of Covid-19 in Spain: Viewing Coronavirus Through Memes Disseminated via WhatsApp. *Frontiers in Psychology*, v. 12, p. 611788, 1º abr. 2021. Disponível em: https://pubmed.ncbi.nlm.nih.gov/33868083/. Acesso em: maio 2023.
275 RUBY, Daniel. Social Media Users in 2023 (Global Demographics). *Demand Sage*, 26 jul. 2023. Disponível em: demandsage.com/social-media-users/. Acesso em: jul. 2023; WONG, Belle. Top Social Media Statistics and Trends of 2023. *Forbes*, 18 maio 2023. Disponível em: https://www.forbes.com/advisor/business/social-media-statistics/#source. Acesso em: maio 2023.
276 TENDÊNCIAS de social media 2023. Reston: Comscore Brasil, 2023. Disponível em: https://static.poder360.com.br/2023/03/Tendencias-de-Social-Media-2023-1.pdf. Acesso em: maio 2023.

277 MORESCHI, Samuel; MONTAGNER, Bruno Telloli; MAJER, Victor E. Pujol. YouTube Vibes: uma análise sobre a reconstrução da autoestima brasileira. *Think with Google*, abr. 2022. Disponível em: https://www.thinkwithgoogle.com/intl/pt-br/tendencias-de-consumo/jornada-do-consumidor/youtube-vibes-identidade-orgulho-brasileiro/. Acesso em: maio 2023.

278 SHIFMAN, Limor. *Memes in Digital Culture*. Cambridge: MIT Press Essential Knowledge, 2013.

279 TÜRCKE, Christoph. *Sociedade excitada*: filosofia da sensação. Campinas: Editora da Unicamp, 2010.

280 LACAN, Jacques. *O Seminário, livro 20*: Mais, ainda. Rio de Janeiro: Zahar, 1985.

281 FREUD, Sigmund. *Obras completas, volume 7*: O chiste e sua relação com o inconsciente (1905). São Paulo: Companhia das Letras, 2017.

282 BLACKMORE, Susan. *The Meme Machine*. Oxford: Oxford University Press, 1999.

283 FREUD, Sigmund. *Obras completas, volume 6*: Três ensaios sobre a teoria da sexualidade, análise fragmentária de uma histeria ("o caso Dora") e outros textos (1901-1905). São Paulo: Companhia das Letras, 2016.

284 SULER, John. The On-line Disinhibition Effect. *Cyberpsychology & Behavior: the Impact of the Internet, Multimedia and Virtual Reality on Behavior and Society*, v. 7, n. 3, p. 321-6, jul. 2004.

285 FREUD, Sigmund. *Os chistes e a sua relação com o inconsciente (1905)*. Rio de Janeiro: Imago, 1996.

286 VITÓRIA, Bárbara Zacher. *Sobre memes e mimimi*: letramento histórico e midiático no contexto do conservadorismo e intolerância nas redes sociais. 2019. 122 p. Dissertação (Mestrado em Ensino de História) – Universidade Federal de Santa Catarina, Florianópolis, 2019.

287 EPISÓDIO 4: A construção do mito. Apresentação: Carol Pires. Rio de Janeiro: Rádio Novelo, out. 2020. (Série retrato narrado. Disponível em: https://open.spotify.com/episode/2JrxUgnONvqS25yFbvjeVT?si=3ce-169ca8e8e4088&nd=1. Acesso em: maio 2023.

288 GUARÉ, Felipe Corrêa. *Humor e conservadorismo*: análise de memes durante o impeachment de Dilma Rousseff. 2019. 219 p. Dissertação (Mestrado em Ciências) – Universidade de São Paulo, São Paulo, 2019.

289 RESENDE, Leandro. Quase metade dos brasileiros que usam internet não checam se informações são verdadeiras, diz pesquisa. *CNN Brasil*, 17 maio 2023. Disponível em: https://www.cnnbrasil.com.br/nacional/quase-metade-dos-brasileiros-que-usam-internet-nao-checam-se-informacoes-sao-verdadeiras-diz-pesquisa/. Acesso em: maio 2023.

290 ALÉM do meme. Apresentação: Chico Felitti. [*S. l.*]: Spotify, set. 2022. Disponível em: https://open.spotify.com/show/5ZAOBjP8ntoqf8PrfzR71W?si=1e7b-95d2b3314b51&nd=1. Acesso em: maio 2023.

291 ALVES, André; LIEDKE, Lucas. Viralismo (intro). O início da história de como nos tornamos sujeitos obrigados a viralizar. *floatvibes*, 24 jan. 2023. Disponível em: https://floatvibes.substack.com/p/viralismo-intro. Acesso em: nov. 2022.

292 SIBILIA, Paula. *Show do Eu*: a intimidade como espetáculo. Rio de Janeiro: Contraponto, 2016.

293 CRARY, Jonathan. *Terra arrasada*: além da era digital, rumo a um mundo pós-capitalista. São Paulo: Ubu, 2023.

294 VERGÈS, Françoise. *Um feminismo decolonial*. São Paulo: Ubu, 2020.

Este livro foi composto nas fontes Garamond Premier
Pro, Neue Haas Grotesk Display Pro e Etna pela
Editora Nacional em novembro de 2023.
Impressão e acabamento pela Gráfica Corprint.